U0129132

儒、釋、道、醫論養生

鄭基良 著

文史哲學集成
文史哲出版社印行

國家圖書館出版品預行編目資料

儒、釋、道、醫論養生 / 鄭基良著. -- 初
版 -- 臺北市：文史哲，民 101.08
頁；公分（文史哲學集成；625）
參考書目：頁
ISBN 978-986-314-054-2（平裝）

1. 養生　2. 宗教與哲學

411.11　　　　　　　　　　101015842

文史哲學集成　　625

儒、釋、道、醫論養生

著　　者：鄭　　　　基　　　　良
出 版 者：文　史　哲　出　版　社
http://www.lapen.com.tw
e-mail：lapen@ms74.hinet.net
登記證字號：行政院新聞局版臺業字五三三七號
發 行 人：彭　　　　正　　　　雄
發 行 所：文　史　哲　出　版　社
印 刷 者：文　史　哲　出　版　社
臺北市羅斯福路一段七十二巷四號
郵政劃撥帳號：一六一八〇一七五
電話886-2-23511028・傳真886-2-23965656

實價新臺幣三八〇元

中華民國一〇一年（2012）八月初版

序

　　本書論述儒、釋、道、醫的養生思想，共計六章，第一章儒家的養生之學，計有七節，第一節孔子的養仁，孔子是長壽、身心健康、精神悅樂、好學不倦、不憂不懼的養生典範，生活有規律，飲食有節制，注重飲食衛生，快樂學習，喜好音樂，喜歡運動，遵守禮法，提倡仁道，是仁者壽的典範。第二節孟、荀的養心，孟子把個人的養生，基於王道仁政的思想，提升為國家的全面高度，是執政者對所有國民的照顧與愛護。以個人養生而言，孟子強調養心的重要，養心的要訣在寡欲，培養浩然正氣，存心養性，修身立命。

　　荀子主張以心節慾，以禮治氣，以誠養心。第三節董仲舒循天之道以養生，循天之道是法天中和，愛氣防邪，虛靜積精。養生的要點是使精神不要外馳，精神內守形體，形神不離，形神為一。第四節桓譚《新論》以形神關係論養生，以形神關係論養生，以燭火之喻及炭火之喻強調善持慎養的重要性，適當養生，可以得度天年，盡壽善終。

　　第五節荀悅《申鑒》的養性，養性之道是食和羹、聽和聲、納和言、履和行，節宣治氣，樂天知命。第六節顏之推《顏氏家訓・養生》，顏氏強調養生的前提是保全性命，避免災禍。保有生命，談養生才有意義，沒有生命，如何養生？第七節呂坤《呻吟語》的養德，以清心寡欲、飲食清淡、淡泊名利、遠離美與多，慎四時，不巧詐、靜默、真誠、愛人愛物等養德工夫，自愛自全

精氣神，是養生第一要法。

　　第二章道家的養生之理，計有五節，第一節老子《道德經》的攝生，少私寡欲，無為，知足，知止，不爭，恬淡，守嗇，守柔等。第二節莊子的繕性養神，逍遙無待，心齋坐忘，無功無名，虛己無情，吹呴吐納，導引養形。第三節《管子》養心之術，養心就是修養內心，最好的方法是虛靜，勿煩勿亂，以虛靜之心統攝情欲，使清明的本心不受外物的干擾和情感欲望的迷惑。第四節《呂氏春秋》貴生之術，尊生、貴生、重生、全生，生活起居，順應自然，順性適欲，和心適行；大喜、大怒、大憂、大恐、大哀，這五種過度的情緒反應，干擾人的心神，生命會受到傷害。第五節嵇康〈養生論〉的形神相親，養生有五難：名利不滅，喜怒不除，聲色不去，滋味不絕，神慮精散。形神相親，全身保神，和心和氣，越名教而任自然，心不矜尚，體亮心達，呼吸太和。

　　第三章神仙道教的養生之法，計有三節，第一節葛洪《抱朴子》形神兼養，《抱朴子·地真》強調生命值得珍惜，死亡令人畏懼。葛洪強調養生以不傷不損為根本，因此，注重養生最重要，包括：導引行氣，飲食有節，生活起居有規律，房中術，服食藥物，存思守一，遵守禁忌、齋戒，佩帶符籙避邪，遠離傷害生命的危險等。葛洪主張「我命在我不在天」，生命操之在我，養生操之在我，養生是自己的事，與天地鬼神無關。第二節陶弘景《養性延命錄》的養命，《養性延命錄》是一部著名的道教養生書，據〈序〉文：因閱讀《養生要集》，頗受教益，遂輯錄其中要法，刪除繁雜，共分六篇為：教誡篇，食誡篇，雜誡忌禳害祈善篇，服氣療病篇，導引按摩篇，御女損益篇。陶弘景強調：罪莫大於淫，禍莫大於貪，咎莫大於讒。

　　值得注意的是五禽戲，五禽戲是模仿五種鳥獸動作的導引

術，流傳迄今，一是虎戲，二是鹿戲，三是熊戲，四是猿戲，五是鳥戲。陶弘景強調「天道自然，人道自己」，養生者雖然順應自然，不失四時之和，卻要自己發揮人的智慧，主動鍛鍊形神，掌握健康的身心，不畏天命，敢於戰勝病魔，節制克己，勤於養生，爭取應有的天年，這是養生的核心思想。第三節司馬承禎《坐忘論》的得道成仙，《坐忘論》的主要內容是論述道教的養心工夫，計有七個階段：一是敬信，二是斷緣，三是收心，四是簡事，五是真觀，六是泰定，七是得道。從敬信到得道，漸學而成，各有不同的工夫和境界，稱謂「七漸門」。

　　第四章《黃帝內經》養生之方，計有四節，第一節陰陽與五行，陰陽五行是《黃帝內經》養生思想的哲學基礎，也是中醫知識系統的思想範疇。陰陽具有四個意義：一、相對而統一的具體事物，相對而不敵對。二、抽象的思想範疇，所有相對事物的稱謂，既抽象又具體。三、意指陽氣和陰精。四、兩者相互為用、相互制約、相輔相成、相互轉化、平衡和諧。五行相生相剋是正常的自然現象，然而，也有不正常的相剋現象，稱為「乘侮」，就是相乘和相侮。第二節天年與精氣神，所謂天年，意指人的自然壽命。氣表現生命的現象，是生物能量（bio-energy），精是構成人體生命來源的先天之物，七情五志為神。

　　第三節四時與日常起居養生，四時養生，依季節變化而有應行的法則，春養肝，夏養心，秋養肺，冬養腎。日常生活，起居有常，生活規律，謹房室，適寒暑。第四節飲食與情志養生，飲食養生是食飲有節，謹和五味。人生不如意十之八九，難免有不好的情志反應，惟有不斷的調攝情志，涵養心神，纔能享有平安健康的天年。總之，養生就是「治未病」，「治未病」即是預防醫學。預防勝於治療，其目的在養護人的身心健康，不受虛邪所

致病痛之苦。

　　第五章天台《修習止觀坐禪法要》定慧之道，計有三節，第一節具緣、訶欲、棄蓋、調和。凡是修習止觀的人，要具足五種助緣：（一）持守戒律。（二）衣服與飲食具備充足。（三）閒居清靜處所。（四）暫拋世間各種雜務。（五）親近對佛法有正知正見的人。先要消除五種欲望：（一）美色的欲望。（二）美聲的欲望。（三）香氣的欲望。（四）美味的欲望。（五）身體接觸的欲望。要捨棄五種煩惱，稱為五蓋：貪欲、憤怒與怨恨、睡眠（貪睡）、懊悔、疑惑。所謂調和，是身、心的調理配合，使身心得到和適，就容易得到禪定三昧。包含調食，調睡眠，調身以靜坐最宜禪定，靜坐的姿勢有四種：1.雙盤膝，2.單盤膝，3.下盤法，4.平坐法，調息，調心。

　　第二節方便行、正修行、善根發相。修習止觀，必須具備五種方便法門：（一）欲，（二）精進，（三）念，（四）巧慧，（五）一心分明。所謂正修行，有兩種修習，（一）是在禪坐中修習，（二）是接觸外界時修習。所謂善根，意指善心和善行。善根發相，就是善心和善行的呈現。可分為外善根和內善根。外善根包括：布施、持戒、孝順父母及尊長、供養三寶（佛、法、僧）、學佛聽經等，這些都是外在的行為表現，稱為外善根。

　　第三節覺知魔事、治病、證果。一、覺知魔事，修習止觀的人，要知道魔的種類有四：（一）是煩惱魔，（二）是五蘊魔，（三）死魔，（四）鬼神魔。前三種魔，都是隨著個人自心所生的魔，稱為心魔。初習止觀的人，有時會有四大（地、水、火、風）失調而致病，或是有時不能調和身、心、息（呼吸）而生病。然而，只要禪定正確，能夠善於調和身、心、息的人，身心各種毛病，自然消除。

　　修行者如果能夠在心性上證悟空、假、中的圓融，就能見到一切現象的中道。誠如《中觀論》說：因緣所生的萬法，本來就是性空，又名為假有，又稱為中道。

　　修行者當知中道正觀，就是佛眼，無所不見。如能安住於中道正觀，即有禪定與智慧，即可證悟佛性，從此安住於大乘法門。

　　止觀禪定是有益健康的情志養生，尤其是靜坐禪定，因為靜坐使紛亂的精神安定，使心志的力量集中，激發人的生命潛能，可以調節人的生理和心理的機能，增進人的健康。不過，有病先看醫生，及早醫治，方為上策。靜坐禪定可以做為慢性病的輔助療法。

　　第六章結論：儒、釋、道、醫論養生的四點現代意義。一、孔子的養生之道，對我們有兩點重大的啟示：（一）快樂學習，學習新知有無窮的快樂，尤其對中老年人特別重要。（二）仁者壽，孔子最特別的養生思想，是強調「仁者壽」，當今，我們要發揚「仁者壽」的精神，發揮愛心，時常懷著仁愛感恩的心，感謝所有為我們服務、幫助我們的人，更主動關心別人，服務別人、幫助別人。

　　二、老子的攝生之道，（一）老子的攝生之道，其無為、少私寡欲、恬淡為上，五色令人目盲，五音令人耳聾，五味令人口爽的養生思想對後世有深遠的影響。1、無為，要做到清淨「無為」，纔能使血氣平和，健康長壽。2、少私寡欲，老子的少私寡欲，成為後世養生思想的共同主張。3、恬淡為上，老子強調養生以恬淡為上，清心寡欲，生活簡樸。4、五色令人目盲，五音令人耳聾，五味令人口爽，老子強調不可縱情於聲色的感官刺激。

　　三、《呂氏春秋》的貴生之術，有兩點現代意義：（一）尊生、貴生、重生、全生，以個人的生命為無上的價值與尊貴，能夠尊生的人，珍貴生命，無可取代，即使富貴，也不會過度享樂而損傷生命；縱然貧賤，也不會過度求利而傷害身心。（二）卜筮禱祀，

疾病愈多，養生之末。養生不能迷信巫術或巫醫，養生的根本方法是養體、養目、養耳、養口、養志等五種養生之道。

　　四、《黃帝內經》養生之方，有四點現代意義：（一）以人為本，《黃帝內經》強調「道無鬼神」，排除鬼神巫術的迷思，並以人的身心為主體，以人為本。（二）天年壽命，沒有不死之藥，當秦始皇、漢武帝追求不死之藥的迷思之際，《黃帝內經》強調天年與自然衰老。此外，《黃帝內經》基於「道無鬼神」的思想，排除祭祀鬼神，祈求延年益壽或治病的迷思，沒有鬼神的賜福，沒有神仙，沒有不死仙丹，惟有平時注重養生，自求身心健康，享有天年而壽終。（三）傳統與現代並重，主觀與客觀並行，《黃帝內經》的養生之道，歷經二千年的時空變遷，畢竟當下的時空不同於過去，現代人的生活習性有異於古代，工作環境的差異、飲食的不同、體質的變化、生活作息的改變，尤其傳統醫學與現代醫學的差別，西醫重視客觀檢驗，中醫偏重主觀的辨證論治，必須主觀與客觀兼顧，傳統與現代融合。

　　（四）均衡飲食與均衡營養，「謹和五味」近似營養學的六大基本食物，六大基本食物包括：全穀根莖類、低脂乳品類、豆魚蛋肉類、蔬菜類、水果類、油脂與堅果種子類，我們飲食應該遵行行政院衛生署國民健康局公布「每日飲食指南」，就可以得到均衡的營養。反之，食物的飲用不均衡時，會出現營養失調（malnutrition）的症狀，包括營養不良（undernutrition）和營養過剩（overnutrition），往往疾病纏身，喪失健康而早夭。

　　以上所言或有謬誤，惟祈賢達君子，多予賜教。

中華民國 101 年 8 月 1 日

鄭基良謹誌於台北靜軒

儒、釋、道、醫論養生

目　　次

序…………………………………………………………………………1

第一章　儒家養生之學………………………………………………1

　第一節　孔子的養仁………………………………………………1

　第二節　孟、荀的養心……………………………………………13

　第三節　董仲舒循天之道以養生…………………………………21

　第四節　桓譚《新論》以形神關係論養生………………………31

　第五節　荀悅《申鑒》的養性……………………………………42

　第六節　顏之推《顏氏家訓・養生》……………………………49

　第七節　呂坤《呻吟語》的養德…………………………………52

第二章　道家養生之理………………………………………………57

　第一節　老子《道德經》的攝生…………………………………57

　第二節　莊子的繕性養神…………………………………………62

　第三節　《管子》養心之術………………………………………77

　第四節　《呂氏春秋》貴生之術…………………………………86

　第五節　嵇康〈養生論〉的形神相親……………………………96

第三章　神仙道教養生之法…………………………………………113

　第一節　葛洪《抱朴子》形神兼養………………………………113

　第二節　陶弘景《養性延命錄》的養命…………………………134

第三節　司馬承禎《坐忘論》的得道成仙……………………150
第四章　《黃帝內經》養生之方………………………………167
　　第一節　陰陽與五行………………………………………167
　　第二節　天年與精氣神……………………………………174
　　第三節　四時與日常起居養生……………………………188
　　第四節　飲食與情志養生…………………………………200
　　附錄：程國彭論保生四要…………………………………217
第五章　天台《修習止觀坐禪法要》定慧之道………………222
　　第一節　具緣、訶欲、棄蓋、調和………………………223
　　第二節　方便行、正修行、善根發相……………………233
　　第三節　覺知魔事、治病、證果…………………………242
第六章　結論：儒、釋、道、醫論養生的現代意義…………251

第一章　儒家養生之學

第一節　孔子的養仁

　　孔子是偉大的教育家，尊為至聖先師，也是偉大的思想家，更是最偉大的養生家之一。開創儒學，使中華文化繼往開來。生於魯襄公二十二年，西元前551年，卒於魯哀公十六年，享年七十三歲，是長壽、身心健康、精神悅樂、好學不倦、不憂不懼的不朽典範，他的養生思想與實踐，值得我們學習效法。

一、將身有節，生活有規律

　　孔子注重養生，生活有規律，飲食有節制。《孔子家語卷一‧五儀解》孔子說：

> 若夫智士仁人，將身有節，動靜以義，喜怒以時，無害其性，雖得壽焉，不亦可乎！

　　智士仁人養生，生活規律，作息正常，不熬夜，不日夜顛倒。飲食節制，不暴飲暴食，不偏食，均衡營養。動靜合宜，勞逸適中，不過度疲勞，也不過度安逸。善於控制情緒，不暴怒、不暴喜、溫和理性，不壓抑情感，不放縱情欲，不違背天性，更不違背道德良知，言行舉止，克己復禮，不邪淫，不違禮法，自然享盡天年，健康長壽。

　　因此，孔子認為人有三種情況死於非命，自取死亡。〈五儀解〉曰：「夫寢處不時，飲食不節，逸勞過度者，疾共殺之；居下位而上干其君，嗜欲無厭而求不止者，刑共殺之；以少犯眾，以弱侮強，忿怒不類，動不量力者，兵共殺之。此三者死非命也，人自取之。」

　　第一種情形是：就寢不按時，不早睡早起，通宵熬夜，睡眠不足，飲食又沒有節制，暴飲暴食，偏食挑食，營養不均衡，淫逸或勞累過度，缺少運動，長期疲勞，壓力太大，各種疾病就會使他早夭。

　　第二種情形是：居下位而違逆長官，不安份守己，嗜欲無窮，貪得無厭，違法亂紀，男盜女娼，各種刑罰會使他死亡。

　　第三種情形是：血氣方剛、逞兇鬥狠，參加不良幫派，或以少犯眾，以弱侮強，一時衝動忿怒而自不量力的人，會死在刀槍兵刃之下。

　　這三種死亡都是咎由自取，沒有養生，或不守禮法而造成的災禍和疾病，並非天年壽終。（亦見於《說苑‧雜言》）

二、九不食，飲食衛生

　　《論語‧鄉黨》記載孔子注重飲食衛生，糧米（五穀雜糧）要新鮮，魚和肉要切得細，糧食放久而發霉腐臭，魚、肉腐爛不新鮮，不吃；食物的顏色已經變質，不吃；食物的味道難聞，不吃；烹調料理不當，不吃；不到吃飯的時間不吃，吃飯定時定量，不可暴飲暴食；肉的切割不當，肉的形狀、大小不恰當，不吃；沒有適當的醬醋佐味，不吃；肉雖然豐盛，不能比飯多吃。可以喝酒，不可喝醉。市場買來的酒和肉乾，不吃，怕不衛生。飯桌

上每餐都有薑，但不多吃。祭祀的肉，超過三天，就不吃，怕不新鮮。吃飯的時候，避免和人論辯，最好不交談，因為吃飯的時候說說笑笑，不僅不雅、不禮貌，更容易使食物侵入氣管，造成意外危險。睡覺的時候也不要說話交談，容易失眠或不易入睡。

飲食是人之命脈，可是，飲食不節，病從口入，遂生百病。因此，孔子除了注重食物衛生新鮮外，他也強調食無求飽，食不可太飽，太飽傷神，俗話說：吃飯留一口，飯後百步走，活到九十九。《黃帝內經・素問・痺論》說：「飲食自倍，腸胃乃傷」。然而，也不可飢餓過度，飢則敗氣，營養不良，也容易生病。

孔子強調「不為酒困」（《論語・子罕》），喝酒以少量為宜，不可喝醉，醉之危害不可勝言，因為，酒喝多血氣皆亂，酒食貪多折人壽，忽思慧《飲膳正要》說：「醉飲過度，喪生之源」。

從孔子的飲食觀，可以看出傳統的飲食文化，是健康的養生之道。明人張岱《老饕集序》說：「中古之世，知味惟孔子……精、細二字，已得飲食之微。」。因為，從現代醫學的動物實驗，包括各種不同的蟲類、蚯蚓和老鼠等，只吃七分飽的動物平均壽命，比吃十分飽的動物多三成壽命。實驗證明節食能夠延年益壽。其醫學理論是：減少熱量的攝取，可以降低新陳代謝的速率，當新陳代謝下降時，自由基的產量就減少，也就減少氧化壓力，比較不會生病。不過，要注重營養均衡。

換言之，限制熱量攝取，能夠降低糖尿病、高血壓、心臟血管疾病和癌症等重大疾病的危險因子，所以說「食無求飽」，可以預防疾病，維護身體健康。根據《美國科學院期刊》（PNAS 101：6659，2004）的報導：長期限制飲食的攝取熱量，能夠降低心臟病、腦中風、糖尿病、癌症等的罹患率，有延年益壽的功效。

三、快樂學習，情志養生

快樂主義在西洋哲學史上是相當流行的一種思想，快樂主義者主張快樂不僅是人生的目標，同時也是道德的標準。所謂快樂，是感官知覺或心靈精神上的滿足。有別於西洋的快樂，孔子的快樂是好學，精神悅樂。《論語》首章孔子開宗明義說：

> 學而時習之，不亦說乎！有朋自遠方來，不亦樂乎！人不知而不慍，不亦君子乎！

從這幾句話中，我們深刻感受到孔子好學的快樂、師友交遊的快樂、修養道德人格而不求聞達的快樂。孔子自述說：吃粗米飯、喝白開水，彎起手臂當枕頭，這種生活，也自有樂趣，不應得的富貴，像是天上的浮雲。有一次，葉公向子路問孔子的為人，子路沒有回答他，孔子對子路說：你為什麼不說我的為人，用功的時候，連飯都忘記吃，時常高興的忘了憂愁，不知老年就快到了。

孔子十五歲就立志向學，而且勤敏好學，不恥下問，孔子說他曾經整天不吃東西，整夜不睡覺，努力去思考，卻是徒勞無功，還不如認真學習比較好些。孔子自信在一個社區，一定有像他一樣忠信的人，但沒有像他那麼好學的人。所謂好學，誠如子夏所說每天能夠學習一些不知道的知識，每個月能夠複習已學過的知識，如此，就可以溫故而知新[1]。能夠不斷求知，勤於學習，可以延年益壽。

孔子自己說並不是天生什麼都懂，他只是喜歡古聖先哲留下

1　《論語・學而》孔子說：「一個有才德的君子不以美食安居為職志，勤勉於應該完成的事業，而且謹言慎行，又能夠親近有道德的人，多向有才德的人請教，可謂好學的人。」

來的智識而勉力求學，又能「不恥下問」(《論語‧公冶長》)，這種戮力勤學的精神是學思並進，因為「學而不思則罔，思而不學則殆。」(〈為政〉)。不用心思考的學習，仍是罔然無所知；只有空想而不學習，得不到真實的學問。孔子就是這樣用心的把聽到、看到的知識，默記在心中，孜孜不倦的勤求學問，諄諄不厭教誨學生，他內省不疚，不憂愁，不迷惑，不恐懼，唯一的憂患意識是擔心道德不修明，學業不講習，聽到好的事，不能吸取別人的優點以改進自己，發覺自己不好的事，不能改善自己的缺點。所以，他斷絕四種缺失：不憑空任意猜測，不以己意強人所難，不固執而能從善服義，不自私自利，善與人同。

　　孔子好學，學易、學詩、學禮[2]、修德、講學，涵養道德人格，力行仁道。他的一生，情切在日常生活中行仁，也在日常生活中表現仁德，他的生活只是自然老實，心情愉快，容貌舒泰，《論語‧述而》說：「子之燕居，申申如也，夭夭如也。」

　　這充分表示孔子居家的時候，悠閒從容，身心舒暢，精神悅樂。這種樂學精神，明代王艮〈樂學歌〉最為傳神，他說：

> 人心本自樂，自將私欲縛，私欲一萌時，良知還自覺，一覺便消除，人心依舊樂，樂是樂此學，學是學此樂，不樂不是學，不學不是樂，樂便然後學，學便然後樂，樂是學，學是樂。嗚呼！天下之樂，何如此學，天下之學，何如此樂。(《明儒學案‧泰州學案》)

　　最足以表達孔子悅樂精神的一首詩，是宋儒程明道的〈秋日

2　《論語‧季氏》孔子對他的兒子伯魚說：「不學詩，無以言。」、「不學禮，無以立。」可知孔子學詩、學禮。〈述而〉孔子說：「加我數年，五十以學易，可以無大過矣。」〈陽貨〉孔子說：「詩可以興，可以觀，可以群，可以怨。邇之事父，遠之事君，多識於鳥獸草木之名。」

偶成〉：

> 閒來無事不從容，睡覺東窗日已紅。萬物靜觀皆自得，四
> 時佳興與人同。道通天地有形外，思入風雲變態中。富貴
> 不淫貧賤樂，男兒到此是豪雄。

　　宋儒程頤說：「昔受學於周茂叔，每令尋顏子、仲尼樂處，所
樂何事？」（《近思錄卷二·為學》）孔、顏以樂學、樂道為樂。晉·
陶淵明《五柳先生傳》說：「好讀書，不求甚解，每有會意，便欣
然忘食。」陶淵明也有孔子快樂學習的精神和體會。

四、音樂養心

　　墨子主張「非樂」，他認為無論是王公大人或農工婦女，都要
努力工作，才能生存，而音樂荒廢了工作，對人民的生活沒有幫
助，對人民的利益更是有害。因為如果執政者喜歡聆聽音樂，就
不能專心治理政務；農人如果喜歡聆聽音樂，不能努力耕種，農
作物欠收，糧食就不夠吃了。儒家反對墨子的「非樂」，認為音樂
是一種歡樂的表現，人情所不能免。儒家的理想是以「禮樂」建
立祥和快樂的社會。

　　音樂是由聲音所構成，而人的聲音，是由於人心的感應而發，
人心的感應和活動，是由於感官受到外界事物的刺激，人心受到
不同的刺激而起變化，表現喜、怒、哀、懼、愛、惡、欲，而七
情所發的聲音各不相同[3]，例如：心裡起了喜悅的反應，就會發出
興奮而爽朗的聲音，心裡起了愛的反應，就會發出體貼而溫柔的
聲音，心裡起了悲哀的反應，就會發出哀怨而低沈的聲音。古代

---

3 《禮記·禮運》：「何謂人情？喜、怒、哀、懼、愛、惡、欲，七者弗學而
　能。」佛家以喜、怒、憂、懼、愛、憎、欲為七情。

的儒家非常重視個人內心的感受，強調以「禮」導正人心，以「樂」調和聲音。

　　換言之，音樂表達人的感情，當內心有了歡樂，自然發抒喜悅的聲音，手舞足蹈，言行舉止表露無遺，如果不以中正和平的音樂，導之以正，合乎禮義，則難免流於放蕩而亂，聖人惡其亂，所以制定雅頌正音。

　　《論語·子罕》孔子說：他從衛國返回魯國，修訂不合宜的音樂，使雅、頌的詩樂[4]，都能恢復合宜適當的地位。值得注意的是，《詩經》有三種體裁，一是風，二是雅，三是頌。「風」是百姓唱的歌謠，《詩經》的〈國風〉收錄十五國的詩歌。《詩經》有〈小雅〉和〈大雅〉之分，〈小雅〉是私人的樂歌，〈大雅〉是用在朝廷上的樂歌。

　　「雅頌」是優雅的正樂，《荀子·樂論》以為雅頌之樂，足以感動人的善心，去除邪惡之氣，使人樂而不淫，可以融和人倫親情，君臣聽之，和平恭敬，父子兄弟聆聽，慈祥親愛，鄉里長幼聆聽，融洽和睦，因為優美的正樂可以感人肺腑，教化人心。

　　換言之，好的音樂，例如雅頌之樂，可以善導民心，移風易俗，使人心莊敬；不好的音樂，像鄭、衛之音[5]，使人心淫亂。所以，君子不聽淫聲，常聽韶歌武樂的雅音，使性情平和，心志清明，誠心向善，以心制欲，精神悅樂，道德高尚，人格完美[6]。易

---

4 據《左傳》的記載：孔子自衛返魯，是在魯哀公十一年的冬天。孔子重視音樂的教化，據《史記·孔子世家》：「三百五篇，孔子皆弦歌之，以求合韶武雅頌之音。」，這就是《論語》所謂「樂正」，使雅、頌各得其所。

5 《禮記·樂記》稱不雅之音為「溺音」，認為鄭音、衛音、宋音、齊音這四個地方的音樂都是淫於色的溺音，戕害人的德性。

6 《禮記·樂記》主張「致樂以治心」，音樂可以養心，音樂使人平易、正直、慈愛、善良，音樂調理精神生活，好的音樂增進人倫關係之和敬、和順、和親，使社會安樂，長治久安。

言之，欣賞、聆聽好的音樂，可以重建、維持及促進心理和生理的健康，可以使人放鬆、紓壓，滋養品格性靈。

《論語・八佾》孔子讚美「韶音」盡善盡美，稱讚「武樂」[7]盡美但沒有盡善。據《史記・孔子世家》記載：孔子到齊國，與齊國太師談論音樂，聽到韶音，學了三個月，非常快樂，吃飯時肉的味道都沒有感覺，孔子說他沒有想到學韶音會使人著迷到這個程度[8]。另據《說苑・雜言》記載：孔子在陳、蔡兩國之間斷糧，到了第七天，孔子仍然彈琴唱歌不止。

五、君子有三戒

《論語・季氏》孔子說：君子有三件事要戒除：年輕時，血氣未定，所要戒除的是美色；到了壯年，血氣旺盛，所要戒除的是好勇鬥狠；到了老年，血氣衰弱，所要戒除的是貪得好利[9]。

三戒是孔子養生的核心思想，在人生不同年齡的三個階段，有不同的養生之道。青少年階段，身心尚未成熟，務必培養精氣，精氣充實，則神氣旺盛，身體強健，因為精為神氣之本[10]，反之，精絕則氣絕[11]，氣絕則命絕。因此，養精健身，戒之在色，節欲寶精。

「戒之在色」的養生觀，影響後世深遠，張介賓《類經》強

7　韶音是舜樂，武樂是周武王樂。孔子為什麼說韶音盡善盡美，《論語》沒有記載。為什麼說武樂盡美未盡善，我們也不明白。

8　《論語・述而》：子在齊聞韶，三月不知肉味，曰：「不圖為樂之至於斯也。」

9　《淮南子・詮言訓》說：「凡人之性，少則猖狂，壯則暴強，老則好利。」一般人的性情，年少狂妄，壯年強暴，老年好利貪得。

10　劉完素《素問玄機原病式・火類》說：「由是精為神氣之本，形體之充固，則眾邪難傷，衰則諸疾易染。」人體內的精氣是生命的根本，精氣充實，眾邪不傷，精氣如果不足，容易感染各種疾病。

11　尤乘《壽世青編・療心法言》說：「是故精絕則氣絕，氣絕則命絕也。」

調「欲不可縱」，放縱情欲，人的生命就會如朝露般容易消逝。孫思邈《備急千金要方・養性序》說：「人之壽夭在於撙節……恣其情欲則命同朝露。」因此，必須愛惜自己的精氣，葛洪《抱朴子・微旨》主張寶精愛氣是最急切的養生之道，《類經》說：「善養生者，必寶其精」，《太平御覽・養生》說：「精去則骨枯，骨枯則死矣，是以為道者務寶其精」。

壯年階段，成家立業，難免在職場上與人競爭，應有積極樂觀、豁達大度的人生態度，心胸坦蕩蕩，避免患得患失，怨天尤人，更不要與人爭鬥，好勝喜鬥。到了老年，要淡泊名利，捨得放下，不要挖空心思謀取個人私利，要多做公益，多行善[12]，回饋社會，發揮報恩人群的大愛。生活上怡情養性，以恬靜養其身[13]，經常以寬鬆舒泰的心情安處，清心寡欲，安享天年。[14]

六、仁者壽，知者樂

《論語・雍也》孔子說：「知者樂水，仁者樂山。知者動，仁者靜。知者樂，仁者壽。」孔子以山、水、動、靜分別說明知（智）者和仁者喜好的差異，似乎有意引導學生多欣賞大自然的山水之美。因為在《論語・先進》孔子贊同曾皙的志向，曾皙希望在晚春時節風和日麗的時候，穿著春天的衣服，和幾個朋友在高曠的雩壇上放聲高歌，遊山玩水，一路吟詠而歸。春天踏青郊遊，有益身心，多接近大自然，是養生的好方法。

---

12 尤乘《壽世青編・修養餘言》說：「行一善則神魂歡，作一惡則心氣亂。」多行善則在精神上多一分快樂。
13 《淮南子・原道訓》說：「以恬養性，以漠處神。」
14 龔廷賢《壽世保元・老人》說：「老者安之……戒之在得！優游自如，清心寡欲……小心調攝……不可貪多。」

　　值得注意的是，為什麼孔子強調仁者壽？何謂仁者？《論語‧雍也》孔子說：「夫仁者，己欲立而立人，己欲達而達人。能近取譬，可謂仁之方也已。」

　　仁者性情安靜，不憂不懼，少思寡欲，故能壽長，又常為別人設想，己所不欲，勿施於人，凡是自己不喜歡別人對我做的事，我也不要對別人做同樣的事，無論何時何地，都不要使人怨恨，例如我不喜歡別人對我說謊，同理，我也不要對人說謊；我不願意別人對我粗暴無禮，我也不要對人粗暴無禮。不過，這只是仁的消極意義，積極而言，我想安居樂業，我亦希望別人也能安居樂業，這是己立立人，己達達人。我希望我很好，我也願意別人很好，當我好你也好的時候，人際關係是和諧的，社會祥和，沒有怨恨，沒有仇敵，所謂仁者無敵，過著安和樂利的生活，自然而然健康長壽。誠如《中庸》第 17 章說：「故大德，必得其位，必得其祿，必得其名，必得其壽。」有高尚品德的人，必定得享長壽。

七、體能鍛鍊，多能鄙事

　　《論語‧子罕》大宰稱讚孔子才能出眾，是一位聖人。孔子聽到這件事，說：「我因為年輕時貧賤，所以會做許多粗重的事。」孔子從小學會許多生活技能，駕車是他的技能之一，《論語‧子罕》記載：達巷黨的人說：「孔子真是了不起，雖然博學，卻沒有專業技能。」孔子聽到有人批評他沒有生活技能，對弟子們說：我有什麼技能呢？駕車嗎？還是射箭？我專於駕車吧！

　　其實，孔子不僅專於駕車，更專於射箭，根據《禮記‧射義》記載：孔子在矍相的序宮堂下射箭，參觀的人多得像圍牆般的環

繞[15]。可見他經常從事射箭鍛鍊，而且射得很準，並且傳授其弟子射箭技術。

　　射箭是一項很好的健身運動，可以增強手臂的力量，強化心肺功能，從雙腿的站立、身體的姿勢、眼睛到神經系統的專注，全身都得到充分的活動。

　　射箭不僅是有益身心的運動，更是一種禮儀，所以，射箭的人，無論進退、左右轉身，都要符合禮節。內心專一，意志堅定，身體挺直，拿穩弓箭，瞄準目標，才能射中目標，從這些過程，可以看出射者的品德修養。因為射的意義是釋放，表示自己的心志。如果內心公平，身體正直，穩重專注，就可以射中。所以說，射箭包含仁的道理，《論語‧八佾》孔子說：君子不與人爭，如果有所爭，是在行射禮的時候，依禮而射，以禮相讓，勝者請敗者飲酒，這是射禮的君子之爭。

　　《禮記‧射義》孔子說：「射箭的人按照音樂的節拍射箭，只有賢德的人能夠射中，沒有賢德的人怎麼能夠射中呢？」有德者希望射中，免吃罰酒，因為酒是用來養老和養病，免喝罰酒，表示不受奉養，與人無爭。

八、益者三樂

　　《論語‧季氏》孔子說：有益身心的快樂有三種：以守禮節、聽雅音正樂為快樂，以稱讚別人的善行為快樂，以多交賢德益友

---

15 依《禮記‧射義》射禮有五種：一、大射：君臣相與習射。二、賓射：天子諸侯饗來朝賓客而射。三、燕射：天子諸侯與群臣飲酒而射。四、鄉射：州長與民眾習射於州序。五、澤宮之射：祭前擇士之射。古代天子用射箭考核諸侯、卿、大夫、士的才藝，而挑選助祭的人。

为快樂；有害身心的快樂也有三種：以驕傲為快樂，以懶惰放蕩為快樂，以飲宴為快樂。孔子的快樂源於好學、行仁和人倫的和諧，他以遵守禮節為快樂，不合禮節的不看，不合禮節的不聽，不合禮節的不說，不合禮節的不做[16]。一個人時常能夠管理自己的情緒和情感，避免違禮粗暴的言行，就是克己復禮。

　　孔子主張以文會友，以友輔仁，強調朋友的重要，不過，朋友有好的益友，也有壞的損友，能夠交到正直的朋友，誠信的朋友，見識博廣的朋友，是有益的朋友；反之，品德不好的朋友，花言巧語的朋友，是有害的朋友。能夠與好的朋友共同學習，是人生的一大樂事，獨學無友，孤陋寡聞。

　　值得注意的是，孔子主張的「益者三樂」和「益者三友」，相當符合現代的「正向心理學」（Positive psychology）。據塞利格曼在《真實的快樂》（洪蘭譯，台北，遠流，2009年12月，二版）一書中指出，快樂是由三要素構成：樂趣（快樂學習，積極發掘生活的樂趣。）、參與（對親友的關心與付出）以及意義（發揮個人優點長處，表現慷慨、幽默、感恩、熱忱等，達成人生的理想目標。）我們應常懷感恩之心，積極、樂觀，勇於面對，以讚美代替批評，以鼓勵代替責備。無私助人為善，感謝曾經幫助自己的人等，才是快樂的最佳來源[17]。

　　以上簡述孔子的養生之道，他的養生思想並非蹈空抽象的理論，而是在現實生活中確實可行，且行之有效的哲學，足以代表儒家的養生觀。儒家注重養心、養德、養性，涵養天理道心之正，

---

16 《論語・顏淵》：顏淵問仁。孔子說：克己復禮為仁……非禮勿視，非禮勿聽，非禮勿言，非禮勿動。

17 根據美國加州大學心理學家桑雅・柳柏莫斯基的研究，快樂的秘訣，有八項具體做法：一、心存感激。二、時時行善。三、品嚐樂趣。四、感謝相助的貴人。五、學習諒解。六、珍惜親友。七、照顧身體。八、因應難關。

去人心私欲之蔽,而非養體,例如有人問程明道是否有導氣之術?
明道說:「吾嘗夏葛而冬裘,飢食而渴飲,節嗜欲,定心氣,如斯
而已。(〈人譜雜記二〉)

第二節 孟、荀的養心

孔子、孟子、荀子是先秦儒家的代表,孔子之後,孟子和荀
子繼往開來,成為傳統文化的主流[18]。有關養生的思想,孟、荀
皆強調養心的重要性,將養生提升為道德的精神層面。

一、孟子的養心

(一) 養生喪死無憾

孔子的養生,是個人的道德修養,稱為養仁、養德。基於王
道仁政的思想,孟子把個人的養生,提升為國家的全面高度,是
執政者對所有國民的照顧與愛護。

《孟子‧梁惠王》孟子說:政府施政不要擾民,不耽誤百姓
春耕夏耘秋收的農忙季節,五穀豐收。不要用細密的魚網捕魚,
魚蝦繁殖,不可任意砍伐山林,山林茂盛。五穀和魚蝦豐收,林
木盛產,百姓的養生、送死都沒有悔恨,人民安居樂業,這就是
王道的開始。然後加強各級學校的教育,教導國民孝親敬長之道,
發揮人倫親情,使父子有親、君臣有義、夫婦有別、長幼有序、
朋友有信。

孟子強調養生不僅是個人的保健,更是國家整體的施政。換

---

18 孟子讚美孔子是「聖之時者也」,即是與時俱進的聖人,永恆的聖人。自生
民以來,未有盛於孔子者,因為孔子是「集大成」的偉大思想家。

言之，個人的養生保健，是現代國家的政策，包括：全民健保、預防疾病[19]、傳染病、社會保險與福利、國民年金等等，保障國民的健康與安全，使人民有足夠的能力奉養父母，照顧妻兒，豐年可以三餐溫飽，荒年也能免於飢餓或死亡。

如何確保養生送死無憾？孟子主張推行仁政，以「推恩」的愛心，老吾老以及人之老，幼吾幼以及人之幼。執政者先尊敬自己的父兄，推恩到尊敬別人的父兄；愛護自己的兒孫，推恩到愛護別人的兒孫。只要人人敬愛他的父母，尊敬他的兄長，愛護他的兒女，人人推恩，天下就會太平，養生送死就沒有遺憾。

（二）養心莫善於寡欲

以個人養生而言，孟子強調養心的重要。養心的要訣在寡欲。雖然，人有耳目之欲，有口腹之欲，有各種無窮的欲望和嗜好，嗜欲愈多，內心愈為外物所誘，向外逐物。減少我們的嗜欲，內心則不為外物所誘。誠如尤乘《壽世青編・養腎說》言：「養生之要，首先寡欲。」尤乘更說：「欲熾則身亡。」

孟子說他四十歲就不動心，說明他心志堅定，不受外物誘擾[20]。所謂不動心，就是富貴不能淫，貧賤不能移，威武不能屈。雖然富貴，不能動搖他的心志，雖然貧賤，不能改變他的節操，雖然受到威脅，不能挫折他的道德勇氣。所以，不動心的人叫做大丈夫。大丈夫可以制嗜欲，保性命[21]。至於如何養心？除了寡欲之外，積極修養有四：

---

19 預防疾病，古人所謂「治未病」，《黃帝內經・四氣調神大論》說：「不治已病治未病。」就是在未發病之前加以預防。現代所謂預防醫學。

20 孟子四十歲不動心，近似孔子四十而不惑。

21 《太平御覽・養生》說：「制嗜欲可以保性命。」節制嗜欲可以保養性命。

1.知　言

何謂知言？孟子說：聽到歪曲的話，知道說話的人被私欲所蒙蔽；聽到放蕩的話，知道他的內心沈迷；聽到邪僻的話，知道他偏離了善道；聽到閃躲的話，知道他窮於對應。內心有這四種毛病，必定危害身心健康，對養生有害無益。

2.養浩然之氣

孟子說他善於培養浩然正氣。這種浩然正氣至大至剛，不可屈撓，要用正直善道不斷培養，不以邪惡加以傷害，就可以充塞於內心以及天地之間，這是平時涵養仁義與德性所產生的，並不是從外面襲取而來。[22]

3.存養平旦夜氣

《孟子‧告子》說：齊國牛山的樹木，以前長得很茂盛，因為鄰近都城，百姓砍伐山林，如何保持牛山的美茂呢？雖然不斷長出新芽，可是牛羊隨時吃光，所以，牛山總是光禿禿的。百姓看牛山光禿禿，以為牛山從來沒有長過茂盛的樹林，這難道是牛山的本性嗎？

孟子以牛山譬喻人性，他強調存在人心上的，難道真的沒有仁義之心嗎？人之所以迷失他的良心，也和斧頭對待樹木一樣，每天砍伐，牛山還能茂美嗎？換言之，每天以嗜欲侵襲原有仁義的良知，良知被私欲蒙蔽了。每一個人在天亮時，尚未和外物接觸前，人的良心清明不昧，到了白天，所作所為被私欲擾亂了清明的本心，迷失了良心，就和禽獸相差不遠了。一旦言行近於禽獸，甚至禽獸不如，災禍油然而生，性命不保，如何養生？

---

22 孟子的浩然正氣，對後世影響深遠，文天祥的〈正氣歌〉即是這種浩然正氣。

4.養性立命

　　性善與性惡是孟、荀的分野。孟子主張性善，人性本有善端，只要順著本性的善端，就可以為善，這是性善的原義。然而，人為何會有過錯？是因為嗜欲陷溺了本性的善端。

　　至於本性的善端為何？孟子強調惻隱之心、羞惡之心、恭敬之心、是非之心，人人都有，惻隱之心就是仁，羞惡之心就是義，恭敬之心就是禮，是非之心就是智。可知，仁義禮智是人人本來就有的，不是外在環境的道德規範，只要順著惻隱、羞惡、恭敬、是非的本心本性而不斷涵養，就可以成為有道德人格的善人，這就是存心養性，修身立命的修養工夫，也是養生的最高精神境界。

　　值得注意的是，孟子的養性論，對後世的養生思想影響深遠，《淮南子‧原道訓》說：「以恬養性」，《壽世青編‧療心法言》說：「去嗔怒以養性」，陸賈《新語‧道基》說：「調氣養性」，荀悅《申鑒‧俗嫌》說：「夫善養性者無常術，得其和而已矣。」，《老老恆言‧省心》曹庭棟說：「當以一『耐』字處之……可養身兼養性。」，《新唐書‧孫思邈傳》說：「養性必先知自慎也」，《備急千金要方‧養性序》說：「生不再來，逝不可追，何不抑情養性以自保。」孫思邈說：

> 夫養性者，欲所習以成性，性自為善，不習無不利也。性既自善，內外百病，自然不生，禍亂災害，亦無由作，此養性之大經也。

　　孫思邈提出「養性之大經」，就是修養心性是養生的根本大要，其目的是使心性自然為善，心性既善，內外各種疾病自然不生，各種禍害也能避免，這是養生大法。顯然深受孟子養性立命的影響。

（三）反身而誠，樂莫大焉

《孟子・盡心》孟子說：君子有三種快樂，而統治天下卻不包含在內。第一種快樂是父母健在，兄弟姊妹和睦相處，這是人倫親情的快樂。第二種快樂是不愧於天，也不愧於人的快樂，這是心安理得，不憂不懼的快樂。第三種快樂是教育天下俊傑的快樂，這是為人師表，作育英才的快樂。這三種快樂都是盡心養性的精神悅樂，孟子說：「萬物皆備於我，反身而誠，樂莫大焉，強恕而行，求仁莫近焉。」

有道德人格的君子，慎獨不欺，反求諸己，推己及人，親親而仁民，仁民而愛物，以其所愛，及其所不愛，愛己、愛人、愛物，達到內聖外王、心物一體、天人合一的悅樂，這就是「萬物皆備於我」的境界，更是「與民同享」、「與民同樂」，樂以天下的快樂。不斷追求精神的快樂，也是重要的養心工夫。

以上簡述孟子的養心思想，養心是養生的重要工夫，誠如尤乘《壽世青編・療心法言》說：「凡欲身之無病，必須先正其心，使其心不亂求，心不狂思，不貪嗜欲，不著迷惑，則心君泰然矣。心君泰然，則百骸四體，雖有病不難治療。獨此心一動，百患為招，即扁鵲華佗在旁，亦無所措手乎。」尤乘又有〈清心說〉，他說：「一切世味淡然漠然，但得自在逍遙，隨緣度日足矣，即此卻病之方，即此延年之藥。」養心可以卻病，可以延年益壽。

二、荀子治氣養心之術

（一）節　欲

荀子認為人天生有耳目之欲，一般人眼睛想看美色，耳朵想

聽悅耳的美聲，嘴想吃美味，鼻子想聞香氣，心裏想安樂的享受，這五種欲求，人情所不能免。

　　然而，天下之害，生於縱欲，因為人生而有欲，飢餓欲求飽食，寒冷欲求溫暖，勞苦欲求休息，貧窮欲求富有，欲望不能滿足，必有爭奪，爭奪則亂，亂則窮困，窮困則病死早夭，這是縱欲的後果。雖然，人欲不可去，人欲也不可能完全滿足，卻應有節制，節欲是養生的前提。如何節欲？荀子強調以心節欲，解蔽治心。因為凡人都有情欲，情欲禁不住，情欲也去不了，唯有心可以節欲，唯有心可以止欲。

（二）以心節欲

　　何謂心？心的作用為何？《荀子・解蔽》主張人有心、性、情、欲，而以心統攝性情欲，心是身體的總樞紐[23]，心發號命令指揮身體，而不受身體所役使，心有自主的能力，可以自禁、自使、自奪、自取、自行、自止、自見、自擇。綜言之，本心可以自律[24]，心有道德的判斷能力，明白是非善惡的道理，只要「虛壹而靜」，心就明白道德善惡。

23　從生理學的觀點而言，身體的總樞紐是大腦，大腦約佔全腦的八分之七，分為左右兩半球，大腦為中樞神經系統，主管記憶、判斷、理解、指揮感官知覺等精神作用的器官。

24　荀子強調心的自主能力，心有道德的判斷能力。此說近似康德所謂「理性的命令」和「意志自律」。康德以為萬物都是依照一定的自然法則而活動，唯獨人類具有理性和意志的機能，意志能夠依照理性的命令而行動。所謂意志自律（Autonomy）是意志（Will）自己頒佈道德法則而且自己服從的原則。換言之，每一有理性者的意志是成立普遍道德法則的意念，這種自身就是最高立法者的意志是不能依於任何嗜欲或利益上的，如果基於嗜欲、性好、私利者，稱為意志他律（Heteronomy）。所以，意志自律原則是道德的最高原理。康德強調意志自律才是有理性的人類能夠擁有尊嚴的基礎，而只有道德和具有道德人格的人才有尊嚴，這種尊嚴超乎一切價值之上。

何謂「虛壹而靜」？虛是虛心，不自滿，不自以為是，不固執己見，不執著，唯虛故能受，就是使心能夠明白萬事萬物的道理；壹是專心，專注其心；靜是寧靜，心中沒有雜念，不胡思亂想，不放縱，不擾亂，不動搖，唯靜故能通。擁有「虛壹而靜」的心，稱為「大清明」，大清明的心譬如一盤沈淨的水，足以定是非，斷善惡。

荀子以人心譬如盆中之水，盆子不動，污濁之物往下沈，水則清澈，水清澈則能照物，人心也是如此，心清明則能明白道理，所以要教導禮義的道理，涵養大清明之心，任何外物的誘惑及一切的情欲和性好（inclination），都不能動搖本心，即能「以心節欲」。

（三）以禮治氣養心

荀子強調人生不能沒有禮，人而無禮，則近於禽獸，大家守禮而行，社會和諧，人民平安，生命可以長壽。因為人最寶貴的是生命，最喜歡的是安逸，禮義用來養護生命、保障安逸快樂。一個社會沒有禮義，必然紛爭混亂，個人的生命得不到保護，豈能追求安樂長壽？雖然知道貴生命、樂安逸而不顧禮義，猶如欲求長壽而刎頸自殺，是最大的愚蠢。《荀子·彊國》說：「養生安樂者，莫大乎禮義。」

《荀子·修身》提出「治氣養心之術」，也就是以禮治氣養心。血氣剛強的人，以禮調適，使他平和；智慮陰險的人，以禮導化，使他溫良；性情暴戾的人，以禮教化，使他柔順；個性急躁的人，以禮節制，使他安緩；氣量狹小的人，以禮彰顯，使他寬大；志氣卑微的人，以禮揚升，使他高遠；凡庸之人，師友以禮敦化，使他德行操守向上提升。凡人庸俗，昧於儀文，以禮教之，使他言行合於禮樂。這就是治氣養心之術。以禮治氣養生，可以長壽。

　　治氣養心必須尊重良師，親近益友，修養身心，見有善行，必自我省察，效法學習；見有不善，要自我警惕，凡批評我過失的人，是良師益友，凡諂諛求我的人，是讒賊惡人，要深痛惡絕之。《荀子‧不苟》說：「君子養心，莫善於誠，致誠則無他事矣，唯仁之為守，唯義之為行。」

　　養心最好的方法是「誠」，真誠不欺，以此真誠之心守仁行義，做到內心忠信，言行恭敬，同情愛人，力行禮義，近君子，遠小人，防止邪僻的誘染。因為一旦染上惡習，如同腐肉生蟲，怠惰傲慢，禍患乃至，自遭危辱。有時言語惹來災禍，行為招致侮辱，都是自取其辱。因此，立身行事，謹慎言行，避免不良習染，才能免於憂危，心常歡樂。心常歡樂多長壽，心常憂苦多早夭[25]。

（四）音樂養生

　　荀子有〈樂論〉一篇論述音樂的專文，與〈禮論〉合為禮樂，而〈樂論〉因墨子「非樂」而作，顯見儒墨的差異。〈樂論〉強調音樂是人情所不能免的歡樂，是天下相同的快樂符號，更是善導民心，使人臻於中正平和的樞要。因為中正平和的音樂，可以使人溫和而不陷於放蕩，嚴肅莊重的音樂，可以使人整齊端莊，而不陷於迷亂。相反之，妖冶的音樂，樂聲放蕩，則使人怠慢鄙陋，輕薄邪淫，造成社會混亂，國家危亡。因此，為了人民安康歡樂，

---

25 《荀子‧榮辱》說：「樂易者，常壽長；憂險者，常夭折。」樂觀平易的人可以長壽。現代醫學研究證實，樂觀的人擁有美滿婚姻，常受朋友歡迎，工作表現較佳，身體健康和長壽的比率都較高。因為樂觀者腦部分泌的神經化學物質，具有刺激細胞的功能，身體的免疫系統也受到強化，對外來的病菌、病毒的抵抗力增加。反之，悲觀的人，體內細胞老化速度較快，容易生病，或使既有慢性病惡化。如何成為比較樂觀開朗的人？關鍵在於要懂得正向思考，面臨挑戰或陷入困境時，要有解決問題的企圖心，並找出適當正確的方法解決難題，而非怨天由人、責怪他人、放棄或報復等非理性的負面思考。

人倫親睦，社會和諧，國家富強，必須禁淫聲，賤邪音，貴雅頌正音。

值得注意的是，根據現代醫學研究，音樂養生可以使人長壽。優美的音樂可以調節血液的流量和神經的傳導，降低血壓。音樂不僅可以延年益壽，而且還能治療疾病，有些醫生用音樂治療憂鬱和急躁型的精神病患，得到良好的療效，尤其是那些與社會隔絕的精神病患，幫助他們恢復正常的思維能力。

以上簡述荀子的養心思想：人生有欲，以心節欲，以禮養心，輔以音樂善化人心，臻於中正平和，延年益壽。

第三節　董仲舒循天之道以養生

董仲舒是西漢廣川（今河北省棗強縣）人，漢景帝時為博士。他在賢良對策中，提出「罷黜百家，獨尊儒術」的建議，被漢武帝採納後，儒家學說正式登上中華文化正統學術的寶座，他的《春秋繁露》，正是漢代儒學的代表。他的養生思想，主要見於〈循天之道〉。

一、循天之道以養其身

《春秋繁露卷十六・循天之道》開宗明義說：要遵循天道以保養身體。換言之，人要「法天」以養生。所謂「法天」，就是效法天道。何謂天道？董仲舒以為天有五行，又有陰陽之氣。〈五行之義〉說：

> 天有五行：一曰木，二曰火，三曰土，四曰金，五曰水……

木居東方而主春氣，火居南方而主夏氣，金居西方而主秋
氣，水居北方而主冬氣……土居中央，為之天潤。

天有五行，就是木、火、土、金、水。木是春天，主管生；
火是夏天，主管長；土是季夏，主管長；金是秋天，主管收；水
是冬天，主管藏。五行由天地之氣而來。〈五行相生〉說：天地之
氣，合為一體，可以區分為陰氣和陽氣，可以分別為春夏秋冬四
季，排列成為五行。五行相生也相剋，木生火，火生土，土生金，
金生水；木剋土，土剋水，水剋火，火剋金，金剋木。

天地之間，有陰陽之氣，陽是天的美德，陰是天的刑罰。所
以，陽氣暖而陰氣寒，陽氣是天的賦予而陰氣是天的剝奪，陽氣
仁愛而陰氣暴戾，陽氣生育萬物而陰氣傷害萬物。須知，陰陽之
氣不僅存在於上天，也存在於人。天的陰陽之氣表現為暖、清、
寒、暑，而人的陰陽之氣表現為好、惡、喜、怒。〈陰陽義〉說：

天亦有喜怒之氣，哀樂之心，與人相副，以類合一，天人
一也；與天同者大治，與天異者大亂。

董仲舒以人的喜怒哀樂「類比」天的四季之氣，春季是喜氣，
生長萬物；夏季是樂氣，養育萬物；秋季是怒氣，傷害萬物；冬
季是哀氣，收藏萬物。喜怒哀樂是人和天共同具有的氣，人要「法
天」，效法天道以養生。養生為何要法天？主因是人受命於天，人
之為人本於天。天地精氣生長萬物，以人為貴，只有人能夠與天
地相配，例如人有四肢，天有四季，人有三百六十關節，一年有
三百六十天等。因此，人要知天、敬畏天、配天、參天、法天和
謹承天意以養生。

二、以中和養其身，其壽極命

「中和」原是《中庸》的思想。《中庸》第一章說：

> 喜怒哀樂之未發謂之中，發而皆中節謂之和。中也者，天
> 下之大本也，和也者，天下之達道也。致中和，天地位焉，
> 萬物育焉。

　　喜怒哀樂是心理學所談的情緒反映，「未發謂之中」意指心平
氣和的常態，「發而皆中節」是指情緒與行為表現恰到好處，無過
與不及，中庸之道也。《中庸》以為喜怒哀樂的情緒還沒有發動的
時候，心是寧靜的，不偏不倚，就叫做「中」，如果情感發動與情
緒反應都能合乎禮節規度，沒有過與不及，就叫做「和」。「中」
是天下萬物萬事的大根本，「和」是天下共行的大道，吾人如能把
中和的道理推廣極致，圓滿無缺，則天地一切事物各得其所，萬
物生生不息。

　　《中庸》的中和義是「中立而不倚」與「和而不流」。君子與
人相處，溫和理性，樂群不孤，不同流合污，堅守中道，不偏不
倚。國家政治清明的時候，不改窮困時的操守，國家紛亂無道的
時候，至死也不改平生的志節。而唯有聖人能夠臻於中和的理想，
因為聖人的仁心是如此的誠懇，他的心平氣和如同深淵的沈靜深
邃，他的廣大胸襟如同天地。因此，達到不勉而中，不思而得，
從容中道的境界，而能參贊天地的化育。

　　董仲舒以「類比」說明天和人同類，同類的事物可以互相感
應，所謂「物以類相召」。既然人道有「中和」的道德法則，天道
也有「中和」的自然法則。天有東方和西方兩個「和」，形成北方
和南方兩個「中」。所謂「兩和」，是東方之「和」，稱春分，以及

西方之「和」，謂秋分。所謂「二中」，是南方之「中」，稱夏至，以及北方之「中」，謂冬至。冬至與陰氣相合，萬物在地表下開始活動；夏至與陽氣相合，萬物在地表上開始發育[26]。

在地表下活動的萬物，如果得不到東方之和，則不能生長，這個東方之和就是春分；在地表上發育的萬物，如果得不到西方之和，則不能成熟，這個西方之和就是秋分。所以說，天地之美在「兩和」，也就是在春分和秋分，陰氣和陽氣分別從北方之中（冬至）和南方之中（夏至）來臨，順利完成在東方生長和西方成熟。〈循天之道〉說：

> 中者，天地之所終始也，而和者，天地之所生成也。夫德莫大於和，而道莫正於中。

董仲舒以四季的春分、夏至、秋分、冬至，類比成天道的「中和」法則。「中」是天地的終結和開始，「和」是天地的生長和成熟。天道的「中和」類比人道的「中和」，人的德行沒有比「和」更重要的，而「中」是人道最好的法則，要以「中和」養生，能以中和之道保養身體的人，可以健康而長壽。

無論男女的養生，都要效法天道的陰氣和陽氣。陽氣從北方而起，到南方而強盛，強盛到最高點與陰氣相合；陰氣從夏至而起，到冬至而強盛，強盛到最高點與陽氣相合。陰氣和陽氣如果不強盛就不相合。一年之中，陰氣和陽氣歷經六個月而強盛，四

---

26 陰氣和陽氣在南方相遇為「夏至」。〈陰陽出入〉說：天道是陰氣和陽氣相反的表現，其作用不能同時出現。一年之中，春分時節，陽氣在正東方，陰氣在正西方，陰氣和陽氣互相參半，因此，白天和夜晚平均一致而冷熱適中，從此以後，陰氣一天天減少而陽氣一天天增加，到了夏至，陰氣和陽氣在南方相遇，然後又離開，陽氣向右，陰氣往左，到了秋分，陽氣在正西方，陰氣在正東方，陰氣和陽氣互相參半，從此以後，陽氣一天天減少而陰氣一天天增加。

季的運行，以此作為不變的自然法則，人要效法自然法則，健全的保養身體。如果男人發育尚未健全，就不要結婚；女人也是一樣，發育不健全也不可以結婚。發育健全，身體健康，不容易生病而體強，健康而長壽，這是自然法則，也是養生之道。天的陽氣使男人的性功能健全之後再結婚，他的精氣飽滿堅固；地的陰氣使女人的性功能健全之後再生育，可以生育健全的下一代，這是天道，也是人道，更是養生之道。

董仲舒強調天地的陰氣和陽氣，未到強盛的時候不相合，人要體認天意而法天，要非常珍惜精氣，男女性愛不可放縱。放縱情欲而不法天道，叫做「天摒」；沒有遵循陰陽之道而行房，稱為「不時」，天摒和不時，意謂違背自然法則。君子養生，不敢違背自然法則。

因此，青年人可以十天行房一次，中年人二十天行房一次，中年以後，身體開始衰弱的人，四十天行房一次，身體中等衰弱的人，八十天行房一次，身體大衰的人，十個月行房一次，這是大概的時間，重點是在男女雙方陰氣和陽氣不強盛的時候不要行房，這就是君子治身不敢違天。重視養生的人，男女行房，不敢違背天地之道。

三、養生之大要，乃在愛氣

氣是中國哲學重要的範疇之一，也是傳統養生的重要思想。董仲舒強調養生的重點是「愛氣」，氣從精神而來，精神從意志而生，意志煩勞的人。精神紛擾，精神紛擾不安，氣就稀少，氣稀少不足，很難長壽。因此，有道德的君子減低他的欲望，防止邪惡以安定意志，安定意志可以鎮靜精神，以鎮靜精神來養氣，培養充足的元氣，身體就健康，這是養生的重要方法。

　　換言之，養生的要點是使精神不要外馳，精神內守形體，形神不離，形神為一。如果時常忿怒憂慮，必定傷害身心健康，歡喜悅樂，生命安康。董仲舒說：「君子慎小物而無大敗也，行中正，聲響榮，氣意和平，居處虞樂，可謂養生矣。」（《春秋繁露卷十六‧循天之道》）

　　重視養生的君子，對細微之事小心謹慎，慎小、慎微，就不會有大災禍，行為中正，無過與不及，意氣和平，精神安樂，這是培養精氣的妙法。另外，也要配合四季的變化來養生，例如：春天穿葛布衣，夏天常在涼爽的地方，秋天躲避燥風，冬天避免潮溼。四季養生，適應季節的變化，使身心趨於平和。因此，穿衣服不要太溫暖，飲食不要吃太飽，八分飽就足夠了，身體要經常勞動和運動，不可長久安逸。

四、得天地泰者，其壽引而長

　　董仲舒強調能夠得到天地和泰之氣的滋養，其壽命長久，享盡天年；不能得到天地和泰之氣的養護，損傷健康而壽命短。壽命長或短的源頭，是從天地而來，因此，人的壽命有長短，因為個人的養生有得失。至於，如何求得天地之泰呢？〈循天之道〉說：

> **男女體其盛，臭味取其勝，居處就其和，勞佚居其中，寒煖無失適，饑飽無過平，欲惡度理，動靜順性，喜怒止於中，憂懼反之正，此中和常在乎其身。**

　　養生的重點是：男女要身體強壯才結婚生子，飲食要選擇當季生長最好、盛產的蔬果，魚、肉、牛奶必須新鮮，家居生活平和悠閒，勞逸適中，不可過勞，衣著配合天氣寒暖，不要餓過度，不要吃太飽，好惡要有道理，非為一己之私，動靜要順從天性，

喜怒要合乎中道。避免憂愁恐懼，立身處事、喜怒好惡，合乎中和之道，就是得天地之泰，能得天地之泰者，享盡天年。

　　有人秉賦長壽的先天遺傳基因，可是，不重視養生保健，生活放縱，不斷傷害身心健康，原本可以長壽的命就會短命。反之，雖然，先天的遺傳基因並非長壽，可是，非常重視養生保健，原本短壽的命就會增長，壽命的減短或增長，都決定於個人的養生或放縱，董仲舒說：

> 人之所自行，乃與壽夭相益損也……夫損益者皆人。（《春秋繁露卷十六・循天之道》）

五、仁人多壽

　　「仁者壽」源自《論語・雍也》。孔子說：仁者樂山，仁者靜，仁者壽。董仲舒說：「仁人之所以多壽者，外無貪而內清淨，心和平而不失中正，取天地之美，以養其身，是其且多且治。」（《春秋繁露卷十六・循天之道》）仁者長壽的原因，不貪求外在事物而內心清淨安寧，心中平和而保持中正，選擇天地間最美好的事物，修養身心，所以，健康又長壽。

　　《春秋繁露卷八・必仁且智》說明何謂仁？董仲舒說

> 仁者，憯怛愛人，謹翕不爭，好惡敦倫，無傷惡之心……
> 故其心舒，其志平，其氣和，其欲節，其事易，其行道，
> 故能平易和理而無爭也。

　　仁的意義是：真誠愛人，恭敬和平而不爭，喜好或厭惡都合於人倫道德的規範，沒有傷害人的心，沒有暗中厭惡人的志，沒有嫉妒人的意，沒有感傷憂愁的情，沒有違背道德的行為，沒有邪惡不正的事，因此，仁者的內心舒暢，仁者的心志平和，仁者

的情欲有節度，仁者處事公平，行為合乎道德。所以，平易近人，溫和理性，與人無爭。

董仲舒又說：

> 仁人者，正其道不謀其利，修其理不急其功[27]。（《春秋繁露》
> 卷九）

仁者正其誼不謀其利，明其道不計其功。正道而行，不謀私利，修養道德人格，依照道理處事，不急於求功利。換言之，為人處事，只問是非善惡之大公無私，不謀一己之功利。這就是孔子的義利之辨，孔子說：「君子喻於義，小人喻於利。」（《論語‧里仁》）。

董仲舒也強調義利之辨，《春秋繁露》卷九說：

> 義者，心之養也；利者，體之養也。體莫貴於心，故養莫
> 重於義，義之養生人大於利。

人世間兼有義和利，道德義理修養人的心，人心沒有義，內心就不會快樂；各種財物功利可以養育人的身體，沒有財物功利的供養，身體得不到舒適。然而，比較而言，心比身重要，因此，義比利重要。換言之，人世間的價值，仁義比功利更重要，仁義養生重於功利養生。以功利養生，羞辱大，怨恨深，災禍重，終身沒有快樂，受盡痛苦而早夭。

值得注意的是，《中論‧夭壽》也提出「仁者壽」的觀點。徐幹把長壽分為三種：一是王澤之壽，天生註定的長壽。二是聲聞之壽，有美好的名聲，可以流傳千古。三是行仁之壽，孔子所謂「仁者壽」，就是行仁的長壽。

為什麼孔子說「仁者壽」？徐幹強調這是因為有仁德的人善

---

27 「正其道不謀其利，修其理不急其功。」《漢書‧董仲舒傳》作「正其誼不謀其利，明其道不計其功。」。

於養育百姓和萬物，百姓和萬物得到他的恩澤，人民快樂，社會安定，國家富庶，仁者愛人，精神愉快，所以，一定會長壽。例如商朝的中宗，在位七十年，高宗武丁在位五十九年，他們都是有仁德的帝王，仁者壽的典範，不僅長壽，又有美好的名聲。換言之，有行仁之長壽者，常有聲聞之壽和王澤之壽，三者常是一體併有。

從前的帝王，自堯到周武王，大臣從后稷到周公、召公，他們都是有仁德的人，這期間的君臣為數不少，而他們的壽命都沒有早夭，這是「仁者壽」的明證。又如孔子有名的七十二門人中，只有顏回一人早夭，不能因顏回一個特例而懷疑「仁者壽」的史實[28]。

六、治身者以積精為寶

《管子・內業》以為人物的生命，是由天提供的精氣和地提供的形體，二者結合而化生人物。能夠把精氣保養在心胸的人，稱為聖人。聖人是修養內心達到最高境界的人，這種修養工夫，

---

28 有趣的是，《說苑・雜言》提出「智者壽」的觀點。魯哀公問孔子說：「聰明的人（智者）長壽嗎？」孔子說：「智者長壽。人有三種情況非命該死，而是自取死亡：就寢（睡眠）不按時，飲食沒有節制，暴飲暴食，淫逸、勞累過度，各種疾病就會使他早夭；居下位而違逆長官，嗜欲無窮而貪求無厭，各種刑罰就會使他死亡；以少犯眾，以弱侮強，一時忿怒而不自量力的人，會死在兵刃之下。這三種死亡都是咎由自取，並非該死壽終。」《詩經・鄘風・相鼠》說：「『人無禮儀，不死還能做什麼？』就是這個意思。」換言之，人無禮儀，不守禮法，容易遭禍而夭死。
值得注意的是，《孔子家語》卷二也有近似的一段對話，哀公問孔子：「智者壽還是仁者壽？」孔子回答：「然。……若夫智士仁人，將身有節，動靜以義，喜怒以時，無害其性，雖得壽焉，不亦可乎？」。所謂「智士仁人」應該包括智者和仁者。

包括養心和養氣，養心要守敬，調節情感欲望；養氣要儲精，靜意敬慎。養心和養氣，合稱養生，聖人養生可以把精氣的作用發揮到極致，稱為「搏氣如神」。《列子·天瑞》說：「天地含精，萬物化生」。

王充《論衡·論死》說：「人之所以生者，精氣也，死而精氣滅。」。董仲舒依秦漢的精氣思想，主張「治身者以積精為寶」。《春秋繁露》卷七說：

> 治身者以積精為寶……精積於其本，則血氣相承受……血氣相承受，則形體無所苦……形體無所苦，然後身可得而安也`……夫欲致精者，必虛靜其形……形靜志虛者，精氣之所趨也……故治身者，務執虛靜以致精……能致精，則合明而壽。

基於黃老道家的精氣思想，董仲舒主張以「虛靜」積蓄精氣，精氣能夠積蓄在心中，氣血就可以順利運行。要想精氣充滿，一定要讓內心空靈，形體寧靜。能夠虛靜，精氣不會耗損，聚合精氣，氣血通暢，因為血液的正常運行，主要依賴精氣的推動作用，血流在脈管中不至溢出脈外，也是由於精氣的固攝作用，精氣的推動和固攝作用之間必須協調平衡，這是中醫學的觀點。

不過，值得注意的是，「虛靜」是老子的養生工夫，《道德經》第十六章說：「致虛極，守靜篤。」「虛」是空靈，「靜」是寧靜。致虛和守靜的工夫，主要針治私欲的紛擾，由於私欲作祟，使得人的內在精神不能安頓，所以，隨時隨地戮力於致虛和守靜，使我們的心靈寧靜。老子強調這種「靜」的工夫，《道德經》第四十五章說：「清靜為天下正」第二十六章說：「靜為躁君」。清靜勝於紛擾，清靜可以做為一切養生的典範。

以上簡論董仲舒的養生思想，他的養生，綜合陰陽五行、黃

老道家、儒家《中庸》以及孔孟仁義等思想，以「法天」養生，法天就是「君子治身不敢違天」，依法天「循天之道」而愛氣積精[29]。

第四節　桓譚《新論》以形神關係論養生

桓譚，字君山，東漢沛國相縣人。著《新論》流傳於世，清代嚴可均校輯《桓子新論三卷》，見於《全上古三代秦漢六朝文·全後漢文卷十三至卷十五》。

《新論》述古今，寓褒貶，欲興治，自比於《春秋》，也自比於劉向作《新序》、陸賈作《新語》。他把《新論》獻給光武帝，提出歷史成敗之因，以興東漢王道之治。希望《新論》猶如《呂氏春秋》、《淮南子》一樣，得到應有的重視，對興盛聖王德化善政，有所助益。茲簡述其養生思想如下：

一、以自然天道反對神仙方術

自秦始皇派人到海外求長生不死之藥後，神仙方術頗為一般人深信不疑，方士鼓吹寡欲養生，一般百姓也常講養生卻老。對於這種神仙方術的流行，桓譚非常明確地指出「無仙道，好奇者為之。」（〈辨惑〉）。他強調根本沒有什麼神仙或不死之藥，都是

---

29 《春秋繁露卷九·身之養重於義》說：「天之生人也，使人生義與利，利以養其體，義以養其心。心不得義，不能樂，體不得利，不能安。義者，心之養也；利者，體之養也。體莫貴於心，故養莫重於義，義之養生人大於利。」董仲舒強調「以義養心」，義重於利。一個有道德人格的人，言行合乎義，雖然貧窮，自己能夠感到快樂，像孔子的學生子思、曾參、閔子騫這些人。反之，有人富貴，卻沒有道德，言行不合於義，終究死於罪刑，或遭受災禍，終身不能快樂。可知，「以義養心」重於「以利養身」。

居心叵測的方士們假造出來的騙局。

〈辨惑〉記述：劉子駿相信方士鼓吹神仙可學，問說一個人能夠抑制嗜好欲望，不求耳目感官刺激，生命是否可以不衰竭？桓譚指著庭下一棵剝皮折枝的老榆樹，強調樹木沒有情感欲望，沒有感官刺激，仍然會枯槁，即使勤加培養灌溉，仍然無法使老樹不枯死。人雖然以各種方法養生，本能情欲仍在，還是無法使生命不衰老死亡，因為人的壽命是有限的，何況生老衰死是生命的自然現象，根本沒有不死之藥，更沒有長生不死的神仙。

值得注意的是，桓譚認為雖然人是萬物最靈者，可是，人與昆蟲禽獸的生死沒有差別，都是經歷生、長、老、死的過程。〈祛蔽〉說：

> 草木五穀，以陰陽氣生於土……猶人與禽獸昆蟲，皆以雄雌交接相生，生之有長，長之有老，老之有死，若四時之代謝矣。

自然界的草木五穀，都是以陰陽之氣生於土壤之中，等到開花結果，果實種子又入土而再生，生生不息。猶如人和昆蟲禽獸，皆以男女雌雄交配而生，萬物的生老病死，如同春夏秋冬四時交替代謝，都是自然的法則和自然現象。萬物自生、自長、自老、自死、不是上天的決定，因為天只是自然之天，天沒有意志，天沒有目的。在桓譚的心目中，並沒有一個人格化或神格化的天道，天道不是上帝，天道也不是超人，天道只是自然而已。[30]

一般人迷信世上有神仙，或許以為奇形怪狀異於常人者，就是神仙。〈辨惑〉云：

---

30 桓譚繼承先秦荀子「明於天人之分」及「制天命而用之」的自然天道思想。《荀子，天論》說「天行有常，不為堯存，不為桀亡。」天道只是自然的法則和規律。因此，桓譚反對天人感應、災異譴告、圖讖符命等天命思想。

> 余嘗與郎冷喜出，見一老翁糞上拾食，頭面垢醜，不可忍
> 視，喜曰：「安知此非神仙？」余曰：「道必形體如此，無
> 以道焉！」

桓譚反對言行怪異者被視為神仙，以現代醫學的觀點，這些言行怪異者，可能患有精神方面的疾病，而被視為神仙，豈不可笑！他也反對方士所謂龜有三千歲壽，鶴有一千歲壽的說法，〈辨惑〉云：

> 君惠曰：龜稱三千歲，鶴稱千歲，以人之材何乃不及蟲鳥
> 邪？余應曰：誰當久與龜鶴同居，而知其年歲耳。

傳說龜有三千歲壽，鶴有一千歲壽，以現代生物學的觀點，是不正確的。海龜的壽命最長約 80～120 歲，皇冠鶴壽命最長可達 150 歲，一般鶴 20～50 歲。方士們以為人是萬物之靈，以人的聰明才智養生卻老，應該可以超過龜鶴的歲壽。桓譚反駁說誰能與龜鶴同住在一起，真正知道龜、鶴的歲壽呢？換言之，龜壽三千歲，鶴壽一千歲，是不可相信的謊言，養生卻老可以學成不死神仙，更是無稽之談。有趣的是，〈祛蔽〉記載：

> 昔齊景公美其國，嘉其樂，云：使古而無死何若。晏子曰：
> 上帝以人之歿為善，仁者息焉，不仁者如焉。今不思勉廣
> 日學自通，以趨立身揚名，如但貪利長生，多求延壽益年，
> 則惑之不解者也。

〈祛蔽〉記述此事，近似《晏子春秋・外篇・景公置酒泰山四望而泣晏子諫第二》景公在泰山飲宴，喝得酣暢之後，四處張望，深深歎息，悲泣說：寡人老矣，即將離開這個堂堂大國而死！左右三人跟著哭泣說：微臣都很怕死，何況陛下呢！晏子哈哈大笑說：今天看見膽怯的國君和三個諛臣。如果君王能夠長生不死，先君太公，至今仍在位，陛下哪能成為一國之君？生之有死，這

是自然的規律，自古迄今都是如此，有何可悲可泣呢？

　　一般人總是貪生怕死，希望長生不死，有大權的君王常命人祭禱益壽，命祝史祭祀上帝宗廟，向上帝祈求賜福，晏嬰以為誣妄可笑[31]。桓譚也認為是迷惑蔽塞，不了解生老病死是自然現象，人豈能長生不死？仁者應該立身仁義，勤政愛民，揚名於後世，才是正道。

二、以形神關係論養生

　　有關桓譚以形神關係論養生，主要見於《新論・袪蔽》，〈袪蔽〉云：

> 余嘗過故陳令同郡杜房，見其讀老子書，言老子用恬淡養性，致壽數百歲，今行其道，寧能延年卻老乎？余應之：雖同形名，而質性才幹，乃各異度，有強弱堅脆之姿焉，愛養適用之，直差異耳，譬猶衣履器物，愛之則完全乃久。

　　〈袪蔽〉首先提問：以老子恬淡無為、少私寡欲的思想來養生，是否可以延年卻老？延年卻老是否可以活到數百歲呢？桓譚認為人的壽命有長有短，壽命長短的主要原因，是受了先天個人的優、劣體質及外在環境的影響，還有後天是否善於養生有關。

　　桓譚舉例說：漢文帝時，魏文侯的樂人竇公，兩眼皆盲，享年一百八十歲。文帝好奇問他高壽原因，竇公說他十三歲失明，父母教他音樂，每天鼓琴而已，沒有導引吐納，也沒有服藥養生，不知為何能得如此高壽。桓譚認為因為竇公幼年失明，精神不向

---

31 參見《晏子春秋・內篇・柏常騫襐梟死將為景公請壽晏子識其妄第四》柏常騫在路上遇到晏子，說：今天將舉行祭祀大典，為國君祈壽，增加陛下的年壽。晏子說：唉呀！你也能為國君祈年增壽呀！我聽說只有清明的政治和高尚的道德，順應上天，才可以增益年壽，僅有舉辦祭典，就可以為陛下增壽嗎？

外逐物，善於養神，以音樂養生，消除私欲的萌生，使精神虛靜，心靈寧靜，所以得享高壽[32]。反之，「盡思慮，傷精神也。」（〈袪蔽〉）

　　換言之，善於養生則可得長壽，因為身心得到很好的保養及不過度的損傷精神和形體。好比我們穿衣服和使用器物，如果能夠定期保養，珍惜愛護，使用適當，就能長久使用，保持完好，是相同的道理。〈袪蔽〉又說：

> 夫古昔平和之世，人民蒙美盛而生，皆堅強老壽，咸百年左右乃死……後世遭衰薄惡氣，嫁娶又不時，勤苦過度，是以身生子皆俱傷，而筋骨血氣不充強，故多凶短折，中年夭卒。

　　〈袪蔽〉這一段內容大意，近似《黃帝內經・素問・上古天真論》。兩者皆主張上古時代的人，大都知道養生的要訣，取法於陰陽調和之道，飲食有節制，生活作息有常規，不會過度損傷精氣神。所以，能夠身體健康，精神愉悅，活到百歲天年，自然老死。而後世之人，勤苦過度，嫁娶不時，飲食無節，喝酒過度，醉後行房，生活沒有規律，貪欲過度，耗損元氣，不知常保充足的精氣，追求一時的暢快，違反平和的生活樂趣。所以，半百早衰，中年夭卒。因此，養生有道，恬憺虛無，精神內守，志閑少欲，心安不懼，形勞不倦，形神（形體與精神）安康。

　　值得注意的是，根據現代醫學及生物學的觀點，人類的天年壽命應該可以活到 120 歲左右。其實，人類出現的初期，所謂上古時代，穴居生飲，很難與自然、洪水、猛獸相抗爭，平均的壽命，可能只有三十歲。現代人因自然天敵而喪命者微乎其微。所以，人類的「生態壽命」增加，另外，「生理壽命」也因營養、醫

---

32 以現代醫學的觀點，人的天年壽命約 120 歲。竇公是否享有 180 歲，值得懷疑。

藥進步、衛生改善而不斷增加。

三、以燭火之喻論證形神一元

形神關係是中國哲學的範疇之一，所謂形神關係，是指人的形體和精神之間的相互關係。從中國哲學史的觀點，有人主張形神一元，有人強調形神二元。桓譚主張形神一元，強調精神對形體的完全依賴。〈祛蔽〉云：

> 余見其旁有麻燭，而炧垂一尺，所則因以喻事，言精神居形體，猶火之燃燭矣，如善扶持，隨火而側之，可毋滅而竟燭。燭無，火亦不能獨行於虛空，又不能後燃其炧。炧猶人之耆老，齒墮髮白，肌肉枯膌，而精神弗為之能潤澤，內外周遍，則氣索而死，如火燭之俱盡矣。人之遭邪傷病，而不遇供養良醫者，或強死，死則肌肉筋骨常若火之傾剌風而不獲救護，亦道滅，則膚餘幹長焉。余嘗夜坐飲，內中燃麻燭，燭半壓欲滅，即自曰敕視，見其皮有剝鈍，乃扶持轉側，火遂度而復，則維人身或有虧剝，劇能養慎善持，亦可得度。

由於桓譚批判神仙方術，因此，反對精神可以離開形體而獨立存在，他認為形體猶如一間房子，精神一定要住在形體裏面。易言之，精神必須依靠形體而存在，形神關係好像燭火和蠟燭的關係，燭火是精神，蠟燭是形體。沒有蠟燭，燭火不能獨立而存在。換言之，沒有形體，就沒有精神。以西洋哲學而言，形體近似具體存在的物質實體（substance），精神是形體的屬性（attribute）。

以中國哲學體用關係而言，形體是主體，精神是其功能、作

用的表現。兩者是「體用一源」，體用未嘗相離，朱熹所謂「說體用，便只是一物。」(《朱子語類卷二十七》)。有體而無用，其體為死體；有用而無體，其用無所依，不能成其用。桓譚燭火之喻，可謂「形神一元論」，或稱「形神不二」。有燭則有火，有火則有燭。

　　桓譚強調形體和精神如果善加扶持養生，可以使壽命享盡天年而不早夭。蠟燭的灰燼，猶如人的老化，牙齒掉了，頭髮白了，肌膚沒有光澤而乾枯了，臟腑器官也衰老退化而病變，老化是正常的自然過程，精神也不能滋潤衰老的形體。一旦氣絕而亡，形體和精神一同滅盡，猶如蠟燭燒光了，火也熄滅了。

　　人有時遭到意外傷害或急性重症，若無妥善緊急醫治，往往意外突然暴斃，猶如蠟燭突然被強風吹襲，若無及時小心護持，燭火很快就會熄滅，而只剩餘沒有火的蠟燭，如同青壯年暴斃，雖有完整的屍體，卻沒有精神。如果燭火受到外力壓迫，即將傾倒熄滅，只要小心扶持，轉個方向，燭火又可以順利燃燒，就像有人生病，只要及時醫治，保養得宜，定期健康檢查，有病找專科醫師診療，按時服藥，控制飲食，規律生活，經常運動，慎養善持，也可以恢復正常的生活作息，安然度過晚年。

　　值得注意的是，桓譚以燭火喻形神，其思想論證有三個意義：

　　（一）精神居形體，猶火之燃燭：燭是一種物體，火是能量，能量只存在於物體之中，同理，精神也只存在於身體之中。沒有人的形體，就沒有人的精神。

　　（二）以「火不能後燃其炧」說明「精神弗為之能潤澤」：炧是麻燭燃燒過的灰燼，火不能使燃燒過的灰燼再度燃燒起來，猶如精神也不能使已經老化乾枯的形體，重新潤澤起來，所謂的返老還童。

　　（三）以「火燭之俱滅」說明人的生命「氣索而死」：氣索即氣盡，桓譚以燭盡而火滅，論證形死而神亡。因為他認為人的生命，是由「氣」而生，人得精氣而生，氣索（盡）而死。換言之，人的生命，由生至死，人死形盡神滅，這是自然的結果。

　　桓譚以燭火喻形神，有二個特徵：

　　（一）桓譚是最先使用燭火之喻，論證形盡神滅的第一人，對以後王充、范縝等人，具有深遠的影響。

　　（二）他闡揚荀子「形具而神生」的思想，荀子在〈天論〉中強調有形體然後才有精神，喜怒哀樂好惡等精神活動才發揮作用。形體是第一性，精神是第二性，形體是精神的物質基礎，所謂「形則神，神則能化矣。」（《荀子・不苟》）。桓譚進一步肯定形盡神滅。

　　然而，燭火關係不等同於形神關係，以燭火比喻人的形神關係，有其不當之處，因為人與物有本質上的差異。關於人與萬物的分辨，《荀子・王制》說：

> 水火有氣而無生，草木有生而無知，禽獸有知而無義，人有氣有生亦且有義，故為天下貴也。

　　燭火是沒有生命的物質，人是有理性的最高等動物，人類具有各種生命現象，有本能活動，有感官知覺，又有道德禮義，故為萬物之靈，以燭火比喻人的形體和精神，以邏輯的觀點，是不當類比（analogy）。雖然，類比是語言文字經常使用的表達方法之一，但是，如果兩類事物之間的本質性不夠類似的話，很容易導致分歧，例如，東晉廬山慧遠同樣以燭火之喻，論證形盡神不滅。

四、質難者提出「火燭不能自補完」

桓譚以燭火喻形神，當時有人提出質疑，認為是一種似是而非的說法。〈祛蔽〉云：

> 或難曰：以燭火喻形神，恐似是而非焉。今人之肌膚時剝傷而自癒者，血氣通行也。彼蒸燭缺傷，雖有火居之，不能復全。

質難者認為以燭火喻形神，論證形盡神滅，並不正確，因為人的肌膚，有時受了傷而自行痊癒，這是由於人有血氣、神氣，肌膚傷口能癒合，而蒸燭如果缺損，卻不能由火來修復其缺損，這是燭火和人的形神在本質上的差異，怎能將兩者視為相同呢？[33]

質難者提出的質疑，所強調的是精神對生命的重要性勝於形體，因為桓譚認為形體比精神重要。質難者提出「火燭不能自補完」的觀點，不僅要否定桓譚燭火之喻的適當性，更要反對桓譚「形盡神滅」的結論，顯然這是受到當時神仙思想的影響。其實，桓譚並沒有反對養生益壽的說法，正確的養生，能使人不致中年夭折而得長壽，享盡天年。雖然養生可以延年益壽，但是，死亡是不可避免的事實，唯有了解人終會死亡，養生才有意義可言。

對於質難者的質疑，桓譚再以「炭火之喻」答辯。〈祛蔽〉云：

> 譬由炭火之燃赤，如水過渡之，亦小滅然復生焉。此與人血氣生長肌肉等，顧其終極，或為炙，或為灺耳，曷為不可以喻哉！

桓譚認為燭火是從上面頂端開始燃燒，而人的血氣、營氣、

---

33 質難者將血氣、神氣視為精神作用，不合《黃帝內經》的中醫觀點。肌膚輕傷而自行痊癒，這是人體免疫功能的作用，而非精神的功用。

衛氣以及各種臟腑之氣的運行，是由身體的內部到達身體的外部，或由體表肌膚到達內部臟腑，固然不像燭火一樣，只從一端開始燃燒。

因此，再以「炭火之喻」補充說明，他認為人的血氣、神氣等身體機能，猶如燒得火熱的炭火，如果澆一下水，火會暫時熄滅，不久又從木炭裡面燃燒起來，這種現象和人的血氣在身體內生長肌肉、癒合傷口，是相同的道理。因為木炭燃燒時，如果遇上一陣風雨，或許火會短暫熄滅。但是，只要善加扶持，火仍然可以從未完全燃燒的木炭中再燒起來，炭火尚未真正的熄滅，只是悶燒著，猶如人受傷或生病，只要善加醫治和療養，仍然可以恢復健康。

五、劉伯師的質難

桓譚以「炭火之喻」反駁「火燭不能自補完」之後，又與友人劉伯師對「燭火之喻」有一段精彩的辯論，這次論證的重點是燭盡火傳（形盡神不滅）或是燭盡火滅（形盡神滅）的問題。〈祛蔽〉云：

> 余後與劉伯師夜燃脂火，坐語。燈中脂索，而炷燋禿，將滅息。則以示曉伯師言：人衰老亦如彼禿燈矣……伯師曰：燈燭盡，當易其脂，易其燭。人老衰，亦如彼自蹶續。

劉伯師和桓譚秉燭夜談，桓譚說一個人的生命漸趨衰老而亡，猶如燈油燒盡，而火將同時熄滅一樣。劉伯師反駁說燈燭將燒盡時，可以添加一些油脂，或者更換蠟燭。人衰老了，也應該可以像禿燈一樣，添加燃油，或替換蠟燭，使終盡的生命可以延續不斷。換言之，劉伯師的意思是，養生可以益壽，使人不老，

或者長生不死。所謂「易其燭」，就是薪盡火傳，或謂形盡神不滅。

　　針對劉伯師「易其脂」及「易其燭」的質疑，桓譚提出答辯。〈祛蔽〉云：

> 人即稟形體而立，猶彼持燈一燭，及其盡極，安能自盡
> 易？……今人之養性，或能使墮齒復生，白髮更黑，肌顏
> 光澤，如彼促脂轉燭者，至壽極亦獨死耳。明者知其難求，
> 故不以自勞，愚者欺惑，而冀獲盡脂易燭之力，故汲汲不息。

　　桓譚答辯劉伯師：人的生命只能依賴形體而存在，猶如燈火依賴燈燭而存在。然而，燈燭燒光了，燈燭自身是無法更換新的，只能靠人去更換新的燈燭。人的生命終了，如果由上天決定人的生死夭壽，上天或許能為人延年益壽或更新生命，但是，天只是自然天而已，天不是人與萬物的主宰，萬物自生自死，不是天有意志、有目的安排。

　　所以，天不能決定人的壽命長短，一個人如果血、氣、精、神強壯[34]，身心（形神）能夠健全，生命自然而然可以長壽，如果身心不健全，生命就會受到損傷而短命，猶如燭火燃燒的時間長短不一，是由油脂的多寡決定，油脂多，火燒得久；油脂少，火燒得短。想要燈燭自行添油或更新，是辦不到的事。但是，如果把燈燭旁的油脂集合起來，浸潤燈蕊，重新調整燈燭，可以使燈燭燒得安穩而持久，可是，等到燈油燒光了，無法再繼續燃燒。

　　同理，人的養生也是一樣，雖然，人的先天氣稟、體質各有強弱不同，只要愛惜生命，持久適當養生，猶如衣服鞋子等器物，愛惜使用，可以延長使用年限。人的養生或許可以使人掉牙後再長出牙齒，使白髮又變為烏黑亮麗的美髮，使枯槁的肌膚變得有

---

34 《黃帝內經・靈樞・本藏》云：「人之血、氣、精、神者，所以奉生而周於性命者也。」人身的血、氣、精、神，是供養生命活動和保全生命的根本。

光澤，猶如集中燈旁的油脂，調整傾斜的燭幹，使其安穩燃燒。可是，生命到了一定的極限，仍然衰竭死亡。換言之，能夠善持慎養，可以得度天年；反之，中年早夭，或為病痛所苦，終不能盡天年。因此，明智的人了解生命不能長生，所以，不會盲目追求所謂養生卻老之術，妄想成為神仙；而愚昧無知的人，不明白生死自然的道理，妄圖長生不死，真是可悲可嘆。

最後，桓譚提出他的結論，就是以自然天道為思想基礎的自然生死觀。〈祛蔽〉云：

> 生之有長，長之有老，老之有死，若四時之代謝矣。而欲變異其性，求為異道，惑之不解者也。

生命是有限的，生命的過程是生、長、老、死，就像春、夏、秋、冬一樣，只是自然的生死，自然的天道。如果有人想改變這種自然的天道和自然的生死，追求長生不死的神仙，真是迷惑至甚。

總之，桓譚作《新論》，以復興先秦儒學為己任，一切以仁義正道為本，欲興治，崇禮讓，顯仁義，尊賢愛民，破除各種迷妄信仰，計有：鬼神、神仙、天命、天人感應、圖籤、卜筮等。並以形神關係論養生，以燭火之喻及炭火之喻強調善持慎養的重要性，適當養生，可以得度天年，盡壽善終。[35]

第五節　荀悅《申鑒》的養性

荀悅（西元一四八～二○九年）是東漢末年思想家，乃戰國

---

[35] 〈祛蔽〉說：「衛后園有送葬時乘輿馬十匹，吏卒養視，善飲不能乘，而馬皆六十歲乃死。」桓譚認為善持慎養是真正的養生之道，就像專用於送葬的馬，吏卒善養之，又沒有疲於奔跑，都活到六十歲而善終。

儒家荀況（荀子）十三世孫。漢獻帝時，累遷秘書監、侍中，卒於建安十四年，享年六十二歲。著有《申鑒》等書。其養生思想是養性。

一、養性兼中和，節宣其氣

《申鑒·俗嫌》說：

> 養性兼中和，守之以生而已……故君子節宣其氣，勿使有所壅閉滯底。

荀悅所謂養性，包括養神和養體。養神是涵養精神；養體是保養身體。他強調養性要持守中正平和之道，使身心達到和諧的境界，稱為「中和」。值得注意的是，〈政體〉提出要遵循中、和、公、誠、通、正等六項原則以建立日常行事的準則[36]。依《中庸》第一章：「喜怒哀樂之未發，謂之中，發而皆中節，謂之和。」程頤以為不偏不倚謂之中，中是天下的正道。中是情感適當，和是行為合乎宜節，正是正直不阿，公是公平無私，誠是真誠不欺，通是明理通達。

荀悅以自然的天道為中，以仁愛的道德為正，以多元的萬事萬物為公，以立身的準則為誠，以權宜之道為通。把握這六項原則，不僅可以作為日常行事的法則，也是養生之道。

二、食和羹、聽和聲、納和言、履和行

荀悅特別強調「和」的重要性。孔子說：「君子和而不同。」

---

36 中是適中，和是合宜，正是正直，公是公平，誠是誠實，通是明理。

(《論語・子路》)。《申鑒・雜言》上說：

> 君子食和羹以平其氣，聽和聲以平其志，納和言以平其政，
> 履和行以平其德。

所謂和羹，是調和五味（辛、酸、鹹、苦、甘）的飲食，避免太辛、太酸、太鹹、太苦、太甘，不要偏食，注重營養的均衡。注重養生的君子，食用和羹以平和他的氣血；和聲是多種樂器和諧演奏的音樂，聆聽和聲以平和他的心志[37]；和言是廣納善言，博採和言以平和政治；和行是合乎天道（道德法則）的言行，實踐和行以平和他的道德。能夠食和羹、聽和聲、納和言、履和行，則心和，「心和」可以養生卻病，誠如晚明黃淳耀《吾師錄・卻病》說：「心和則邪氣不干，病中移其心，慎之，靜之，一念不動，故治病先治心。」

因此，養生者要有節制地適當宣泄內在的氣，不使氣機閉塞不通。所以，喜怒、哀樂、思慮等精神，都不可過度的發泄，不可大喜、不可大怒、不可大哀、不可大樂，更不可過度憂慮、不可過度緊張、不可過度恐懼、不可過度哀傷，這是養神之道。

對於外在環境的冷熱以及物質條件的多寡，也要適中，無過與不及。不可常處太冷的環境，也不可處在太熱的環境，更要避免外邪的侵襲（少去人多的地方，避免病毒或病菌的傳染）。至於物質生活，不可時常大魚大肉，應該注重營養均衡，飲食有節[38]，

---

37 和諧的音樂能使腦內產生腓肽，腓肽是身體的一種激素，被稱為「快樂因子」，體內產生的腓肽效應，能夠愉悅神經，可以緩解壓力和帶走不愉快，使中樞神經系統得到調整。音樂之所以能養生防病，在於人體是由許多有規律的振動系統構成，當音樂的節奏與人體器官的振動節奏一致時，就能使體內產生共振。有規律的振動傳入人體後，可對細胞產生一種微妙的按摩作用，使人消除疲勞，減少壓力，增強免疫力。

38 飲食養生有九個要點：一、四少：少肥肉、少油炸、少油湯、少醬料。二、

起居有常，規律生活，這是養體之道。

三、善治氣者，猶禹之治水

〈俗嫌〉主張善於治氣的養生者，要像大禹治水，以疏通引導的方法培養人體之氣，使人體各種的氣順暢流通五臟六腑。治氣可以治療人體各種的疾病，因為人體內發的疾病，源於氣血不通或不足。可知，氣血在人體運行的重要性，因為氣是構成人體最基本的物質。

依中醫學的觀點，人體的氣，主要有元氣、宗氣、營氣、衛氣、臟腑之氣、經絡之氣等。氣是身體的能量，氣的功用，推動生理機能的運行，如果氣的運行協調平衡，中醫稱為氣機調暢；如果運行失調，氣機不暢，會有氣虛、氣滯、氣逆、氣結、氣陷、氣脫、氣閉等現象。

因此，《黃帝內經‧素問‧舉痛論》認為百病生於氣：憤怒引起肝氣上逆，大喜使氣機弛緩，悲傷使氣消沈，恐懼使氣低落，寒冷使陽氣收斂，炎熱使陽氣外泄，害怕使氣紊亂，過度勞累使精氣耗損，過度思慮使人氣結不舒，這些過度的情志反應，使氣機失調而致病。所以，荀悅主張：氣宜宣、體宜調、神宜平。我們身體的氣要適當的宣泄，身體要不斷地調養，精神更要溫和安寧，使身心處於中正平和的境界，這是養性的有效方法。

三低：低油、低糖、低鹽。三、一多：多蔬果，每天五種以上不同顏色蔬果。四、攝取足夠的維他命 B 群：降低中風、血管硬化。五、補充鈣質：每天一杯溫牛奶，改善焦慮煩躁。六、落實三低飲食：遠離高血壓、高血脂、糖尿病。七、攝取抗氧化物：維他命 A、C、E 是良好的抗氧化物，可消除自由基，減緩老化。八、遠離刺激性物質：避免抽菸、酒精、咖啡因，延緩老化。九、均衡飲食：攝取均衡營養。

四、養性以節制為主

　　荀悅的養性與養氣、養神、養體密不可分，他的養性是基於氣的觀點。因此，要導引我們的氣，使身體的機能正常運作。如何導引氣？最重要的方法是「致氣於關」。所謂關，是肚臍以下三寸之處，就是丹田。道教以為人身臍下三寸名丹田，是男子精囊及女子子宮所在，是修內丹的地方。依中醫經絡穴位而言，陰交、氣海、關元、石門四穴位都別名丹田。

　　「致氣於關」就是當今的腹式呼吸法，吸氣時閉口，使大量的新鮮空氣由鼻腔進入；呼氣時，緩慢由口吐出。這種深呼吸，使進入體內的空氣量約為平常呼吸的三倍，可以增加人體的肺活量，使細胞含氧量增加，增進全身氣血循環暢通，可以防癌又健康。因此，道家主張行氣吐納，吐故納新，由口呼出腹中的濁氣，由鼻吸入清氣。

　　值得注意的是，荀悅的養性，強調以節制為主，例如各種藥物是以治病為目的，有病要醫治，沒病不要亂服藥，因為，以醫學的觀點，藥就是毒，藥或多或少都有毒性，都有副作用，必須遵照醫師的指示服藥，才不致於有危險的副作用。又如鍼灸和火灸也是一樣，必須小心謹慎，避免造成傷害。因此，〈俗嫌〉說：「養性者不多服也，唯在乎節之而已矣。」

五、仁者壽

　　仁者壽出於《論語・雍也》。孔子說：仁者樂山，仁者靜，仁者壽。〈俗嫌〉說：

　　　　仁者內不傷性，外不傷物，上不違天，下不違人，處正居

中，形神以和，故咎徵不至而休嘉集之，壽之術也。

孔子所謂仁者，不僅愛人，更能愛物，孔子以仁貫通物我、天人，成就人世間的至善。仁者的要義是內聖外王、天人合一。仁者以天下為公，行忠恕，推己及人，不僅己所不欲，勿施於人，更能己立立人，己達達人，成己成物，內聖外王。所謂「親親而仁民，仁民而愛物」，不僅「老吾老以及人之老，幼吾幼以及人之幼」，更能愛惜天地萬物的生命，所謂「正德利用厚生」。仁者對待萬物，雖求利用，而以厚生為要，重視萬物的生生不息，使大自然處處鳥語花香，一片和諧。人處其境，物我無間，人與萬物為一體，人生和自然打成一片，這是天人合一的妙境，所以，仁者有天人合一的最高境界。

荀悅以為仁者不傷害自己的本然善性，不傷害人世間的事物，上不違犯天道，下不違犯人，能夠中正平和，中庸之道，身心健康，身體和精神和諧為一。因此，沒有災禍，而有美好吉祥的人生，這是仁者長壽的原因。

然而，顏回、冉伯牛也是有德行的人，為何短命呢？荀悅的回答與孔子相同，《論語‧雍也》孔子從戶外窗口伸進手握著冉伯牛的手，說：「亡之，命也夫，斯人也而有斯疾也，斯人也而有斯疾也。」雖然，顏回、冉伯牛短命，但是，他們的德行典範流傳千古，其精神生命已經不朽，這是長壽的另一種意義。

六、神仙之術荒誕

神仙之術源於秦漢方士，之後，神仙道教葛洪集大成，主張修鍊成仙，長生不死，又名「長生術」。荀悅強調神仙方術荒誕不經，是末流的思想，並非正道，像孔子這樣的聖人是不會談論的，

因為，《論語‧述而》說：「子不語怪力亂神。」

荀悅認為生命的長短，有一定的氣數，還有一些主客觀的因素，造成所謂命運，都會影響壽命的長短。以現代醫學而言，所謂遺傳基因，影響壽命長短，約有四分之一的因素，這是先天的條件，其他四分之三的因素，都是後天主客觀的條件所造成。如何避免傷害身心？如何增進健康？如何延緩老化？如何養生保健？是長壽的關鍵。

七、君子不憂、不惑、不懼

《申鑒‧雜言下》說：

　君子樂天知命故不憂；審物明辨故不惑；定心致公故不懼。

〈雜言下〉又說：

　君子本神為貴，神和德平而道通，是為保真。

荀悅以儒者的觀點論養生，強調道德修養，重視精神生活，並以養神為貴，精神和道德都能夠中正平和，通達事理而不惑，就能夠保住自己本真善性，臻於不憂、不惑、不懼的境界。《論語‧憲問》孔子說：「君子有三種美德，我都不能做到：仁者不憂、智者不惑、勇者不懼。」子貢說：「這三種美德，正是孔子的自述。」《周易‧繫辭上傳》第四章說：「樂天知命，故不憂。」〈繫辭傳〉以為知易者，樂行天道，知天命的造化，因此，不憂愁。

荀悅的不憂不惑不懼，源自孔子的仁學，孔子的生命，上達天道，默契天命，其人格與精神境界，誠如《周易》所謂「日新之謂盛德，富有之謂大業。」之偉大差可讚美。

可知，荀悅的養生是養性，也就是養德。

第六節　顏之推《顏氏家訓‧養生》

顏之推，字介，瑯玡臨沂人（今山東省臨沂市），原在梁朝為官，北齊攻占江陵後，歸順北齊，經歷北周而卒於隋，著有《顏氏家訓》流傳迄今。有關其養生思想，簡述四點：

一、神仙之事，非貧士所辦

魏晉南北朝盛行神仙道術，尤以葛洪《抱朴子》集大成，影響深遠。不過，顏之推認為修道成仙，雖然並非全是虛假，但是，「性命在天」，一般人難得成仙，更何況人生在世，有家庭生活，上有父母，下有妻兒，又要從事公務，四處奔波營生，想要遁跡山林，超脫塵世，談何容易。加上煉丹所需耗費，更非平常百姓所能辦到，所以，歷來修道成仙者鳳毛麟角。另據佛教的說法，縱使能夠成仙，終有一死，不能解脫。因此，希望大家不要專精於修道，冀望成仙，真正值得追求的養生之道是：

愛養神明，調護氣息，慎節起臥，均適寒暄，禁忌食飲，將餌藥物，遂其所稟，不為夭折者。

顏氏強調正確的養生方法是：愛養精神，調護氣血，起居有常，飲食有節，適應冷熱天氣的變化，注意食物禁忌，必要時服用藥物，保養身心，活到天年，不會夭折短壽。

二、服食藥物，必須精審

一般人喜歡進補，濫服藥物或偏方，往往造成嚴重的後果，

因為人的體質不同。依中醫的觀點，人的體質有陰、陽、虛、實、寒、燥等差異，適合張三的藥物，不一定適用於李四，所以，有病要看醫生，不要亂服成藥。顏之推說有一位名叫「王愛州」的人，常吃松脂[39]，沒有節制，造成腸阻塞而死，這種案例很多，尤其是有病在身或急重症的病人，要特別小心服藥。

因此，顏氏強調服食藥物，必須精審，可以學習，但不要荒廢家庭和事業。因為中醫的特性是藥、食同源，很多中藥都是食物，例如：紅豆、綠豆、薏仁、山藥等。

梁朝的庾肩吾常服槐實[40]，七十多歲眼睛還能看清楚細字，頭髮烏黑。還有一些朝臣，單服杏仁、枸杞、黃精、白朮、車前子等藥物，都有不錯的藥效。顏氏自述牙齒動搖，冷熱的飲食都會疼痛，依《抱朴子·雜應》的方法，以口腔中的津液浸養牙齒，清晨叩齒三百下，牙齒永不動搖，這些醫藥保健的學識可以多多學習。如果想要進一步服藥強身，陶弘景的《太清方》相當完備，可以參考，但不可輕率，避免不當用藥而貽誤終身。

三、養生須先慮禍，全身保性

顏氏強調養生的前提是保全性命，避免災禍。保有生命，談養生才有意義，沒有生命，如何養生？例如《莊子·達生》說：魯國有一個人，名叫「單豹」，獨居山野，不與人爭利，七十多歲還有嬰兒般的容貌，不幸遭遇猛虎，被老虎吃掉；另有一名叫「張毅」的人，為人恭敬有禮，不論貧窮富貴，無不以禮相待，對人和氣，一視同仁，四十歲得到內熱病死了。這兩人的養生之道都

39　《本草綱目》：松脂，一名松膏，久服輕身，不老延年。
40　《名醫別錄》：槐實，味酸鹹，久服，明目益氣，頭不白，延年。

不完善，單豹善於保養內心，卻死於外在的遭遇；張毅善於避免外在環境的災禍，卻死於體內發病。

又如嵇康作〈養生論〉，主張越名教而顯自然，卻因不與司馬昭同流而慘遭殺害[41]；石崇注重服藥養生，卻因迷戀財寶、美色而遭殺身之禍[42]，這些例子都要引以為戒，自求多福。

四、生命不可不惜，不可苟惜

顏氏強調個人的生命不可以不珍惜，但也不可以苟且偷生。例如登山涉水，踏上危險的道路，與人結怨惹禍上身，貪圖情欲美色而損傷身體健康，蒙受讒言而枉死等橫逆災禍，要絕對避免，謹言慎行以保平安。

如果是因忠孝而遇害，行仁義而得罪，捨身以保全家族，捐軀以救國救民，為了這些義舉而失去生命，有道德人格的君子是不會逃避的。例如侯景之亂[43]，吳郡太守張嵊，興師討伐侯景，不幸兵敗被害，言辭神色不屈不撓；還有鄱陽王世子蕭嗣之妻謝夫人，登上屋頂，怒罵逆賊，被箭射死，表現賢德智慧的道德勇氣，值得後人景仰。而一些朝臣，臨難苟且求生，終未得救，徒

---

41 顏之推批評嵇康排俗，高傲自負而受刑，並非老莊和光同塵之流。不過，據《世說新語・雅量》注引《文士傳》：「嵇中散臨刑東市，神氣不變，索琴彈之，奏廣陵散。」享年四十，海內之士，莫不痛之，這種不懼生死對抗暴權的勇氣，朗現嵇康精神生命的不朽。

42 石崇，西晉人，歷任散騎常侍，荊州刺史等官職，以劫掠客商致富。於河陽置金谷園，奢靡著稱，與貴戚王愷、羊琇等人，以豪侈相比，後為趙王倫所殺。因石崇有美妓名叫綠珠，孫秀派人求之不得，遂矯詔殺害石崇。綠珠跳樓而亡，石崇之母、兄、妻、子，不分老少，皆被殺害。

43 侯景，善騎射，後魏時，跟從爾朱榮。高歡為魏相，討伐爾朱榮，侯景降歡，高歡病重，侯景又降梁，梁武帝封他為河南王，旋舉兵反叛，武帝被逼餓死，立簡文帝，復弒之，自立稱漢王，王僧辯等討平之。

取羞辱，令人感慨！王公將相都被辱殺，嬪妃妻妾亦無倖免，真
教人憤恚。

第七節　呂坤《呻吟語》的養德

呂坤，字叔簡，號心吾，明萬曆進士。歷官山西巡撫，擢刑
部侍郎。著有《呻吟語》、《去偽齋文集》等，享年八十三歲。（西
元一五三六年～一六一八年）。其養生思想是養德。

一、遠離多與美

《呻吟語》卷二呂坤論養生，他認為帶給人災禍的是「多」，
想要很多東西，愈多愈喜歡。令人想擁有「多」的因素是「美」，
人間美味令人垂涎，食指大動，吃多了美味，造成身體負擔；美
色令人多欲，迷於美色，誤國誤事；美妙的聲音令人多聽，費時
誤事；美好的物品（藝品）令人多貪，貪得無厭；位高權重的「美
官」令人奢求，用盡心機，不擇手段；豪宅美屋令人多想擁有；
肥沃美麗的田地令人多想置產；漂亮舒適的大床令人多想安逸；
誇讚的美言令人多迷惑；美好的事令人多留戀；優美的風景令人
多逗留忘返；各種樂趣令人多想念，這些人間之「美」，都是災禍
的媒介，都是造成災難的主要原因。

換言之，如果「不美」，就不會想擁有更「多」，不追求過多，
凡事適可而止，就不會令人挫敗，造成不可收拾的災禍。因此，
呂坤的住家題名為「遠美軒」，眉批為「冷淡」。並非生平不愛美，
而是恐懼臨禍而已。對於美的事物淡然處之，以理性的態度冷靜

以對，就不會被美味、美色、美景、美物所迷，不迷於外物，遠離多與美，是安身立命之道，明哲保身，遠離災禍。

二、養德為養生第一要法

呂坤認為一般人談養生，主張服食藥物導引鍊氣，躲避險難，清心寡欲，調適季節變化等，這些都是重要的方法。然而，有些人重養生，卻死於意外的災難，例如嵇康善於養生，卻死於司馬昭的迫害。可知，「養德」是養生第一要務。如何養德呢？呂坤提出三帖處方：

（一）以「寡欲」為四物

四物湯是常用補血的中藥，女生月經後宜飲四物湯，具有活血、補血、調經止痛的功效，成分有當歸、川芎、白芍、熟地黃。當歸、川芎是補氣藥。白芍、熟地黃是補血藥。

養德的首要是寡欲，《孟子・盡心下》說：「養心莫善於寡欲。」呂坤的養德，近似孟子的養心。《道德經》十九章說：「故令有所屬，見素抱樸，少私寡欲。」，《莊子・山木》也強調「少私而寡欲」。

（二）以「食淡」為二陳

「二陳」是中藥的二陳湯，成分有半夏、茯苓、陳皮、甘草，二陳湯主治健脾胃，中醫主張脾胃是後天之本，脾胃健康，消化吸收新陳代謝正常，身體就會健康。而飲食清淡、少油、少糖、少肉、少鹽是「食淡」的不二法門。

（三）以「清心省事」為四君子

　　「四君子」是中藥的四君子湯，成分有人參、白朮、茯苓、甘草，也是補氣相當常用的處方。「清心省事」就是過著簡約樸實的生活，不求奢侈，不求豪華，不求多、美的生活態度。呂坤以「寡欲」、「食淡」、「清心省事」為養德的無價之寶，是近取諸身、反求自己的養生之德。

　　值得注意的是，《菜根譚》也提出養德遠害。《菜根譚》說：

　　　不責小人過，不發人陰私，不念人舊惡，三者可以養德，
　　　亦可以遠害。

《菜根譚》又說：

　　　不能養德，終歸末節。節義傲青雲，文章高白雪，若不以
　　　德性陶鎔之，終為血氣之私，技能之末。

三、仁者壽，默者壽，拙者壽

　　仁者壽是孔子的養生思想。特別的是，呂坤提出默者壽和拙者壽的觀點。默是安靜不語，不躁動。依養生而言，多言耗氣，時常說很多話，耗損精神，倍感疲倦，因此，老子說：「靜為躁君」。如果經常安靜不語，閉目養神，可以快速恢復疲倦，這是靜默養生的工夫，可以安定元氣，可以長壽。拙是不巧詐，真誠的樣子。《韓非子·說林上》說：「巧詐不如拙誠。」《韓非子》舉例說：樂羊是魏國的將軍，魏文侯派他攻打中山國。樂羊的兒子在中山國，中山國之君烹煮樂羊的兒子，做成肉羹，送了一碗人肉羹給樂羊，樂羊把他兒子的肉羹吃完。魏文侯對堵師贊說：「樂羊為了我派他攻伐中山國而吃了他兒子的人肉羹。」堵師贊回答說：「樂

羊竟然吃他兒子的人肉羹，還有誰的肉不敢吃？」後來，樂羊滅了中山國回來，魏文侯賞賜他的功勞，卻懷疑他的忠心。

另外，一則故事說，孟孫去打獵，捕獲一隻小鹿，叫秦西巴帶回家。母鹿一直跟著小鹿悲哀啼叫。秦西巴不忍心，就把小鹿放走。孟孫回家，跟秦西巴要小鹿，秦西巴說：「我不忍母鹿哀鳴，一路跟著小鹿，已經把小鹿放走了。」孟孫生氣地把秦西巴趕出去。過了三個月，又把他找回來，當他兒子的老師。孟孫的車伕問說：「你之前把他趕走，現在請他當兒子的老師，為什麼呢？」孟孫說：「秦西巴不忍心傷害母鹿和小鹿，會忍心傷害我的兒子嗎？」所以說：巧詐不如拙誠。樂羊雖有功卻被懷疑不忠心，秦西巴卻因有過而更加得到孟孫的信任。《顏氏家訓・名實》也說：「巧偽不如拙誠」。

為什麼仁者能壽呢？因為仁者愛人，沒有仇恨，精神悅樂，身心健全而長壽。

為什麼默者壽呢？因為默者安靜，不躁動，元氣安定不耗損，故能長壽。

為什麼拙者壽呢？因為拙者真誠，沒有詐偽，不虛假，精氣神穩定安固而長壽。

四、自愛自全精氣神

如何延緩衰老病死？活得健康快樂，是養生的終極目標，唯有自愛自全精氣神，才是養生之道。

呂坤認為「氣」有為而無知，「神」有知而無為，「精」是氣和神之母。依中醫學的觀點，氣是構成人體和維持人體生命活動最基本的物質，具有各種生理作用，因此是有為而無知，神具有

知覺認識作用，而精是生命的先天之本，是生命的象徵，具體的表象如男子精液，《黃帝內經・素問・上古天真論》說：「丈夫二八天癸至，精氣溢瀉。」精生氣，氣生神。生命的現象是精盛則氣盛，精衰則氣衰；氣存則神存，氣亡則神亡。精氣神三者密不可分，因此，要愛惜精氣神，涵養精氣神，充實精氣神。

　　總之，以清心寡欲、飲食清淡、淡泊名利、遠離美與多，慎四時，不巧詐、靜默、真誠、愛人愛物等養德工夫，自愛自全精氣神，是養生第一要法。

第二章　道家養生之理

第一節　老子《道德經》的攝生

老子及其《道德經》在中國哲學史上的爭論最多，歷代學者對老子及其哲學的考證和註疏，可謂汗牛充棟。但是，到底老子生於何時，迄今爭論不休。胡適之認為老子生在孔子之前，而馮友蘭卻以為老子生於孟子之後，徐復觀以為老子在孔墨之後，莊子之前。

一、善攝生者，以其無死地

老子的養生思想，稱為「攝生」，意謂調養生命。《道德經》第五十章說：屬於長壽的人口，佔十分之三；屬於短命的人口，佔十分之三；本來可以長壽，卻自己造成短命，也佔十分之三。為什麼造成短命呢？因為自己貪得無厭，傷害健康，而摧殘了生命。只有十分之一的人，善於養生，調養身心，不以憂思嗜欲損壽，不以風寒暑濕致病，又能遠離刑罰災禍，或意外死亡，因此沒有陷入死亡的不歸路，這是攝生的結果。

值得注意的是，老子強調善攝生的人，不求「貴生」，不求「生生之厚」。所謂「貴生」和「生生之厚」，表示生活過度奢厚，淫

侈奢侈，大魚大肉，酒色財氣，嗜欲無度，戕害生命。因此，老子主張「恬淡為上」，生活簡樸，飲食清淡，不求榮華富貴，純任自然，走向健康之路。

二、少私寡欲

《道德經》第十二章說：五色（青、赤、黃、白、黑）令人眼花撩亂，五音（角、徵、宮、商、羽）令人聽覺不靈敏，五味（酸、苦、甘、辛、鹹）令人沒有味覺，縱情於打獵，使人心流蕩，貴重的珍寶使人心不軌。

所謂五色、五音、五味，表示物質欲望對感官的刺激，使人心擾亂不安，淫侈放蕩，縱情於酒肉聲色，淪於情欲的滿足，使人心意圖不軌而有刑罰災禍。因此，老子強調善養生者要少私寡欲，減少私欲，持守純真，生活素樸。減少自私自利的心，使私欲減到最少。

如何做到少私寡欲？在日常生活上，不要一味的向外逐物，如果只是向外逐物，將迷失自我。所以，要閉塞私欲的竅門。當私欲萌生的時候，要努力的克己，關閉私欲的大門，一生將無紛擾。如果放任私欲，開啟私欲的大門，將添加許多紛擾，一生無可挽救。

能夠消減私欲的萌生，逐漸地消除銳利，不要顯露外在的鋒芒，解除無謂的紛擾，收斂光芒，與世無爭，這就是深妙同一的境界，有了這種境界，當然就沒有親疏、利害、貴賤的差別。這種「玄同」的境界，消除了物我、人己的對立，超越了人世間相對的價值判斷，而與萬物為一體。換言之，養生是一種「為道日損」的工夫，《道德經》第四十八章說：

為學日益，為道日損，損之又損，以至於無為。

知識或技藝的學習，是向外追求新知的心智活動，養生的工夫，是內在精神的體驗，要逐漸消減私欲，把私欲減少到最低，達到無欲和無為。

三、無　為

無為是老子重要的養生工夫，《道德經》第二章：聖人處「無為」之事，行不言之教。第三章：為「無為」，則無不治。第十章：愛國治民，能無為乎？第三十七章：道常無為，而無不為。第三十八章說：上德無為而無以為。第四十三章：無為之益，天下希及之。第四十七章：不（無）為而成。第四十八章：為道日損，損之又損，以至於無為，無為而無不為。第五十七章：我無為，而民自化。第六十三章：為「無為」，事「無事」，味「無味」。

無為是養生的重要工夫，無為是沒有私欲的作為，有私欲的作為是妄。從事養生要無為而自然，無事而清靜，無味而恬淡。無為不是沒有作為，也不是胡作妄為，而是自然而為，無事不是沒有做事，而是沒有擾亂，無味不是沒有味道，而是清淡。

無為就是一種「致虛極，守靜篤」的工夫表現。虛是空靈，靜是寧靜。致虛和守靜的工夫，主要針治私欲的紛擾，由於私欲作祟，使得人的內在精神不能安頓。因此，隨時隨地戮力於致虛和守靜，使我們的心靈寧靜，這種寧靜，不是與外界事物的隔絕，而是與萬物的動靜合一，因為在深妙的寧靜中，可以體會萬物生生不息和自然不斷循環的法則，萬物的生長繁盛熱鬧，春天百花齊放，蟲鳴鳥叫，但終歸各自回到自然的寧靜與和諧。

老子強調這種「清靜」的工夫，《道德經》四十五章說：「靜

勝躁，寒勝熱，清靜為天下正。」清靜勝於紛擾，清靜是紛擾急躁的主宰，清靜可以做為養生工夫的典範。

四、守　柔

守柔也是老子的養生工夫，老子從自然的經驗現象中發現人有生命的時候，身軀是柔軟的，死亡後屍體變得僵硬，活的花草樹木也是柔弱的，死亡以後樹枝樹幹變得乾枯。所以說柔弱是生命的象徵，像小花小草枝葉柔軟，風吹草動，隨風飄揚，欣欣向榮，因此，柔弱勝剛強。

老子舉水為柔弱的典範，水是萬物之中最柔弱的，可是，水卻可以勝過任何剛強的硬物，例如滴水穿石，水可以造成很大的災害，水更可以滋養萬物，沒有水的地方，就沒有生命的存在。柔弱不是軟弱無能，不是沒有能力，老子以水譬喻柔弱，表示水能處下，水能謙虛，水有百折不撓的精神，水能滅火，所以說柔弱勝剛強，剛強暴烈的人不得善終。可知，善於養生的人，不可剛強粗暴，應能處下謙虛，避免災禍發生。

五、持保三寶

《道德經》第六十七章說：

> 我有三寶，持而保之，一曰慈，二曰儉，三曰不敢為天下先。

老子說他修持而且時常保有三種寶貴的養生工夫，一是時常憐憫同情別人，二是時常節省而不浪費，三是不敢爭先而時常處下不爭。能夠憐憫他人，就能關懷助人；能夠節儉，就能樸實廉潔，節用而博施濟眾；能夠處下不爭，就能成為有德望的養生者。

如果捨棄憐憫，奢求勇敢助人；捨棄節儉，奢求廣大；捨棄不爭處下，奢求爭先恐後，必將走向危亡之路，如何養生？

六、知足、知止、不爭

「守中」也是老子的養生工夫，守中的「中」，不是儒家的中庸，儒家的中庸是不偏不倚，不會太過也不會不及的中道。老子的「中」，是知足、知止、不爭的無為。在日常生活上，要修持「不爭」，所謂不爭的工夫，包括「不武」、「不怒」、「不與」、「處下」，就是不使用暴力，不輕易生氣發怒，不與人爭吵，對人謙虛處下。一個人如果處處與人相爭，到處樹敵，為了一點芝麻小事，常與人爭吵，沒有親朋好友，不僅四處受挫，更有怨怒。所以，要不爭處下，不與人爭名爭利爭功，因為不爭，所以沒有怨咎。反之，一切的禍害，都是由於不知足，貪欲愈多，過失災禍也就愈多，《道德經》第四十六章說：

　　禍莫大於不知足，咎莫大於欲得，故知足之足，常足矣。

物質的享樂是無止盡的，一味的追求感官知覺的滿足，往往會貪得無厭，例如想發財，有了錢，愈想更有錢，不擇手段累積財富，終成為守財奴。知道滿足的人，適可而止，內心滿足而沒有欠缺，所以說，知足的人就是富有的人，知足的人不僅是富有的人，他的一生也不會遭遇恥辱和災禍，因為他知道言行舉止，適可而止，不會過分，也就沒有危險，更可以保平安，歷久快樂。

七、守　嗇

「守嗇」也是老子的養生工夫，所謂嗇，不是對財物的吝嗇，

而是對精神的不斷涵養，也就是養神。老子強調涵養身心，沒有比「守嗇」更重要的，因為守嗇是長生久視之道，這是養生的妙方。守嗇是涵養精神，保持空靈的本心，培養清明的本性，累積天賦的德性。如何守嗇？《道德經》二十九章提出「去甚」、「去奢」、「去泰」。去甚是去除太多的物欲；去奢是去除奢侈的享樂；去泰是去除過度的生活，恢復順任自然，清靜無為的逍遙。

守嗇又稱「嗇神」，陶弘景《養性延命錄・教誡》說：「夫常人不得無欲，又復不得無事，但當和心少念，靜身損慮，先去亂神犯性之事，此嗇神之一術也。」嗇神就是養神，如果能夠去除憂、樂、喜、怒等嗜欲，即可恢復寧靜和諧的精神狀態。老子在《道德經》第十章又提出「滌除玄覽」、「專氣致柔」和「營魄抱一」的嗇神工夫。滌除玄覽是去除妄念，返觀靈明的本心；專氣致柔是專注精神，去除雜念，達到心平氣和的境界；營魄抱一是將精神和形體合而為一，形神一體。

老子以「赤子」譬喻嗇神的最高境界，稱為「精之至」與「和之至」。「精之至」表示精神飽實的境界，「和之至」表示純真和諧的赤子之心。

以上簡述老子的攝生之道，其無為、知足、少私寡欲的養生思想，對後世有深遠的影響。

第二節　莊子的繕性養神

《莊子・天下》是最早評論先秦各家學派思想的重要論著，開宗明義表示天下研究「方術」的人很多，像是墨翟、宋鈃、尹文、田駢、關尹等人，不過，他們都是「一曲之士」，只知其一，

不明大道的學者，而真正最高的學術是探討宇宙人生根本的學問，稱為「道術」。

〈天下〉篇的作者認為宇宙惚惚無形，自然變化無常，死生為一，與天地並存，包羅萬象，古代道術有此一思想，莊周聽到了就喜歡這種學術，他使用很多寓言故事來闡明「道術」，自己和天地精神往來而不輕人，不執著於相對的是非，且和世俗一般人和平相處，他的精神非常飽滿充實，不僅與造物者悠遊，也與忘生死且始終如一的人交朋友，他講的道術宏大而精闢，達到最高的境界，他能適應於自然的變化，不被人世間的事物所束縛，逍遙自在，得享高壽，享年八十四歲。

莊子的逍遙，得之於他的養生工夫，其修為之道是養神繕性，養神就是修養精神，繕性是修治本性，主要的養生思想，簡述如下：

一、天下人殘生損性

《莊子・齊物論》認為人一旦有了生命，形體一天天的老化而耗盡，終生勞碌而沒有什麼成就，疲倦困苦卻不知道為的是什麼，這不是很悲哀嗎？這種人生有何意義？人的形體逐漸衰老而亡，人的心神不知所終，這是莫大的悲哀！

對人生的諸多感慨，相信是許多人的心聲，誠如〈大宗師〉說：大自然賦給我形體，一生勞苦，年老使我不得不空閒，死亡使我永遠安息。然而，自三代以後，天下人多數向外逐物，以世俗的價值標準，擾亂清靜的本心本性，不僅傷害本心本性，也犧牲了自己的生命，例如有人犧牲自己以求名，有人犧牲自己以求利，舉例而言，伯夷、叔齊為了名節餓死於首陽山下，盜跖（春秋時代的大盜）為了財利死於東陵山上。天下人為名、利而犧牲

健康或生命，都是「殘生傷性」的行為，殘害生命，損傷本心本性，違背養生之道。因此，《莊子·外物》說：「靜可以補病……寧可以止遽。」

二、悅其志意，養其壽命

《莊子·盜跖》說人有各種情欲，眼睛要看美色，耳朵要聽美聲，嘴巴要嚐美味，心志要求滿意。人生上壽可以活到一百歲[1]，中壽是八十歲，下壽是六十歲。一生之中充滿各種疾病、憂慮煩惱，能夠快樂歡笑的日子，實在不多。天地無窮，人生短暫，我們應該要好好養護自己的壽命，追求快樂，暢懷自己的心志。

值得注意的是，莊子以「至樂」養生，〈至樂〉篇探討人生快樂的問題，莊子批評一般人縱情於感官物欲的享樂，這種情欲的快樂，違背養生，傷害健康。

莊子表示：人世間有沒有最大的快樂呢？一般人所追求的，是財富、顯貴、美名；所享樂的，是豐盛的美食，華麗的服飾，悅耳的美聲；所厭惡的，是貧窮、卑賤；所苦惱的，是吃不到美味，聽不到美聲，如果得不到這些物欲的享樂，內心焦慮，煩惱痛苦，如何養生？

只為外在的形體享樂，不是很愚昧嗎？有一些人，操勞努力，積蓄財富而成為守財奴，這樣對保養自己的身體健康，不是違背養生之道嗎？一些達官顯貴，夜以繼日，擔心自己的官位不保，

---

1 《黃帝內經·素問·上古天真論》說：「余聞上古之人，春秋皆度百歲，而動作不衰。」，《黃帝內經》認為古人可以活到一百歲，終其天年。不過，當今醫學家認為人類可以活到一百二十歲。不久的將來，可以培養胚胎幹細胞，製造自己的各種器官，以利器官移植，屆時，人類的壽命將可不斷延長。

這樣對養護自己的身心，不是很疏忽嗎？現在一般人追求的物質享樂，到底是快樂，還是不快樂呢？

　　莊子強調只有清靜無為才是真正的快樂，這種快樂稱為「至樂」。至樂可以養生，保養身心，而只有「清靜無為」可以得到快樂，因為上天無為，自然清明，大地無為，自然安樂，天地無為，萬物自然化生，又有多少人能夠學得這種無為的養生之樂呢？《莊子‧讓王》感慨地說：

> 帝王之功，聖人之餘事也，非所以完身養生也。今世俗之
> 君子，多危身棄生以殉物，豈不悲哉！

　　即使高居帝王大位，都不是「完身養生」之道，更何況是世俗凡人，常常危害身心，不顧生命以追逐物欲，豈不可悲！猶如用隨侯貴重的寶珠，射擊千仞高的麻雀，太不值得了。而我們寶貴的生命，比隨侯的寶珠更貴重，名利猶如麻雀般的輕微。換言之，養生以生命為寶貴，而以名利為輕微，莊子稱為「重生」或「尊生」[2]。

三、逍遙無待，無名無功

　　莊子是一位崇尚養生的哲人，他的養生之道是追求絕對自由的悅樂。這種無為、無待而自得的境界，就是逍遙。《莊子‧逍遙

2　《莊子‧讓王》說：「能尊生者，雖貴富不以養傷身，雖貧賤不以利累形。」養生的前提是珍惜生命，能珍惜生命，富貴的人不會常吃大魚大肉而傷害身體，貧賤的人也不會求名利而傷身。「尊生」又稱為「重生」，《莊子‧讓王》又說：「重生則輕利。」一般人求名逐利，養生者珍重生命，則輕視名利。《莊子‧達生》說：「人之所取畏者，衽席之上，飲食之間，而不知為之戒者，過也。」莊子強調人人最該警覺的，是飲食和色欲的節制，飲食不能撙節，色欲恣其淫蕩，是養生的最大過錯。

遊》描寫莊子的精神生命超越有限時空環境，莊子能有如此境界，得之於他的「無待」，一般人常有依待，依於名，依於利，依靠外在的、相對的、有條件的、有限的環境，而莊子「無名」、「無功」、「無己」，消除心中對功名、利祿、權位的追逐與依靠，無條件而自然、自由與自得。

　　莊子精神的逍遙，超越人世間的相對價值，這些相對的價值一直困擾人心，例如：高低、大小、是非、成敗、得失、有用無用、美醜、善惡、貧富、貴賤、榮辱、生死等等。〈逍遙遊〉末段，惠子對莊子說：魏王送我一粒葫蘆種子，我種了以後，長出五石的大葫蘆，拿來盛水，不夠堅硬，用來做瓢，太大不實用，我以為它沒有用，把大葫蘆打碎丟棄。莊子回答說：你有五石的大葫蘆，為什麼不把它拿來當做船，可以悠遊於江湖之上，不亦快哉！反而煩惱它大而無當，真是茅塞不通呀！

　　莊子生活在人世間，深切體會人與人之間的各種紛爭，出於喜用智謀，求名逐利，迷惑於相對的價值，所以要我們「心齋」和「坐忘」。心齋就是使內心空靈明覺，不迷於外物，不被習俗所制約；而坐忘就是忘名利、忘是非、忘貧富、忘善惡、忘得失、忘貴賤、忘榮辱、忘成敗、忘美醜、忘生死。須知，「忘」是超越。超越人世間的相對價值，能夠不迷惑於相對價值，一切依於天理，安時處順，順乎自然，則哀愁不能侵擾，臻於至樂的境界，這才是養生之樂。

　　有一次，莊子和惠子在濠水的橋上悠遊，莊子說：白魚逍遙自在從容不迫的游來游去，這是魚的快樂呀！惠子說：你不是魚，怎麼知道魚的快樂呢？莊子說：你不是我，又如何知道我不了解魚的快樂？我是在濠水的橋上知道的呀！顯然莊子是快樂的，他深悟「天地與我並生，萬物與我為一」的圓融之樂，朗現莊子涵

養天人合一、萬物一體的齊物之樂，萬物是平等的，萬物是共生的，能夠體會與萬物平等、共生，內心必然快樂。〈齊物論〉末段描寫莊子大夢，不知道是莊周夢為蝴蝶，或是蝴蝶夢為莊周，莊子與蝴蝶雖然有所分別，但已經合而為一，融合物化，「物化」就是物我相合，道通為一的快樂。

四、去刑罪，除二患

　　養生的一個前提是不能違法犯罪，違法受刑，重者死罪，輕者傷身，人格受損，精神不悅。因此，養生之士不能犯法，免遭各種刑罰，尤其是古代各種殘酷的肉刑，造成身體的殘障，身心不能健全，《莊子‧德充符》說魯國有一個斷絕腳趾的人，名叫叔山無趾，因為犯法而受到刖刑，他認為內在心靈比腳更為尊貴，雖然外在形體有所缺陷，仍要保全內在的完美，以補救過去的錯誤。所以，〈養生主〉說：「為惡無近刑」。免於受刑，是養生的首務，如有蹈法死罪之刑，如何養生？

　　此外，〈人間世〉提出「人道之患」和「陰陽之患」，這兩種憂患是一般人最常有的憂患。所謂「人道之患」是人倫關係的困擾，例如君臣關係，人臣如何事君？〈人間世〉的例子說：楚國大夫葉公子高將出使齊國，心裏很害怕，因為齊國對待外國的使者，總是表面尊敬而實際上很怠慢。葉公子高擔心楚王交待的使命辦不成功，一定會遭受懲罰。如果戮力以赴，不負使命，必定心力交悴而致病，無論成功或不成功，都有後患。

　　葉公子高所謂「心力交悴而致病」就是「陰陽之患」，是指心理因素所造成的傷害，誠如葛洪《抱朴子‧至理》所謂「愛惡利害攪其神」，使精神難安而致病。

　　因此，莊子主張「養中」、「繕性」。從事養生的人，不要受到喜怒、苦樂等情緒的影響，更不可大喜、大怒、大悲[3]，喜怒過度，悲傷太深嚴重影響健康。所謂「安時而處順，哀樂不能入」，只要內心依順事物的自然而適中，無過與不及，悠遊自在，涵養精神的和諧，就是養中的工夫，《莊子·人間世》說：「且夫乘物以遊心，託不得已以養中，至矣。」

　　養中就是繕性，繕性是修養本性。養生的人，以精神的恬靜培養內在的智慧，有智慧而不任意顯露，稱為以智慧培養恬靜，恬靜和智慧相互培養，溫和理性就從本性中表露出來，這是真正保全性命的人。養生者保全性命，不會因為身處榮華富貴的地位而放縱情欲，也不會因為貧窮困苦而改變心志，他身處富貴與貧窮一樣快樂，因此沒有憂慮，所以說向外逐物會迷失自己的本性，迷失本性而趨附世俗功利者，稱為本末倒置的人，養生者不為也。

五、虛己以遊，少私寡欲

　　《莊子·庚桑楚》說：從事養生的人，要消除意志的擾亂，打破內心的約束，去除世俗德性的負擔，打通大道的障礙。高貴、富有、顯耀、權威、名望、利祿六者，擾亂我們的意志；容貌、舉動、顏色、名理、氣度、情意六者，約束我們的內心；厭惡、欲望、喜好、生氣、哀愁、快樂六者，是德性的負擔；去捨、從就、取、與、知、能六者，妨礙大道。以上這些世俗的人情反應，

3　《莊子·在宥》說：「人大喜毗於陽，大怒毗於陰。」大喜傷害人的陽氣，大怒傷害人的陰氣。中醫認為大怒傷肝，大喜傷心。尤乘《壽世青編》說：「喜怒損性，哀樂傷神。」大喜大怒傷害人的性情。《黃帝內經·陰陽應象大論》說：「暴怒傷陰，暴喜傷陽。」，《淮南子·原道訓》說：「人大怒破陰，大喜墜陽」。

如果能夠不在胸中擾亂，我們的內心就能平和正直，內心平和正直就能寧靜，寧靜就能清明，清明就能空靈，空靈就能順其自然而沒有災禍。因此，《莊子·山木》說：「人能虛己以遊，其孰能害之。」

虛己就是凡事順其自然，不執著。能夠虛己的人，對別人的稱譽與侮辱不會受到干擾，不會向外逐物，能夠自律自由而不被萬物所困擾。沒有得失成敗榮辱的計較心，則沒有美名和恥辱的不同感受，也不會偏執一方，以順其自然為原則。一般人不能順其自然，總有成敗榮辱的得失心，表現鋒芒就會遭遇挫折，有賢能的人就會遭到謀害，沒有才能的人則會受到欺辱，這都是太執著得失榮辱所造成。因此，能夠虛己，就沒有憂患。

《莊子·山木》記載：市南宜僚去見魯侯，魯侯面有憂色，悶悶不樂，市南宜僚問他為什麼不快樂？魯侯說：我學先王治國之道，繼承先君的志業，勤政而沒有休息，還是有禍患，我感到憂傷。市南宜僚說：你逃避禍患的方法太膚淺了，例如狐狸和豹子，牠們棲息山林之間，白天躲在洞裏，夜間才出來覓食，這樣已經夠小心警覺了，但是還免不了遭到獵人所設陷阱的殺害，這是因為狐狸和豹子自己漂亮的外皮招來的禍害。

因此，從事養生的人，應該放棄名利欲望，生活簡樸，少私寡欲，使內心清靜，生活快樂，精神愉悅，延年益壽[4]。

六、無為無情

無為是老子的養生工夫，也是莊子的養生工夫。莊子認為世

---

4 快樂的定義是個性開朗，經常有好心情。以現代心理學的觀點，快樂的人普遍比不快樂的人容易成功，個性開朗有助於達到較高的成就，快樂的人通常人生和愛情兩得意，婚姻生活比較幸福。

俗的是非很難定論，因為凡人都有偏好、偏見和偏私，到底要由誰來判斷是非呢？例如甲和乙兩個人辯論，甲勝了乙，甲真的全對嗎？乙真的全錯嗎？相反地，乙勝了甲，乙真的全對嗎？是甲乙兩人有一人對一人錯呢？還是甲乙兩人都對，或是甲乙兩人都錯呢？

到底要請誰來評論是非對錯呢？如果請見解和甲相同的人來評論，他已經和甲的觀點相近似了，如何評論呢？如果請見解和乙相同的人來評論，他的觀點和乙相近似，如何能夠評論呢？如果請見解和甲乙都不同的人來評論，他如何評論誰是誰非呢？

面對人世間相對的是非，面對凡人的偏見，最好的方法是「無情」，使自己避免陷於相對的是非而煩惱。《莊子·德充符》說：

> 吾所謂無情者，言人之不以好惡內傷其身。

惠子對莊子說：人是無情的嗎？莊子回答說：是的。

惠子說：人若無情，如何稱為人？

莊子說：我所謂的「無情」，是說人不該對世俗相對是非有所好惡而損傷內在虛靜的本性，使內心悠遊於虛靜、恬淡、寂漠、無為的境界[5]。

老子強調無為，莊子也肯定無為，他認為只有「無為」的精神生活可以得到真正的快樂。人為什麼要無為呢？因為上天無為，卻能自然清明，大地無為，卻能自然寧靜，天地無為，萬物自然化生，所以說天地自然無為，能夠養育萬物，養生者應該「法天」，學習效法天地無為的精神。《莊子·天道》說：

---

5 《莊子·天道》說：「夫虛靜、恬淡、寂漠、無為者，天地之本，而道德之至……萬物之本」。值得注意的是，此一思想源於老子，《道德經》十六章：「致虛極，守靜篤。」就是虛靜；《道德經》三十一章：「恬淡為上。」；老子更強調無為，《道德經》六十三章：為「無為」，事「無事」，味「無味」。

無為則俞俞，俞俞者憂患不能處，年壽長矣。

清靜無為可以使精神安逸，安逸恬淡的人不為世俗的憂患所困擾，年壽可以長久。《莊子・刻意》說：平易恬淡的生活，邪氣不能入侵[6]，免於憂患，合乎自然的天德。〈外物〉更強調清靜可以調養疾病，安寧可以平息暴躁。

七、無勞汝形，無搖汝精，可以長生

老子《道德經》第十二章說：五色令人眼花撩亂，五音令人聽覺不靈，五味令人沒有味覺。《莊子・天地》也說五色令人眼睛不明，五聲（音）令人耳朵不靈，五味令人沒有味覺，五臭（羶、薰、香、腥、腐）令人嗅覺不靈，是非好惡迷亂清靜本心，使性情擾亂不安，這五種感官情欲的禍害，迷亂本心本性的清靜，違背養生之道，是養生五害。因此，《莊子・在宥》提出如何養生使壽命長久的觀點，廣成子說：

> 無視無聽，抱神以靜，形將自正。必靜必清，無勞汝形，
> 無搖汝精，乃可以長生。目無所見，耳無所聞，心無所知，
> 汝神將守形，形乃長生。

值得注意的是，廣成子的「至道」養生是「形神兼養」，就是養形和養神兼備。形指形體，包括人體內的五臟六腑；神指人的精神思維活動，包括心、神、魂、意、志、思、慮等。形體與精神的關係密不可分，誠如嵇康所說：「形恃神以立，神須形以存。」只有形體與精神健全，才算是身心健康，才有可能長壽，因為形

---

6 所謂「邪氣」，依中醫的觀點，就是受到風寒的侵襲，《黃帝內經・素問・欬論》說：外感風寒，皮毛先受邪氣，肺先受傷，這是肺咳嗽的原因。然而，五臟六腑都能使人咳嗽。

神（身心）相互影響。因此，《黃帝內經》認為惟有「形與神俱」，身心健康，才能享盡天年。

　　廣成子強調不可勞累形體，不可消耗精神，才能夠長生。也就是心志不驅使感官追逐五色、五音、五味、美色的物欲滿足，抱持內心的寧靜，精神內守，形體自然健康。如果能夠斷絕外物（五色、五音、五味、美色、名利、以及是非好惡等）對內心的紛擾，持守內心的寧靜，神不外馳[7]，精神不向外耗散，精神健全，則身體強壯，神全身健[8]，延年益壽，可以長生。

八、緣督以為經，可以保身，可以盡天年

　　莊子認為人的身體不停的勞動而不休息，就會感到疲倦，精氣神不斷的使用，生命就會枯竭。河流的水不混雜就可以清澈見底，水沈定不去搖動就可以平靜無波，水阻塞而不暢通，就不會清澈，這些都是自然的現象。因此，人要效法自然的道理，生活恬淡[9]，順從自然，寧靜專一，這是養神之道。《莊子・養生主》說：「緣督以為經，可以保身，可以全生……可以盡年。」

　　養神之道是順從自然的道理，生活清靜，凡事不強求，就可以保身，成全天性，可以養生，享盡天年。莊子舉「庖丁解牛」

7　明代張介賓《類經・古有真人至人聖人賢人》說：「神不外馳，故曰守神。」，精神不向外耗散，可以使人神氣堅強，神全氣盛，老當益壯。

8　張介賓《類經・上古之人春秋百歲今時之人半百而衰》說：「神全則身健，身健則病少。」神不外馳，精神內守則健全，形神兼養則少病。

9　《莊子・應帝王》說：「遊心於淡，合氣於漠，順物自然而無容私焉。」養生之道在清靜無為，心志恬淡，順從自然，不遂私欲。《莊子・刻意》說：「形勞而不休則弊，精用而不已則竭……故曰：純粹而不雜，靜一而不變，惔而無為，動而天行，此養神之道。」心志專一，精神虛靜，生活單純，恬淡無為，順從自然，這是養神之道。

的故事來說明養生之道。庖丁替文惠君宰牛，為什麼有很好的技術呢？因為庖丁宰牛是順著牛的軀體結構和關節的自然紋路，心志專一，沒有感官雜念，因此可以遊刃有餘，輕鬆愉快。文惠君聽了庖丁的話，深悟養生的道理。

莊子強調養神的重要，養神的作用在「達生」，使生命舒暢而不憂悶，身心健康。《莊子・達生》舉齊桓公因心神不寧而生病，又因心神舒暢而痊癒。

齊桓公在田野打獵，看到了鬼。當時管仲駕車，桓公緊握他的手說：「仲父[10]看見什麼？」管仲說：「我什麼也沒看見。」

桓公返回後，心神不寧而生病，數日不出。齊國賢士皇子告敖晉見，說：「陛下是自己驚嚇，鬱悶氣結，憂思而生病，鬼神不能傷害人。」

桓公說：「世上有鬼神嗎？」

皇子告敖說：「有鬼神。鬼神有多種，灶有髻神，水中有罔象神，丘陵有峷神，大澤有委蛇神等。」

桓公說：「委蛇神的樣子如何？」

皇子告敖說：「委蛇神大如車輪，紫衣紅冠。看見的人即將成為霸主。」

桓公歡笑地說：「這就是我看見的委蛇神。」於是整理服裝儀容，不到一天病就好了。

九、善養生者內外兼養

《莊子・達生》有兩則故事，說明善於養生者，必須內外兼

---

10 仲父是父親之弟，父之弟稱叔父。齊桓公尊稱管仲為仲父。惟後世亦有以仲父為尊稱，如東晉初稱王導為仲父。

養。魯國有一位名叫單豹的人，住在山林巖穴之中，不與人爭利，七十歲仍有嬰兒的容貌，不幸被老虎吞食，不能享盡天年。另外有一位名叫張毅的人，謙恭有禮，無論貴賤，他都向人請安問好，不幸因病而死，也不能享盡天年[11]。單豹養生偏重內心而忽略外在環境的危險，張毅為人偏重外貌禮節而忽略內在疾病的危險，這兩個人各有偏執，不能內外兼備而遭不幸之禍。

如何避免災禍？是養生的前提，《莊子·山木》有兩則故事，說明人世間多災難，並提出免除禍患之道。莊子走在山中，看見一棵大樹，枝葉茂盛，伐木的工人在樹下休息而不砍伐。問他為什麼不砍這棵樹，他說：這棵樹不成材，不能當成木材。莊子說：這棵樹因為不成材，所以能享盡天年長壽。

莊子從山上下來，到朋友家拜訪，他的朋友歡喜地吩咐僕人宰鵝。僕人問：有兩隻鵝，一隻鵝不會叫，另一隻鵝會叫，要殺哪一隻？主人說：宰殺不會叫的鵝。隔天，學生問莊子，昨天，山上的大樹，因為「不成材」，所以能享盡天年；可是，不會叫的鵝，也因為「不成材」而遭宰殺，要如何在多災禍的人世間自處呢？才能免除災難呢？

莊子說：人世間多災禍，賢能的人常遭謀害，沒有才能的人常遭欺辱。因此，為人處世以順從自然為原則，不被物欲所蒙蔽，不求世俗的價值，既沒有聲譽，也沒有欺辱，不偏執相對的成敗毀譽，這樣就沒有禍患了。

莊子又舉「螳螂捕蟬，黃鵲在後」的故事，說明追求物欲而忽略自身的危險，世人常在無休止的競逐中喪失生命，大難臨頭而不自知，如何養生呢？

---

11 單豹和張毅的故事，亦見於《呂氏春秋》卷十四及《淮南子·人間訓》。

　　這則故事說有一隻蟬，停在樹葉上而忽略自身的危險，螳螂躲在後面而抓住牠，螳螂正高興抓到獵物而忘了自己的安危，黃鵲乘機抓住螳螂。螳螂只顧私欲而喪失生命，這是人世間禍害的寫照，不知避免災禍，如何養生？

十、才全德不形

　　《莊子‧田子方》說孫叔敖三次當宰相，沒有喜形於色，三次卸下宰相職務也沒有憂傷。孫叔敖說：官位得之不喜，失之不憂，因為得失不在於我。何況自己的生命比宰相的職位更寶貴。所以，有了官位不必高興，卸下官職也不必傷心，得失不必計較，使內心保持平靜[12]，不為外物所影響，而有悅樂的心情，這是養生之道。

　　不僅不要計較得失，也不須計較貧富、窮達、毀譽，這些都是相對的世俗價值，明白這個道理，就不會讓這些無常、相對的價值擾亂心性原本的平和，日夜不斷保持悅樂的心情，使內心與外物和諧，稱為「才全」。

　　所謂「德不形」是我們要效汰水的平靜，修養心性，使心性圓滿平和，心性修養達到與萬物和諧一體的境界，稱為「德不形」。

十一、吹呴呼吸，吐故納新，導引養形

　　莊子養生，形神兼養，雖然重養神，也主張養形，《莊子‧刻意》說：

12　《莊子‧外物》說：「靜然可以補病……寧可以止遽。」內心保持平靜，可以調養疾病，安寧可以調平急躁。

> 吹呴呼吸，吐故納新，熊經鳥申，為壽而已矣，此導引之
> 士，養形之人，彭祖壽考者之所好也。

值得注意的是，莊子的養形就是導引，導引就是導氣和引體，導氣是吐納行氣，引體是搖筋骨、動肢節，合而言之，是把吐納行氣和體操運動結合起來的養生操。所謂導氣令和、引體令柔，促進氣血循環，有健身的功效。以當前流行的運動而言，導引就是各種氣功。

西元一九七三年長沙馬王堆漢墓出土的帛畫《導引圖》，有四十多幅各種姿式的導引動作，有的模仿熊、狼、鶴等禽獸動作，有的雙眼微閉，作調息的動作，是最早的氣功圖。另據《後漢書‧華佗傳》說：華佗發明五禽戲，模仿虎、鹿、熊、猿、鳥。華佗五禽戲是傳統導引的寶貴遺產，當代各種氣功大都源自《導引圖》和五禽戲。《莊子‧大宗師》說：「古之真人……其息深深。真人之息以踵，眾人之息以喉。」

莊子認為古時候的真人，深沈呼吸。一般人的呼吸只到咽喉，真人的呼吸到達足跟。「呼吸到達足跟」或許誇張，不過，深呼吸可以吸收更多的氧，使血中含氧量增加，有益健康。吐納就是行氣，葛洪《抱朴子‧釋滯》認為行氣可以治療各種疾病，可以延年益壽。

以上簡述莊子的養神繕性之道，彰顯不同的理想人格，其中以真人、至人、德人、神人較為殊見，主要的精神境界如下：

（一）真　人

真人睡覺不做夢，睡醒不憂愁，不講求食物的美味。與人相處，自然隨和，順應天下，以自然的態度對待人，不以人為干涉自然，得失生死聽其自然。只有真人才能避免內外的刑罰，達到

樸素精純，精神不虧的境界。

（二）至　人

至人的用心像一面鏡子，不懷私意，任隨萬事萬物的來去，真實反應，沒有隱藏，能夠克勝萬物而不被萬物所傷害。至人遊心於逍遙之境，在簡陋的田園裏生活，逍遙無為，容易心滿意足，這叫「采真之遊」，就是沒有一毫私偽的逍遙遊。

（三）德　人

德人安居，沒有心思謀慮，沒有是非美惡等相對的分別心，施惠於人，與人同樂，超越人世間的是非善惡。

（四）神　人

《莊子・逍遙遊》說：在很遠的姑射山上，住了一位神人，肌膚像冰雪的白，容貌像處子的溫柔，不吃五穀雜糧，呼吸清風，飲用露水，神遊四海之外。他厭惡世俗的紛擾，外物也不能傷害他，因為神人不以世俗為務，或許我們可以說神人就是莊子養神繕性的精神境界。

第三節　《管子》養心之術

《管子》一書並非管仲所作，而是闡述管仲的主張，記錄管仲的思想和言行而成書，並非一人之筆，亦非一時之書。管仲名夷吾，字仲，齊桓公尊為仲父，約生於西元前七二五年，卒於西元前六四五年。春秋齊國潁上人（今安徽省潁上縣），相齊桓公，

綱舉四維（禮義廉恥），大力推行富國強兵政策、尊周室、攘夷狄、九合諸侯，一匡天下，深得孔子的稱讚，《論語‧憲問》孔子對子貢說：「管仲輔佐齊桓公，為諸侯的盟主，整頓天下，沒有管仲的功勞，我們恐怕已經成為夷狄了。」

《管子》的養生思想，主要見於〈心術上〉、〈心術下〉、〈心白〉〈內業〉四篇，此四篇表現戰國的黃老思想。黃老思想的核心是「道」，道是老莊的形上本體，「四篇」的「道」雖皆由老莊之道而來，但其內涵實為物質性的精氣，《管子》的養生工夫，可謂精氣養心術，以道貫通治心與治國。

一、道

（一）道在天地之間

道在天地之間，是天地萬物的本源，與人共處，凡人不易體會道的境界，因為太多的嗜欲，讓人難於契合道。然而只要消除嗜欲，清除不潔淨的欲念，內心虛靜，就能體會道的神妙境界，唯有養生的聖人能夠虛靜。

換言之，養生的工夫是摒除嗜欲，使內心清明通達，不被情欲蒙蔽，即可虛靜專一，卓然超越，獨立於世俗之上，不為物累，不為情傷，清明不昧，臻於道的神妙境界。因此，〈心術上〉說：修養內心最好的方法是虛靜。虛靜是毫無保留的摒棄智巧，內心無求、無設、無慮[13]，回歸無為清靜的境界。

13　無求是不妄求，無所奢求；無設是無所謀算設計；無慮是無所思慮。無求、無設、無慮就是老子的無為。無為是沒有私欲的作為，有私欲的作為是妄為。養生的工夫要無為而自然，無事而清靜，清靜恬淡。

（二）道滿天下

《管子》強調道滿天下，普遍存在於天地萬物，只是一般人不能體悟道的神妙。其實，只要內心寧靜，即可悟道，彰顯靈明之心，感官就能寧靜。因此，養生的工夫在內心，也就是養心重於養形。聖人養生，保持內心的安靜，不為萬物所役使，施恩於人，能使國家安定，百姓順從。

因此，所謂道，周全而精密，寬廣而舒適，堅定而牢固。只要堅守善念而不捨棄，消除惡念，革除輕浮，領悟善道，即有完美的道德心靈，並以善氣待人，彼此和善，親如兄弟；反之，以惡氣待人，人與人之間，彼此仇恨。這種善氣或惡氣的表現，是心氣的顯露。所以說獎賞不足以勸善，刑罰不足以懲罰過錯，惟有修養內心的虛靜，修心養氣，天下便能安和。

（三）萬物以生，萬物以成，命之曰道

道是生命的主宰，然而，一般人往往無法修持虛靜而不能得道。只要修養內心，虛靜靈明，便可得道。須知，道是陶冶心性，端正言行的準繩，更是生死的法則，萬物因道而生，成長、茁壯；失道即死，得道即生。

（四）虛無、無形謂之道

虛靜無為稱為道；化育萬物稱為德；君臣、父子及人與人之間的人倫關係稱為義；尊卑之間有謙讓、貴賤之間有差等、親疏之間有分別，稱為禮；堅守同一原則，規定刑責懲罰，稱為法。〈心術上〉又說：天道是自然無形的客觀規律。因此，自然無為稱為道，德是得道，體悟天道。義者宜也，行事得宜；禮是根據人情，

依循合宜的道理所制定的禮節制度。因此，所謂禮，就是有理，理是以名分、位階彰顯義的意旨。所以，禮出於義，義出於理，理合乎時宜。法是規範社會行為的條文，凡事要依法而行，法是依據權衡利弊得失來制定，而權衡利弊得失要依據「道」這個總源頭（原則）[14]。

（五）憂悲喜怒，道乃無處，靜則得道，躁則失道

《管子·內業》強調人的生命，有賴於內心的舒暢歡樂，憂愁使人失去正常的規律，憤怒使人失去理性的思考。憂愁悲傷、大喜大怒，使人無法得道。愛欲的妄念應當休止，邪亂的思想應當修正。不被物欲引誘，幸福將自然來歸，道將自然降臨。換言之，虛靜可以得道，躁亂則失道。內心能夠虛靜，就是得道之人，道自然穩定。得道之人，清靜節欲，萬事萬物不能傷害。

二、精　氣

《管子》的道，是天地萬物的本源，內涵「精氣」。何謂精氣？王充《論衡·論死》認為人的生死是由於精氣的聚散，人之所以有生命，是由於有精氣的聚合。所謂人的精氣，就是人的氣血，氣血流通，保持精氣。人死氣血乾枯，精氣消散，形體腐朽[15]。

---

14 《管子》黃老思想的核心是論述道與德、義、理、禮、法的關係，特別強調法的制定要依據「道」這個總根源。
15 王充認為人和禽獸稟受的氣各不相同，人所稟受的氣是「精氣」，精氣是最好的氣，一種純和之氣，所以，人為萬物之靈。

（一）凡物之精，比則為生，下生五穀，上為列星

《管子‧內業》認為人物的生命，是由宇宙的精氣結合而化生。此種精氣，在地上生成五穀，在天上化為繁星天體，漂流在天地之間，稱為鬼神。能夠把精氣保養在內心的人，稱為成德而有智慧的聖人。聖人是修養內心達到最高境界的人，這種修養工夫，包括養心和養氣。養心要守敬，調節情感欲望；養氣要寶精，靜意敬慎。養心和養氣，合稱養生，養生之道要持「和」守「中」，節制飲食、情欲，所謂修心靜音、心靜氣理，乃可得道，得道者，稱為聖人。

聖人可以把精氣的作用發揮到極致，〈內業〉中所謂「摶氣如神」[16]，就是意志專注、內心專一、言行端正。能夠專一精誠、獨立思考，可以預知吉凶禍福，這種印證吉凶禍福的工夫，並非鬼神超自然的力量，而是聖人與時變而不化的精神境界，也是精氣的功用。

（二）有氣則生，無氣則死

《管子‧樞言》說：「有氣就有生命，沒有氣就會死亡，生命有賴於氣。」值得注意的是，「有氣則生，無氣則死。」，近似《莊子‧知北遊》：「人之生，氣之聚也，聚則為生，散則為死。」的氣化思想。王充也認為萬物都由氣所構成，天地也是氣，《論衡‧

---

16 值得注意的是，《管子‧內業》所謂「摶氣如神」的摶氣（專注於精氣的作用），近似老子《道德經》第十章的「專氣致柔」。「摶」猶如「專」氣，專一聚結純正精氣。《管子》認為專一聚結純正精氣會有神奇的功用，可以將萬物萬事的規律法則，全部備存在心中。只要專注一心，反求諸己，仔細思慮，精氣便會發揮神奇力量。

齊世》所謂「萬物之生，俱得一氣。」[17]只是，人的稟氣是最好的精氣，這種精氣可以充實形體，使人成為萬物之靈。

（三）凡人之生，天出其精，地出其形

《管子・內業》認為人的生命是由上天給予精氣，大地供給形體，兩者結合而成為人。兩者和諧結合，就有生命，兩者不和諧結合，就沒有生命。同樣道理，養生（心）之道，以平和中正藏於胸中，內心充滿和諧，能夠長壽，消除過度的忿怒，節制五種情欲，包括：目欲美色、耳欲淫聲、鼻欲香味、口欲珍味、心欲佚樂。去除大喜大怒，不因感觸外物而生大喜大怒，內心即有平和中正的胸懷。

因為人的長壽性命，有賴於平和中正的心胸，只因喜怒憂患而失去平和中正之心[18]。如何治心、養心？〈內業〉主張以詩歌節制忿怒，以音樂排遣煩憂，以禮義約束佚樂。遵守禮義的方法是外貌恭敬、言行謹慎；保持恭敬謹慎的方法是內心虛靜。能夠內心虛靜、外貌恭敬、言行謹慎，即可恢復平和中正的本性，心性也會穩固安定，不因外物而大喜大怒、煩惱憂慮，可以延年益壽，享有天年。

---

17 王充《論衡・論死》說：「人之所以生者，精氣也，死而精氣滅。」人和禽獸稟受的氣各不相同，人所稟受的氣是精氣，精氣是一種最好的純和之氣，所以，人為萬物之靈。《管子・內業》也說：「精也者，氣之精者也。」精氣是氣的精華。

18 《管子，心術下》也認為人的心性，本來是平和中正的。喪失本性的原因，是由於喜樂哀怒所致。節制忿怒，沒有什麼方法比得上音樂（以音樂節制忿怒）；節制過度喜樂，沒有什麼方法比得過禮儀；遵守禮儀，沒有什麼方法比得上敬慎。外貌敬慎而內心虛靜的人，必能恢復平和中正的本性。

（四）精存自生，其外安榮

《管子》強調精氣存於體內，形體自然富有生氣，外貌自然富有光澤，四肢強健，九竅通順，內心健全，沒有迷惑，不遭天災，不遇人禍，如此養生，稱為聖人。人能正心虛靜，便能滋潤皮膚，耳聰目明，筋骨強健，頂天立地。涵養恭敬謹慎而沒有過失，不斷修養品德，發揮養氣存精的功用，稱為「內得」，內心有所得，充實而有光輝。然而，一般人往往不能反求諸己，向外逐物，追求物欲，這種滿足物欲的養生是錯誤的。換言之，存養精氣的養生方法，是正心靜意、恭敬謹慎、反躬內省。只要敬慎地清除內心的妄念，精氣神自然存在於自身，淨化心思、平息妄念、潔心去欲、嚴肅外貌、內心敬畏，精氣便會安定，涵養精氣而不捨棄，耳目視聽就不會迷惑，內心就沒有妄念。

三、以靜為宗，以靜養心

（一）天主正，地主平，人主安靜

《管子‧內業》強調天以公正不偏為規律，地以均平無私為規律，人以安定寧靜為法則。春夏秋冬是天的時令；山陵川谷是地的資源；喜怒予取是人的欲望。只有聖人能夠順應變化，不受時令的影響，能適應時空變遷，而本心不變。能公正、能寧靜，然後才能安定[19]。內心安定，就能耳目聰明、形體強健。因此，〈白

19　《大學》第一章說：「大學之道，在明明德，在親民，在止於至善。知止而后有定，定而後能靜，靜而后能安，安而后能慮，慮而后能得。」《大學》強調定、靜、安的工夫，有些近似《管子‧內業》正、靜、定的養生之道。

心〉認為養心的常道要以虛靜為根本，以適時為合宜，以中正而無偏倚為準則。虛靜、適時、中正三者和諧一致，就能長久養心。不合這個養心的法則，將會傷害身心的健康。最重要的養心工夫是遵循天道，天地以正平為法則，其次則是順應人心，人心以虛靜安定為本性，這是養心之道，養心就是養生。

（二）心之在體，君之位，靜乃自得

《管子‧心術上》說：心在人的身體，猶如國君的地位[20]，九竅（眼、耳、口、鼻、大小便處等）各具功能作用，如同百官各司其職。心境如果虛靜中正，九竅就能遵循常道；內心如果充滿嗜欲，眼睛會看不見顏色，耳朵會聽不到聲音，鼻子會聞不出味道。所以說：心的作用是虛靜無為而管理九竅，因而稱為國君。心如果妄動，將會失去主宰的地位；如能消除嗜欲而虛靜，則能不妄動而與道合一，所謂動則失位，靜乃自得。

因此，內心能夠保持中正虛靜的人，身體也會健康。常保中正虛靜之心，言行必將純潔、道德與日俱新。這種真誠不欺是不可隱匿的，必然顯現「善氣迎人」的容貌與神情，善氣待人，人與人親如兄弟；反之，沒有中正虛靜之心，必將顯現「惡氣迎人」的態度，惡氣待人，彼此仇恨，害人害己，身心不寧。

---

20 孟子說：「心之官則思。」古人以心為思維的器官，心是人體的國君，人體的各種活動，心處於主宰的地位。尤乘《壽世青編‧養心說》說：「夫心者，萬法之宗，一身之主。」《黃帝內經‧素問‧靈蘭秘典論》說：「主不明則十二官危，使道閉塞而不通，形乃大傷。」又說：「心者，君主之官也，神明出焉。」所謂神明，意指人的聰明才智。《內經》強調心是一身的主宰，必須善於統帥，使臟腑各安其職。心安則身泰，就能長壽。《淮南子‧精神訓》說：「心者形之主也，而神者心之寶也。」龔廷賢《壽世保元‧補益》說：「人生以氣為本，以息為元，以心為根，以腎為蒂。」

（三）凡心之形，和乃自成，勿煩勿亂

《管子‧內業》認為人的本心，自然充實，自然生成，自然圓滿。人會失去本心自性，必然是因為憂、樂、喜、怒、嗜欲、好利的干擾。如能去除憂、樂、喜、怒、嗜、欲、好利，本心又會回歸平正虛靜。本心是以安寧、虛靜為自性，不要煩躁、不要擾亂，本心自然和諧圓滿。因此，養心之道，要內外兼修，內心堅守虛靜，外在行為端正，不因外物擾亂感官視聽，感官視聽不會迷惑內心，所謂「耳目不淫，心無他圖。」稱為「心有所得」。

（四）憂鬱生疾，疾困乃死

《管子‧內業》主張怠慢輕率，致生憂患；殘暴驕傲，造成仇恨；憂思鬱結，產生疾病，久病困頓，導致死亡。長期的苦思冥想，如果不及早排遣焦慮，生命將失去生機。所以說不要過度思慮，如同不要過度飽食[21]。養生之道，在調節守中，節制飲食，節制嗜欲[22]，節制思慮，把握平正中和，生命自然充滿活潑生機。

因此，飲食之道，不要過飢過飽，最好不飢不飽[23]。飲食適中，可使氣血和暢、形體健壯、精氣充實。

---

21 張杲《醫說‧勿過食》說：「飽生眾疾，至用藥物消化，尤傷和也。」吃得過飽會產生許多毛病。葛洪《抱朴子‧極言》說：「凡食過則結積聚，飲過則成痰癖。」

22 《禮記‧樂記》說：「人生而靜，天之性也；感於物而動，性之欲也。」《荀子‧正名》認為欲是情之感應，欲雖不可去，應當知所節制，荀子強調以心制欲。龔廷賢《壽世保元‧老人》說：「節嗜欲，戒喜怒。」

23 《壽親養老新書‧飲食調治》說：「飢飽失宜……動成疾患。」大飢大飽或忽飢忽飽，致生疾病。婁居中《食治通說》說：「食不可太飽……飲不欲太頻。」《抱朴子‧極言》說：「不欲極飢而食，食不過飽。」不要等到非常飢餓再吃飯。

　　以上簡述《管子》的養心思想，養心就是修養內心，最好的方法是虛靜，以虛靜之心統攝情欲，使清明的本心不受外物的干擾和情感欲望的迷惑。值得注意的是，虛靜源自老莊。老子《道德經》第十六章所謂「致虛極，守靜篤。」老子強調致虛守靜的重要，致虛是消除智巧、心機、固執、成見和私欲，使我們的心靈寧靜。《莊子‧天道》認為：所謂虛靜，是外物不足以干擾內心，例如水清淨就可以明澈照物，聖人的內心虛靜，可以作為天地萬物的明鏡，虛靜安逸的人不被憂患所困擾，便能享有長壽天年。因此，《道德經》第四十五章說：「靜勝躁……清靜為天下正。」

第四節　《呂氏春秋》貴生之術

　　《呂氏春秋》是戰國末年至秦漢初期整個時代的思想百科全書，因為與先秦主要學派（儒、道、墨、陰陽等家）有思想的傳承關係，而被《漢書‧藝文志》歸為「雜家」。所謂雜家，意指不同學派的兼容並蓄及內容的廣包性。據《史記‧呂不韋列傳》記載，《呂氏春秋》是呂不韋召集門下賓客學者集體編撰而成。其養生之道，基本上表現黃老思想，黃老思想以精氣詮釋老莊「道」的內涵，並把治身（養生）與治國相結合，治身與治國為一理，其核心觀念是「法天地」[24]，效法天地，順應自然，維持天、地、人三者的和諧關係。

　　值得注意的是，《呂氏春秋‧不二》說：「陽生貴己。」陽生應該就是楊朱，楊朱重視保存個人的生命，強調自我生命的價值，

24　《呂氏春秋‧情欲》說：「古之治身與天下者，必法天地也。」

本書〈貴生〉、〈情欲〉、〈重己〉、〈本生〉等篇的內容，可能有部分源自楊朱[25]。

一、有生必有死

〈節喪〉強調凡是生存於天地之間的萬物，有生必有死，這是不可避免的生死難題。聖人知生、知死，知道生命的意義，不以外物傷害寶貴的生命，也就是養生以不傷害自我為根本。生命之所以珍貴，在於無可取代，獨一無二，生命的存在是一切的根本，一旦失去永不復得。所以，即使貴為天子，富甲天下，也比不上生命的尊貴。

〈重己〉說：倕是古代著名的工匠，有一雙非常靈巧的手，可是一般人不會去喜愛倕的手指，而是珍愛自己的手指，因為這是自己所擁有而有利於自身的緣故。換言之，我的生命專屬於我自己，也是我最大的利益。從貴賤而言，即使貴為天子，也無法與生命相比；從貧富而言，即使富甲天下，也不能與生命交換；從安危而言，一旦喪失生命，永遠不能再得到。由於這三個原因，明白養生之道的人，對於自己的生命總是特別的謹慎。

然而，有些人看來謹慎對待自己的生命，事實上卻傷害了生命，主因在於不明白「貴生」、「順性」、「適欲」的養生之道[26]。

---

25 楊朱，戰國時代衛國人，主張貴生、重己。其說散見於《孟子》、《莊子》、《淮南子》、《列子》。《孟子・盡心上》說：「楊子取為我，拔一毛而利天下，不為也。」孟子批評楊朱為我，是無君王。《列子》一書有〈楊朱〉篇，主張縱欲，似乎不是楊朱思想。《淮南子・氾論訓》說：「全性保真，不以物累形，楊子所立也。」楊朱的思想是保全性命，不因追求外物而拖累形體。

26 貴生：天下事物以生命最為寶貴。順性：順從生命的本性。適欲：節制自己的情欲。

無論災禍或死亡，都不是無緣無故發生的，而是由於「大惑」造成的；反之，長壽必然有其原因，就是「不惑」。因此，明白養生的人，特別注重造成長壽的原因，長壽必有因果關係，此一道理不可不知。大凡生命能夠健康長壽，是順從本性的緣故，而使生命本性不順從的原因，就是過度的情欲。

所以，養生首要節制自己的情欲，稱為「適欲」。例如，如果讓古代著名的大力士烏獲去牽引牛的尾巴，即使拉斷牛尾，牛還是不順從，因為違反牛的本性；倘若讓一個小孩牽引牛鼻子的環，牛就會聽命那孩子的指令，這是順從牛的本性的緣故。世人都想長壽，然而他們的所作所為卻違逆自己生命的本性，豈能達成長壽的願望！

二、貴生、尊生、全生

〈貴生〉說聖人有深思熟慮的智慧，認為天下萬物以自己的生命最寶貴，生命的價值最高等，無可取代。耳、目、口、鼻原是生命的役僕。雖然，耳朵喜歡聽美聲，眼睛喜歡看美色，鼻子喜歡聞香氣，嘴色喜歡吃美味，但是，這些感官的需求只要對生命有害，應該就要停止物欲的滿足。由此觀之，耳、目、口、鼻等感官不得為所欲為，必須有所節制，就像各種官吏不得專斷獨行，必須遵守禮法一樣，這就是「貴生之術」。

相傳堯要把帝位讓給子州[27]，子州說：「要我當天子雖然可以，不過，我有陳年隱疾，正需要治療，現在沒有閒暇治理天下。」天子大位是非常寶貴的，子州尚且不願因為擁有天下而傷害自己

---

27 子州支父，姓子，名州，字支父，相傳堯時賢人。

的生命，他是真正明白貴生的賢人。

　　從前，越國人連續殺害三位國君，王子搜非常害怕遭到殺害，逃到洞穴藏起來，越國人到處尋找，終於找到他，要他接任王位，王子搜感嘆說：「王位啊！這個大位怎麼不肯放過我？」其實，王子搜並不是討厭當國君，而是厭惡當國君可能遭遇到禍害。像王子搜這樣的人，可以說不願以國君大位來傷害自己生命的人，明白養生比國君大位更重要，他是真正懂得生命的王子。

　　魯哀公聽說顏闔是個有德的人，派遣使者禮聘他當官。顏闔住在鄉下養牛，穿著粗布衣服。使者送上禮物，顏闔說：「你們可能找錯人，請回去核對資料。」使者回去查核後再來找顏闔，顏闔已經不知去向了。顏闔拒絕魯哀公的禮聘，並不是厭惡富貴，而是認為養生比富貴更重要。他是真正明白貴生的人。

　　所以說：道的真正目的是為了養生，即使帝王的大業，只是聖人閒暇餘事，不是追求完美生命的養生之道。現今世俗之人，不惜傷害身體，危及生命去追求外物，猶如用隨侯寶珠去彈射遠處的一隻小鳥，付出的代價太寶貴，而想得到的外物太渺小了。然而，我們的生命比隨侯寶珠更寶貴。

　　因此，子華子認為人的生存有四種情況，全生為上，虧生次等，死又次一等，迫生是最低等。所謂全生，就是尊生，意指人的六種基本欲望都能合宜適中的滿足[28]；所謂虧生，意指六種欲望只有部分合宜，生命受到損傷；所謂死，意指對六欲沒有感覺；所謂迫生，意指六欲都沒有得到合宜的抒發，所得到的都是六欲厭惡的，例如屈辱，猶如耳朵聽到打雷的聲音，眼睛看見閃電的光芒，鼻子聞到臭味，都是我們厭惡的遭遇。所以養生的前提是

---

28 六欲，六種基本的欲求，包括：耳、目、口、鼻、生、死六項。人有求生的本能欲望，又有感官的需求。

尊生。

三、天生人有欲有貪

　　〈情欲〉以為每一個人都有貪念和欲望，有欲望就會產生情感的好惡[29]，好惡的情感要有所節度。聖人修持禮義以節制其欲望，因而不會縱欲。聖人之所以異於凡人，只是善於節制情欲[30]，從養生的觀點而言，稱為「貴生」，尊貴生命的價值，貴生或縱欲，是決定生死存亡的主因。

　　然而，一些獨裁的暴君，例如夏桀、商紂、縱欲而沒有節制，對於物欲，總是貪得無厭，招致百姓的怨恨，樹立許多的仇敵。親近巧詐奸臣，疏遠正直忠臣，最終導致身敗國滅的悲慘結局，暴君敗亡的主因，在於縱欲而不貴生。

　　因此，古代明白養生之道的人，為什麼既能享受物質之樂，又能長壽？原因是力行貴生節欲。貴生的思想儘早建立，能夠及早愛惜自己的生命，從小愛惜生命、節欲養生，能使精氣飽滿充足[31]，享盡天年。

　　〈侈樂〉認為生命的本性原是清靜自然的，感於外物而有知覺，由於知覺的作用而有各種欲望。如果放縱自己的欲望，清靜的心志將受制於物欲，必然喪失本性。況且嗜欲無窮，必有貪鄙悖亂之心，產生淫佚放縱、奸詐欺騙，強盜殺人之事必然興起[32]。

29　〈大樂〉說：上天使人有欲望，人就會去追求欲望的滿足；上天使人有憎惡，人就會有好惡。
30　耳朵想聽聽美妙的聲音，眼睛想看美色，嘴巴想吃山珍海味，這些都是情欲。
31　《太平御覽・養生》說：「精者血脈之川流，守骨之靈神，精去則骨枯。」因此，王充《論衡・自紀》強調「愛精自保」，愛惜精氣以保養自身。
32　《荀子・正名》說：「欲雖不可去，求可節也。」荀子認為欲望是情之感應，

所以，〈論人〉強調「反求諸己」，不斷地內省，節制各種嗜好與欲望，減少耳目聲色的感官喜好，捨棄智慮權謀，去除巧詐欺偽，使自我的心神自由逍遙，使自我的心志順應天地萬物的自然規律，臻於天人合一的妙境，稱為「得一」之玄妙[33]。

四、流水不腐，戶樞不螻

《呂氏春秋》深受黃老思想的影響，以精氣作為一切生命的本源，將精氣的聚集與流動，視為生命能量的現象。〈盡數〉認為精氣的聚集，要有形體的寄託。精氣聚集在鳥類，鳥類的生命表現是飛翔；精氣聚集在獸類，獸類的生命表現是敏捷地奔跑；精氣聚集在人的身上，人的生命表現有五臟、六腑、九竅和三百六十個關節[34]。

精氣運行可以使肌膚細緻，血脈暢通，筋骨堅固，心志平和，使人沒有病痛。就像不斷流動的活水，不會腐爛發臭；猶如常被轉動的戶樞，不會遭蟲蟻蛀蝕，因為流水和戶樞都不斷地運動。人的形體與精氣也是如此，身體不運動或不活動，體內的精氣也不運行，精氣積滯造成氣血鬱結。如果氣血鬱滯在頭部，會有頭痛腫脹的症狀；積滯在鼻子，造成呼吸不暢；停滯在腹部，肚子

想要得到某事或某物，人情所不能免。欲望雖不可去，應當知所節制。因此，司馬遷《史記·范雎蔡澤列傳》說：「聖人制禮節欲，取於民有度，使之以時，用之有止，故志不滯。」。

33 「得一」源自老子。《道德經》三十九章說：「天得一以清；地得一以寧……萬物得一以生……天無以清，將恐裂；地無以寧，將恐廢……萬物無以生，將恐滅。」，所謂得一，就是得道。

34 五臟：心、肝、脾、肺、腎，中醫認為五臟都具有貯藏精氣的功能。六腑：膽、胃、大腸、小腸、膀胱、三焦，具有食物消化吸收和排洩的功用。九竅：耳、目、口、鼻七竅，加上尿道和肛門。

脹痛；滯結在足部，造成足部的肌肉萎縮，行動不便[35]。

〈先己〉強調帝王想要治理天下，先要養生，保養自身。養生治身的要務是愛惜自己的生命及養護精氣，使精氣充足，排除邪氣，吐故納新，使氣血暢通，享盡天年，這樣的養生之人，稱為「真人」[36]。

五、和心適行，情志養生

過度的的情志反映有害健康，〈盡數〉說：「大喜、大怒、大憂、大恐、大哀，這五種過度的情緒，干擾人的心神，生命會受到傷害。」

心情的好壞直接影響官能的感受，當心情不快樂時，感官會失去正常的功能。〈適音〉認為耳朵的官能是聽聲音，如果心情不快樂，各種美妙的音樂耳朵也聽不進去；眼睛的官能是看顏色，如果心情不快樂，美麗的顏色眼睛也看不下去；鼻子的官能是聞香味，如果心情不好，芳香的氣味鼻子也不想聞；口的官能是品嚐美味，如果心情不悅，山珍海味嘴巴也吃不下。可知，人的各種感官欲求，取決於當時的心情，感官受制於情志的好惡。心情必須和平，情志才會快樂；情志必須快樂，耳、目、口、鼻等感官始有欲求。所以說，快樂的關鍵在於「和心」，調和心情、精神

---

35 中醫認為精氣是形體的主宰，劉完素《素問玄機原病式・火類》說：「夫氣者，形之主，神之母。」又說：「氣甚即物壯，氣弱即物衰，氣正即物和，氣亂即物病。」精氣充足，身體就強健。尤乘《壽世青編・療心法言》說：「精絕則氣絕，氣絕則命絕也。」

36 〈鬱達〉說：疾病的產生，病痛的困擾，是由於精氣鬱結的緣故，好像池塘的水，如果積滯不通就會變得污濁發臭；猶如國家如果沒有忠臣直言諫諍，國王會有蒙蔽而生各種罪惡及災禍。

和諧、心平氣和；而調和心情的關鍵在於「行適」，言行合適中道，無過與不及。

〈適音〉又說：「快樂有適當或不適當之分，心情也有合適或不適宜之別。」人的本性，都想要長壽而厭惡夭亡，想要安全而厭惡危險，想要榮譽而厭惡恥辱，想要安逸而厭惡勞累。這四個欲求都得到了，四個厭惡都去除了，心情自然快樂而和諧。獲得這四個欲求的方法，在於順應人情（本性）事理。以順應人情（本性）事理保養身心，生命的本性得到保全，本性獲得保全，就能享有天年。

六、飲食用水，調和得時

飲食與生活起居對養生健康有非常重要的影響。〈開春〉說：日常生活的飲食與起居，如果安適得宜，順從生命的本性，全身的臟腑和骨節經脈都會暢通。

〈盡數〉說：飲食不要肥厚（大魚大肉）和濃烈（烈酒）。喝酒切忌過量，飲食不當引起各種疾病。進食能定時定量，身體可以無災無病。飲食的首要原則，是保持不飢不飽的狀態，不可以太過飢餓，也不可常吃太飽，這樣臟腑能夠安和。進食的時候，要有好的胃口，才能感受食物的美味，而且要心神安閒，不慌不忙，儀容端莊。要有愉悅的心情，食欲才會感到歡欣，使臟腑均受水穀精氣（營養）的滋養。飲食要小口細嚼，慢慢吞嚥，坐姿端正，情緒平和，享受滋味之美。〈本生〉更強調肥厚過飽，飲酒過量，還要逞強，沒有節制，過多酒肉成為腐爛腸胃的毒藥。尤其是吃了太多大甘、大酸、大苦、大辛、大鹹的食物，嚴重損傷人的生命健康。

　　因此，作菜要調和五味，〈本味〉說：食物應該熟而不爛，好的口味是甘甜而不過頭，酸而不刺激，鹹而不澀，辛辣而不嗆鼻，清淡而不乏味，順口而不油膩。此外，飲用水也不可輕忽，〈盡數〉列舉輕水、重水、辛水、苦水和甘水的差別。輕水是含礦物質過少的水（例如缺碘，造成甲狀腺腫大），飲用輕水，造成禿頭與頸部腫瘤的人會比較多；重水是含鹽與有害礦物質過多的水，飲用重水，造成雙腳腫脹、肌肉萎縮而不良於行的人會比較多；辛水是味道辛辣的水，飲用辛水，造成長毒瘡的人會比較多；苦水是味道苦澀含有過多有害礦物質的水，飲用苦水，造成駝背的人會比較多；甘水是多含礦物質，有益人體健康的水，飲用甘水，增進身體健康美麗的人會比較多。水質因地理環境而有差別，山泉水有益健康，而受污染的地下水應避免飲用。

　　值得注意的是，《呂氏春秋》相當重視飲食應以當季盛產的作物為主食，在〈十二紀〉中，依據各季當令的食物，規定天子的飲食內容，例如孟春正月，吃的是麥食和羊肉；仲夏五月，吃的是豆類與雞肉；仲冬十一月，吃的是黍米與豬肉。所以，〈審時〉說：適時種植的莊稼，生產的作物，氣味芳香，味道鮮美，營養充足，非常好吃。常吃當令盛產的食物，使人耳聰目明，形體健康，邪氣不侵，沒有病痛；反之，違背適時當令種植的作物，不僅生長不良，營養不佳，若常食用致人多病。

七、生活起居，順應自然

　　〈盡數〉認為天地有陰陽、寒暑、燥濕的四季變化，萬物的變化各有利弊，帶給我們便利，同時帶來損傷。養生者要體察風、寒、暑、濕、燥、火的變遷，生活起居，躲避大寒、大熱、大燥、

大濕、大風、大雨、大霧的傷害，必須順從四季推移的自然規律。〈十二紀〉即根據春生、夏長、秋收、冬藏的自然法則，具體安排天子的衣、食、住、行，例如〈仲夏紀〉說：仲夏五月，是白晝最長的夏至季節，這是一個陰氣與陽氣相爭的時節。

君子（天子）要齋戒身心，深居簡出，安靜勿躁，禁戒聲色之好，飲食清淡，調和五味，節制各種嗜欲，使身心處於寧靜狀態，等待陰陽調和之氣的形成。同理，〈仲冬紀〉認為仲冬十一月，是白晝最短的冬至季節，冬至後，白晝漸長，陽氣漸生，這是一個陽氣與陰氣相爭的時節。君子（天子）要齋戒聲色嗜欲，生活寧靜，度過天地閉藏的時令。

〈重己〉說：房子太大，陰氣就多；樓臺太高，陽氣就多。陽氣過旺或陰氣太盛，造成陰陽不調，使人生病。所以，注重養生的君子（天子）不住大房子，也不築高大樓臺。飲食不求山珍海味，穿衣不求厚重過暖，建造花園池塘，只供觀賞、活動即可；修建的宮室臺樓，只要可以遮陽光、避風雨就好；使用的車馬和穿著的衣服，只要方便交通和保暖就可以；欣賞的音樂舞蹈，只要休閒悅樂就很滿足；飲食用膳，只要調和五味、填飽肚子即可。所有衣、食、住、行、樂的生活起居，以適欲、養性、修養身心為原則。換言之，不要聽淫靡音樂，不要穿厚重衣服，不要吃肥甘厚味，不要住豪華宮室，簡樸生活，順應自然。

以上簡述《呂氏春秋》的養生思想，總結兩點要義：（一）尊生、貴生、重生、全生，（二）卜筮禱祀，疾病愈多，養生之末。

第五節　嵇康〈養生論〉的形神相親

嵇康，字叔夜，生於魏文帝（曹丕）黃初四年（西元223年），魏元帝曹奐景元三年（西元261年），遭司馬昭集團殺害，享年四十歲。

魏明帝（曹叡）景初六年（西元242年）前後，嵇康與曹操之子曹林（沛穆王）的女兒長樂亭主結婚，成了皇族的外戚，官拜職掌議論的中散大夫，舉家遷居河內郡山陽。常與阮籍、山濤、向秀、阮咸、王戎、劉伶等名士為友，七人常集於山野竹林之下，肆意酣暢，清談玄妙，世謂「竹林七賢」。

嵇康的養生思想，雖然是亂世的時代產物，卻是魏晉清談的玄理之一。據《世說新語》的記載：王丞相過江左，只談三理而已。所謂「三理」，就是嵇康的〈聲無哀樂論〉和〈養生論〉，以及歐陽建的〈言盡意〉。

然而，〈養生論〉更是嵇康對老莊道家和神仙道教養生的精思力踐。嵇康不尚空談，而是身體力行的養生實踐家，例如時常上山採藥，與道士為友。他融合原始老莊道家和神仙道教的養生之道，奉行不渝，樂此不倦，簡述其要如下：

一、盡天年

如何享盡天年？是養生的主要目標。〈養生論〉說：

> 夫神仙雖不目見，然記籍所載……其有必矣。似特受異氣，稟之自然，非積學所能致也。至於導養得理，以盡性命，

上獲千餘歲，下可數百年，可有之耳。

永生與不朽是人類自古以來夢寐以求的理想，神仙道教認為神仙不死是可以通過人的努力，學習修煉而成，而《黃帝內經》以為養生可以盡終其天年，度百歲而去（亡）。《黃帝內經・靈樞・天年》說：「百歲，五臟皆虛，神氣皆去，形骸獨居而終矣。」因此，有人認為人的最高壽命是一百二十歲。有趣的是，當今，還有祝福老人家長壽的話說：「祝你吃百二」，也就是活到一百二十歲，顯然，古今中外少有人活到一百二十歲。不過嵇康認為「神仙可以修煉學成」和「上壽一百二十歲」這兩種說法，都是妄言，並非真實。

因此，嵇康以為神仙稟受天地自然獨特之氣，並非一般人可以修煉而成。至於養生得法，預防疾病，防止衰老（抗老化），可以享盡天年，上壽達千餘歲，下壽達數百歲，可能是有的。

天年可達千歲，似乎超出《黃帝內經》等醫書的標準，以《列仙傳》而言，彭祖八百歲，崔文子自言三百歲，邛疏數百歲，呂尚二百歲。顯然，嵇康比較相信《列仙傳》的養生思想。因此，《答難養生論》說：

> 且仲尼窮理盡性，以至七十，田父以六弊巷愚[37]，有百二
> 十者，若以仲尼之至妙，資田父之至拙，則千歲之論，奚
> 所怪哉？

孔子雖有養生休閒的精神悅樂，並不以養生為職志，卻能享壽七十，有些平常百姓，雖無養生之學，卻可以活到一百二十歲。如果以孔子的至妙智慧，資助平常百姓專注養生，更有利於延年

---

37 六弊出於《論語・陽貨》：「好仁不好學，其弊也愚；好知不好學，其弊也蕩；好信不好學，其弊也賊；好直不好學，其弊也絞；好勇不好學，其弊也亂；好剛不好學，其弊也狂。」孔子強調學思並進的重要。

益壽，或許可以享數百歲，甚至千歲，也不無可能。

　　有趣的是，當今的基因醫學專家，認為破解人類基因圖譜，有助於醫學對疾病的預防和治療，尤其是胚胎幹細胞的研究和運用，有助於身體器官的培養和移植，更有利於長命百歲，我們未來的主人翁，應該可以活得更長壽。其實，養生或醫學的最大意義，是如何增進人類的生活品質？如何享受健康快樂的生活才有意義！

二、養生五難

　　養生既能享盡天年，為何常人總是半百而衰？〈答難養生論〉提出說明：

> 養生有五難：名利不滅，此一難也；喜怒不除，此二難也；聲色不去，此三難也；滋味不絕，此四難也；神慮精散，此五難也。五者必存，雖心希難老，口誦至言，咀嚼英華，呼吸太陽，不能不迴其操，不夭其年也。五者無于胸中，則信順日濟，玄德日全，不祈喜而有福，不求壽而自延，此養生大理之都所也。

　　嵇康養生五難，後見於孫思邈《備急千金要方‧養性序》。有關養生第五難，周樹人校曰：「各本作『神慮轉發』，「轉發」似乎意義不明，而「神慮」似乎也不符〈釋私論〉所謂「虛心無措，君子之篤行也。」之義，當以「神慮精散」為宜。換言之，以〈釋私論〉而言，養生之難，源於「匿情」和「有措」的智用。

　　養生五難中，聲色和滋味是感官生理的欲求，名利是心理的欲求，喜怒是情感的反映，神慮精散是「匿情」和「有措」的精神耗損，五難不除，容易致病而早夭。

　　值得注意的是，養生五難是《莊子》「失性有五」的闡揚，《莊子‧天地》說：

> 且夫失性有五：一曰五色亂目，使目不明；二曰五聲亂耳，使耳不聰；三曰五臭薰鼻，困㥄中顙；四曰五味濁口，使口厲爽；五曰趣舍滑心，使性飛揚。此五者，皆生之害也[38]。

　　五色是青黃赤白黑，五聲是宮商角徵羽，五臭是羶薰香腥腐，五味是辛酸鹹苦甘，總稱聲色和滋味。「趣舍」意指是非好惡的取捨，近似名利的欲求所反映的喜怒之情。「滑心」是內心的迷亂，將使精神耗損，聲色和滋味對感官生理的傷害，必使身心疲憊，形與神俱衰。因此，嵇康強調形神相親。

三、形神相親

　　形神關係是傳統中國哲學思想論證的範疇。《莊子‧天地》說：「物成生理，謂之形，形體保神，各有儀則，謂之性。」又說：「形全者神全」。值得注意的是，《荀子‧天論》提出「形具而神生」的思想，荀子肯定人要有形體然後才有精神的作用，形體是第一性，精神是第二性，精神必須依賴形體才能存在，《荀子‧不苟》說：「形則神，神則能化矣」。

　　若以養生而言，莊子強調養神的重要性，《莊子‧養生主》主張養神的方法是順任自然，〈達生〉通篇更發揮養神之理，強調人的精神作用。《淮南子》也有養神比養形重要的觀點，《淮南子‧泰族訓》說：「治身太上養神，其次養形。」〈原道訓〉說：「以神為主者，形從而利；以形為制者，神從而害。」形神關係以神為

38　《莊子》失性有五，源於《道德經》第十二章：「五色令人目盲，五音令人耳聾，五味令人口爽，馳騁畋獵，令人心發狂，難得之貨，令人行妨。」

主，以神制形。可知，嵇康的形神養生思想，源於《莊子》和《淮南子》。〈養生論〉說：「精神之于形骸，猶國之有君也。神躁於中，形喪於外，猶君昏於上，國亂於下也。」

嵇康認為形體和精神的關係，猶如國家和君王的關係，如果精神煩躁、沮喪、抑鬱，形體將失去健康，致生疾病，猶如國家的興衰，受到君王的賢能或不肖的影響一樣。所以，養生之道要養神和養形，使精神和形體都能健康悅樂。〈養生論〉又說：

> 是以君子知形恃神以立，神須形以存……故修性以保神，安心以全身。愛憎不棲於情，憂喜不留於意。泊然無感，而體氣和平。又呼吸吐納，服食養身，使形神相親，表裡俱濟也。

嵇康有別於荀子和莊子者，是他強調精神和形體相互依存、相互作用、相互影響。換言之，養神和養形都很重要，由此彰顯養生的最高原則是「形神相親，表裡俱濟」。

「形神相親」近似《黃帝內經・素問・上古天真論》所謂「形與神俱」，就是形體和精神相互協調而保持健康狀態。近似荀悅《申鑒・俗嫌》：「處正居中，形神以和」。葛洪《抱朴子・極言》也說：「苟能令正氣不衰，形神相衛，莫能傷也」。

換言之，形神相互為用，才能「全身」和「保神」。分別而言，就養神來說，要愛憎不棲於情，憂喜不留於意，就是《莊子・田子方》所謂「喜怒哀樂，不入於胸次」旨意。就養形來說，要呼吸吐納，服食養身。呼吸吐納的養形之道，源於《莊子・刻意》：「吹呴呼吸，吐故納新，熊經鳥申，為壽而已矣，此導引之士，養形之人，彭祖壽考者之所好也。」如何養神和養形？說明如下。

四、養　神

（一）淡泊名利

養生五難之首，就是名利不滅。名利象徵權勢富貴，《論語·里仁》孔子說：「富與貴，是人之所欲也，不以其道得之，不處也。貧與賤，是人之所惡也，不以其道得之，不去也。」孔子的自述，表示他對名利的淡泊。《論語·公冶長》子張說：楚國大夫文子，楚成王時命為令尹（宰相），多次被罷免又復職，總是喜怒不形於色，表示他淡泊名利。

《論語·微子》說：柳下惠為士師（獄官），多次遭免職，也是悲傷不形於色，視貴賤、榮辱如一，沒有差別的價值，不以名利纏心，如同孔子視富貴如浮雲，孔子說：不義而富且貴，於我如浮雲。

然而，世人為何不能淡泊名利？嵇康認為追求名利的人，都是「情繫於所欲」，向外逐物，他們以世俗的毀譽作為自己的快樂或憂戚。因此，患得患失，未得名利，想得名利，既得名利，又怕失去名利，如果一直害怕失去名利，就會無所不用其極了。如此計較得失名利，在上位的人怎麼可能不驕？求取名利富貴的人怎麼可能不苟非義之財？得到不義之名利富貴的人，惶惶不可終日，精神無法安定寧靜，如何養生保健？

因此，養生者必須淡泊名利，嵇康〈答難養生論〉說：人生的幸福快樂，不是外在世俗的榮辱或毀譽，而在內心的精神世界，以無罪（無過失）而自尊，以不仕求榮為安逸，依循天理，馳心於道義，雖處陋室，恬淡愉快。以恬淡自守，不會有世俗的紛擾，

心無牽掛干擾，精神悅樂，神氣自然暢達。誠如《太平御覽‧養生》所說：「神暢則身健」，精神舒暢，則身體健康。

（二）和喜怒

養生五難之二，是喜怒不除。喜怒雖是人情之常，然而，以情志養生而言，避免大喜和大怒，使情志平和，有益健康。《黃帝內經‧靈樞‧本神》說：「智者之養生也……和喜怒而安居處。」為什麼要和喜怒？因為怒傷肝，喜傷心，而且，暴怒傷陰，暴喜傷陽，突然的大怒會損肝臟而傷陰氣，突然的大喜會損心臟而傷陽氣。以現代醫學而言，過度忿怒會使血液循環加速，血壓上升，甚至腦溢血。因此，《管子‧內業》特別強調喜和怒是「二凶」，能夠去二凶，內心充滿平和中正，可以長壽。

值得注意的是，嵇康強調「除喜怒」，近似《管子‧內業》的「去二凶」。中醫強調不節制喜怒，會傷害五臟。以現代醫學而言，喜怒是人的情緒反應，而情緒在調節、影響我們健康的身體系統上，扮演重要的角色，喜怒哀樂都會影響身體免疫系統的機制。所以，《中庸》要我們發而皆中節，就是「和喜怒」。

嵇康相當重視日常生活的情緒反映，《養生論》說：農夫在大旱之年種莊稼，有些莊稼無水灌溉，有些莊稼只灌溉一次，雖然終歸枯死，但是，灌溉過的莊稼最後枯死，這表示灌溉一次的益處很大。同樣的道理，有些人認為偶而生氣一次不會傷害健康，承受一次悲傷不會傷害身體，於是，喜怒毫無節制，猶如不知灌溉一次的效益，而盼望在大旱中長出好莊稼一樣。

嵇康深切體認喜怒對身心健康的影響，王戎曾說與嵇康居住山陽二十年，未嘗見他喜怒形於色。〈答難養生論〉嵇康詮釋《莊

子》的至樂[39]。他認為真正的快樂，不是物質的享樂，也不是榮華富貴的得意忘形，而是世俗的得失榮辱都不會影響他的悅樂心情而已。例如子女生病，父母擔心悲傷，後來病好了，又覺得歡喜，先憂後喜，內心煎熬，還不如沒有這種憂喜比較好。由此可知，平安健康最好，沒有一憂一喜才是最大的快樂，謂之「至樂」。

（三）知足自得

老子《道德經》第三十三章說：「知足者富」，第四十四章說：「知足不辱」。嵇康養神，進一步詮釋知足自得。〈答難養生論〉認為至人（聖人）以天下為公，並非以富貴為崇高，而視榮辱如一，所以，自由自在而知足自得。自得是自我的精神實現與滿足，並非追求榮華富貴。所以，外在的得失，沒有什麼值得歡喜，也沒有什麼值得生氣的。沒有什麼值得快樂，也就沒有什麼值得痛苦的。

換言之，無所喜，則無所怒，無所樂，則無所苦，如此，自得知足，才是真有富貴。這種精神的富貴，嵇康稱為「混乎與萬物並行」，就是莊子「天地與我並生，萬物與我為一」的境界。

嵇康深切體會「得失自己來」（〈五言詩三首之二〉），因此，只要內心自得，就可以精神逍遙。從他的詩作中，可以發現他的逍遙與自得，〈四言詩〉說：「齊物養生，與道逍遙。」〈六言詩〉說：「不為世累所嬰，所以知足無營（惑）。」嵇康不被榮華富貴、功名利祿所束縛，所以，知足自得而不受外界所迷惑。

---

39 《莊子·至樂》提出至樂的精神境界。所謂「至樂無樂」，清靜無為才是真正的快樂，並非世俗所追求的榮華富貴的享樂，這就是《莊子·繕性》所謂「樂全，謂之得志。古之所謂得志者，非軒冕之謂也。」

（四）音樂養生

儒家重視音樂對世俗人心的教化，《孝經》所載孔子的話說：
「移風易俗，沒有什麼比音樂更好的了」。值得注意的是，嵇康〈聲
無哀樂論〉說：「聲音以平和為體」及「音聲有自然之和」，源於
《禮記‧樂論》所謂：「樂者，天地之和也。」。嵇康〈琴賦〉認
為音樂可以「導養神氣，宣和情志」，也源於《禮記‧樂論》所謂
「致樂以治心者也」，治心就是調和精神。

換言之，音樂的主要性質就是「和」。這個「和」有兩種意義，
一是天地和德，就是自然之和，「自然」是和諧、有秩序的本體，
所以，嵇康說：「夫天地和德，萬物資生。」（〈聲無哀樂論〉）。二
是宣和情志，就是音樂可以養生[40]。

嵇康〈琴賦〉說：他從小就非常喜愛音樂，長大以後一直不
間斷地練習。音樂可以導養神氣，調和精神，使自己在不得志的
孤獨環境中不會感到內心憂悶。〈聲無哀樂論〉更是一篇重要的音
樂美學論文，他強調音樂一定是和諧的，也是平和的，這個觀點
與他「泊然無感而體氣和平」的養生思想是符合一致的。〈聲無哀
樂論〉說：

> 和心足于內，和氣見于外。故歌以敘志……導其神氣，養
> 而就之……使心與理相順，氣與聲相應，合乎會通，以濟
> 其美。

「和心」與「和氣」，就是心平氣和。養生者應該多唱歌舒暢

---

40 嵇康〈答難養生論〉說：「竇公沒有特別服食藥餌，享年一百八十歲，這難
　道不是彈琴使他心平氣和而長壽的緣故嗎？」相傳竇公為魏文帝時的盲樂
　師。桓譚《新論‧祛蔽》說：「余以為竇公少盲，專一內視，精不外鑒，恆
　逸樂，所以益性命也，故有此壽。」

心志，常舞蹈宣洩情感，彈琴瑟，吟〈風〉、〈雅〉，調心安神，用八音（金、石、土、革、絲、木、匏、竹）傳達自然和諧，以宇宙至善的和諧聲音（太和之音）感召人心，導引人的神氣，使心志情感與自然之理相互和順，以音樂融和貫通人心與自然，成就人的「太和」之美，這是音樂養神之道。

嵇康論述音樂養神，近似當今醫學的觀點，醫學家認為音樂可以激發腦部神經系統，誘導出一種神經能量，能夠刺激許多腦部活動。因此，經常聆聽或演奏悅耳動聽的音樂，可以維持腦神經系統正常運作，防止（減緩）大腦的老化和退化。

為什麼音樂有如此神奇的功效呢？因為音樂的主要功能在於恢復人類精神的和諧。世界衛生組織證實，經常聆聽彼得‧休伯納的曲子，比服用鎮定劑更有效的降低身心壓力，其效果是藥物的四至八倍。因此，醫學家提出所謂「醫學共振音樂」，醫學共振音樂的治療效果，是基於人與自然的和諧關係下（近似中國哲學天人相應或天人合一的思想），產生自我療癒的效果。

在俄國車諾比核能災害事件的臨床實驗報告中，音樂可以改善睡眠、紓解壓力、消除緊張、改善頭痛、降低血壓、提升人類免疫功能及改善記憶力，又可消除不安和沮喪的負面情緒，對生命的意義及宇宙和諧的價值有更深的體認。究其原因，萬病之源在於「心」，所以，醫學共振音樂應是養神的最佳良藥。

換言之，從養生的觀點而言，音樂有益健康，嵇康〈答難養生論〉舉一個例子說：相傳魏文帝時有一位樂師竇公，雖然沒有特別服食藥餌，享年一百八十歲，這難道不是彈琴使他心平氣和而享高壽的緣故嗎？嵇康喜愛音樂，確有深切體驗而樂在其中，〈贈兄秀才入軍詩〉說：「彈琴詠詩，聊以忘憂。」又說：「琴詩可樂」。

五、養　形

（一）條件與環境

養生的客觀因素是外在的條件與環境，所以，《呂氏春秋‧盡數》認為太冷或太熱、太乾燥或太潮溼、大風、大霖、大雨、大雪，都是不利養生的條件和環境。

嵇康〈答難養生論〉舉例說：松柏的生長和榆樹或柳樹的條件和環境各有不同，松柏的生長必須有良好的合適環境來順應松柏的本性，稱為「良殖遂性」。如果松柏種在沒有水源的平地灰壤，那麼，松柏就會枯死；如果把松柏種在高冷的山崖上，松柏會日益壯碩，枝葉長得繁榮茂盛，這是外在環境對養生的影響。

又例如養蠶的人，正常的蠶生長期有三十多天，如果在養蠶的溫室加溫，經過十八天蠶就老死了，兩者的生長環境不同，蠶的壽命竟然相差一倍之多。又例如桓譚《新論‧袪蔽》說：因為送葬的馬匹平時受到良好的照顧，不操勞過度，因此，可以活到六十歲，長壽而終；而疲於奔命、過度勞累的馬匹衰老得很快，因為沒有受到應有的照顧。又例如富貴的皇家（王室）子弟多夭折，因為過度酒色享樂，而純樸農村的人多長壽，因為沒有過度酒色的傷害。所以，〈答難養生論〉說：「溫肥者早終，涼瘦者遲竭，斷可識矣。」

以當代醫學的觀點而言，吸收太多熱量，多油、多糖、多鹽，造成營養過剩，過度肥胖者，不利健康，危害生命。反之，多元飲食，多蔬果，均衡飲食，減少熱量，合乎標準體重者，有益健康，應得高壽。

（二）去聲色、絕滋味、節飲食

　　嵇康養生五難，屬於養形者，是「聲色不去」和「滋味不絕」。《黃帝內經・素問・生氣通天論》說：「高粱之變，足生大丁受如持虛……因而飽食，筋脈橫解，腸澼為痔……是故謹和五味，骨正筋柔……長有天命。」「高粱」是肥甘厚味，就是大魚大肉。每天大魚大肉，無益健康，飲酒過量，危害生命。所以，飲食要調和五味（酸苦甘辛鹹），就是均衡適中不過量，身體機能才會得到均衡適當的營養，能夠延年益壽。

　　嵇康深有同感，他以為聲色和滋味是生理的欲望，感官的享樂，如果耽溺而無節制，必使身體機能日益虧損老化而多病早夭。〈養生論〉說：

　　　　飲食不節，以生百病，好色不倦，以致乏絕……中道夭于
　　　　眾難，世皆知笑悼，謂之不善持生也。

　　佳餚、好酒、美色對性命的傷害，不容置疑，飲食沒有節制，百病遂生。節制飲食（含飲酒）是養生的基礎，《周易・頤卦・象辭》及《呂氏春秋・孝行》都強調「節飲食」的重要性。

　　不過，值得注意的是，嵇康強調對感官物欲的「去」和「絕」。換言之，君子養生，以虛靜恬淡的精神來節制感官的物欲，用平和的心來約束本性欲念的衝動，使心性因恬靜而淳樸，精神因平和而安定，臻於心不亂求，心無妄念，志閒而少欲。

（三）呼吸太和，練形易色

　　《莊子・刻意》認為導引吐納，若熊之吊頸攀樹，如鳥展翅飛翔而腳伸，是養形之人，可以延壽。《淮南子・精神訓》除了「熊經鳥伸」外，還有「鳧浴、猿躩、鴟視、虎顧」等養形，又據《三

國志・華佗傳》：華佗創編一套五禽戲，五禽是虎、鹿、熊、猿、鳥，他認為人體要常運動，運動使血氣流通，不會生病，這就是《呂氏春秋・盡數》所謂「流水不腐、戶樞不蠹，動也。」，也就是運動養生的思想，嵇康也強調運動養生，他說：

> 呼吸太和，練形易色。〈代秋胡歌詩〉
>
> 呼吸吐納……晞以朝陽。〈養生論〉
>
> 呼吸太陽。（答難養生論）

呼吸「太和」，意指呼吸宇宙精氣，吐故氣，納新氣，可使容光煥發，減緩老化，變得年輕，非常符合現代醫學的觀點。據諾貝爾醫學獎得主溫伯格醫師的看法：人體正常細胞需要充足的氧氣，才能生存，而癌細胞是厭氧細胞，只有在血中氧氣濃度不足或自由基濃度太高時，才會快速分裂和蔓延。

所以，要經常採用腹式呼吸法，吸氣時閉口，使新鮮空氣由鼻腔進入，呼氣時，緩慢由嘴巴吐出。這種深呼吸，使進入體內的空氣量約為平常呼吸的三倍，可以增加人體的肺活量，使體內含氧量增加，促進全身血液循環暢通。

（四）上藥養命

嵇康認為一般人不懂養生，只知道五穀可以活命，而不知有上藥能夠延壽。惟有上藥可以延年益壽，例如：黃精、紫芝、石菌、金丹等，都是稀世珍貴的仙丹妙藥，常食上藥，可以改變體質，延年益壽，《列仙傳》所傳的神仙，皆因服食上藥養命而成仙[41]。

---

41 嵇康認為上藥可以延年益壽。所謂上藥，出自《神農本草經》卷一：「上藥一百二十種，為君，主養命以應天，無毒，多服久服不傷人，欲輕身益氣不老延年者本上經。」例如嵇康〈答難養生論〉提及「邛疏以石髓駐年」，據《神農本草經》卷一：石髓即石鐘乳，為上藥，明目益精，安五臟，通百節，

顯然，嵇康「上藥養命」的思想，源自道教神仙養生和古代的醫學。不過，以當今醫學和營養學的觀點而言，飲食營養的來源，主要是五穀雜糧、蔬菜、水果、魚肉蛋奶。所謂「卻穀」（不吃五穀）是不正確的飲食，何況，丹砂、水銀等礦物質，含有重金屬，不僅不能使人長生成仙，反而易於中毒傷身致死，不可不慎。

六、養　心

中國哲學是心性之學，心為主宰，心統性情欲。嵇康養心，強調「虛心無措」的任心，如能釋私，則能越名教而任自然，臻於莊子「心齋」的精神境界。〈釋私論〉：

> 夫稱君子者，心無措乎是非，而行不違乎道者也。何以言之？夫氣靜神虛者，心不存乎矜尚；體亮心達者，情不繫乎所欲。矜尚不存乎心，故能越名教而任自然；情不繫乎所欲，故能審貴賤而通物情。

嵇康養心，首先主張「心無措乎是非」、「心不存乎矜尚」。何謂是非？依老子《道德經》的思想，形而上的道是永恆的、絕對的，但是，人世間形而下的一切現象，都是相對的、變動的。換言之，人世間的是非，包括：得失、善惡、成敗、對錯、美醜、長短、大小、貴賤、高低、貧富、壽夭等，都是人為所設定的相對價值，因此，充滿主觀的執著和獨斷，引生無休止的爭論。

所謂「心無措乎是非」，意指我們的內心不要預先存有主觀的是非之見，例如我們出國觀光，或多或少總會受到當地特有習俗的「文化震撼」（culture shock），主觀上以為當地某些特有習俗非

利九竅。又如〈答難養生論〉說：「方回以雲母變化」。據《神農本草經》卷一：雲母為上藥，安五臟，益子精，明目，久服輕身延年。

常奇怪，不可理解，這就是主觀的是非之見。

不過，以文化人類學的比較觀點而言，每個民族都有其特殊時空環境演化而成的文化特徵。須知，人類學所謂的「文化」，並沒有隱含任何是非對錯的價值判斷。因此，我們對待不同意見的人，應以開放的心胸，多元價值體系的認知，彼此相互尊重與寬容。

再以哲學知識論的真理觀而言，要判定孰是孰非，仍屬不易。亞里斯多德認為真理可分為「必然真理」（necessary truth）和「偶然真理」（contingent truth）。數學和邏輯的真理是必然真理，而我們的經驗知識是偶然真理。

換言之，所謂真理，是就知識與實在的關係而言，我們的知識能與實際情形相符合，或不違背邏輯法則者，就是真理。然而，個人知識或多或少，差異甚大，往往因少見多怪而以為「非」，又因習以為常而以為「是」，如何絕對判別是非，誠屬不易。嵇康「心無措乎是非」的養心工夫，可分述六點：

（一）心不存乎矜尚

所謂「矜尚」？意指自以為是，自以為賢能，內心充滿自尊、自大、自傲。因此，《尚書‧大禹謨》說：「汝惟不矜」。每一個人都不應自以為是而輕視別人或與人為敵。一般人的毛病就是千錯萬錯都是別人的過錯，自己永遠沒有錯，誠如顏習齋所言：「惡人之心無過，常人之心知過，賢人之心改過，聖人之心寡過。寡過故無過，改過故不貳過，僅知過，故終有其過，故怙終而不改其過。」（《顏習齋先生言行錄‧理欲》）

（二）體亮心達

何謂「體亮心達」？就是心無隱諱，不自欺欺人，言行一致，

光明正大，並非說一套做一套，可謂「生平無一事不可告人」。「心達」近似《中庸》的「至誠」、「不誠無物」與《大學》的「誠意」。《大學》第六章說：「所謂誠其意者，毋自欺也，如惡惡臭，如好好色，此之謂自謙。故君子必慎其獨也。」

（三）虛心無措，君子之篤行

心胸坦蕩蕩，不存主觀成見，這是君子真誠敦厚的人品和德行。誠如孔子所謂「君子坦蕩蕩，小人長戚戚。」程子說：「君子坦蕩蕩，心廣體胖。」「心廣體胖」語出《大學》第六章：「十目所視，十手所指，其嚴乎。富潤屋，德潤身，心廣體胖，故君子必誠其意。」虛心無措，就是「心無所欲」。

（四）任心無窮，不議于善而後正

君子無論自處何時何地，言行都是真心誠意的表現，合乎自然大道，人道與天道相貫通。不是先知道道德的規範而後才去行動，也不是分辨是否良善而後才決定如何做，這才是「公」和「是」的典範。

（五）值心而言

嵇康認為心裡想什麼就說什麼，敞開心胸，則言無不是，事無不吉，就像里鳧胥、勃鞮、繆賢、高漸離等這些行事有差錯的人，只要誠心表白，說出真相，就能逢凶化吉，這是「公」成而吉、「私」敗而凶之理。

可知，嵇康非常重視養心工夫，計有：虛心、任心、值心、達心、心不存矜尚、心無所欲、心無措乎是非。誠如牟宗三先生

所言：養生雖是生理之事，而亦必在心上作工夫[42]。

以上簡述嵇康的養生思想，其意義有以下二點：

一、嵇康的養生哲學，包括了養神、養形和養心，是他精思力踐的生命學問，他奉行「清虛泰靜，少私寡欲」的養生之道，實踐老莊道家的養神，此外，又兼採神仙方術與傳統醫藥之養形，更提出〈釋私論〉：「心無措乎是非，越名教而任自然」的養心，遂能詮釋傳統道家舊說，而開創魏晉學風，成為東晉渡江之後三大名理之一。之後，葛洪《抱朴子》踵其事而增其華，成為神仙道教的主要內容。

二、顏之推《顏氏家訓・養生》認為養生之道，首先要有遠慮，預防災禍，保護性命安全，又批評嵇康排俗，高傲自負而受刑，並非老莊和光同塵之流。

吾人以歷史觀察，顏之推原在梁朝為官，北齊攻占江陵後，歸順北齊，歷經北周而卒於隋。再以《顏氏家訓・歸心》而言，他融合儒佛二家，宏揚佛家三世因果報應、六道輪迴的思想。

可知，嵇康與顏之推，兩人的出身背景、時代環境、人格特質、學問思想等皆不相同，顏氏對叔夜的批評有欠公平允當。據《世說新語・雅量》注引《文士傳》：「嵇中散臨刑東市，神氣不變，索琴彈之，奏廣陵散。」享年四十，海內之士，莫不哀痛。這種不懼生死的大勇，就是越名教而任（顯）自然，心無措乎是非，齊萬物而超自得的真實寫照，彰顯最高的超越精神，朗現嵇康精神生命的不朽。

---

42 參閱牟宗三《才性與玄理》九章，頁327。

第三章　神仙道教養生之法

第一節　葛洪《抱朴子》形神兼養

葛洪，字稚川，自號抱朴子，丹陽郡句容縣人（今屬江蘇揚州），大約生於晉武帝太康三年（或五年），卒於晉康帝建元二年，享年六十餘歲，傳聞他若睡而卒，尸解成仙。據《抱朴子·自序》說：他著有《抱朴子內篇》二十卷，《抱朴子外篇》五十卷，《神仙傳》十卷，《隱逸傳》十卷，又有碑、頌、詩、賦百卷等。其中，《抱朴子內篇》論述神仙方藥、鬼怪變化、養生延年、禳災辟禍之事，屬於道教，《抱朴子外篇》論述人間得失、世事善惡，屬於儒家。他雖然儒、道雙修，但主張道本儒末，又強調神仙可以修成。因此，葛洪的主要思想，史稱神仙道教，其養生之方，稱為神仙養生，主要論述「長生之理」。

一、生可惜死可畏

《抱朴子·地真》強調生命值得珍惜，死亡令人畏懼。生命苦短，時光易逝，猶如飛馳的光影，從前還是少年，忽然就衰老了。人生享有百歲天年，不過只有三萬多個日子。幼童對人生毫無所知，衰老以後人生毫無歡樂。除去幼童無知和年老體衰的歲

月，再加上危難、困苦、憂愁、疾病、更迭不斷，已經佔去人生的大半，能夠生活平和、心情愉快的日子，實在不多，轉眼即逝，生命很快終了。何況能夠活到百歲天年的人，不到萬分之一！俗話說：人在世間，過一天就少一天，好像牛羊被趕向屠宰場，每走一步，邁向死亡就近一步。所謂人生向死存在。

人死之後，深埋九泉之下，漫漫長夜，屍體成為螻蟻的食物，最終化為塵土，想到人死的結局，令人痛心悲哀，感傷歎息不已。因此，為了追求悅樂的人生以及逍遙的生命，應該養生保健，更要修煉長生不死之道，只要修成神仙，可以享受生命的樂趣。如果尚未昇天成為天仙，也可以成為快樂的地仙，相傳彭祖活在人間數百年，享受人生的歡樂，就是逍遙的地仙。

二、養生以不傷為本

葛洪強調養生以不傷不損為根本。一般人既不能養生，又不知道養生保健有益於生命，也不知道損傷有害於健康，時常損害生命。損傷易於理解，因為很快造成傷害；養生難予理解，因為效果緩慢。損傷猶如燈火燒油一樣，未見燈油減少，可是很快就燒盡。養生好像種植稻苗一樣，未見稻苗生長，但是很快就茂盛了。

所以，養生補益一定要從小細節做起，不可認為小補無益而不養生，也不可認為小損傷無妨而不防備。養生從細微處逐漸累積，日積月累，就有明顯的功效。更何況人無論老少，都有潛在疾病或慢性病，只是輕重或急、慢性的差別不同，而且個人稟氣的厚薄，各有定數，稟氣厚的人比較長壽，稟氣薄的人比較短壽[1]。

---

1 葛洪認為稟氣厚的人比較長壽，稟氣薄的人，比較短命。這個思想，源於漢

即使稟氣厚的人，自恃年輕，體強力壯，不間斷的勞逸過度，飲食失節，身勞神散，損傷元氣，消耗精血，造成百病叢生，絕無長壽之理；反之，稟氣薄的人，小心護持，不傷不損，補益氣血，不斷養生，可以盡終天年，孫思邈就是最好的例子。

（一）正氣不衰則不病

《抱朴子・極言》認為一般人以感覺病痛的時候，才警覺生病了，其實，疾病都有潛伏期，尤其在勞累或壓力之下，免疫力下降，更容易生病。只是歸因風寒暑濕，卻不知道風寒暑濕不能傷害身體強壯的人，只有那些身體虛弱，氣血虧損的人，無法承受風寒暑濕，才會受到傷害。例如有十個人，年齡相同、飲食相同、穿著相同，同時到沙漠之地，飽受夜晚嚴寒的氣候，在這種酷寒的環境下，有的人受凍而死，有的人受凍而病，有的人卻不生病；再找十個人，條件相同，同時飽受炎熱之苦，有的人中暑而死，有的人中暑生病，有的人卻不生病。由此可知，由於百姓不明白養生之道，身體已有潛伏疾病，只是因為風寒暑濕而發病。如果能使正氣不衰[2]，元氣充足，氣血飽滿，風寒暑濕不能造成傷害。

代的氣化論。王充《論衡・氣壽》認為凡人受命，在父母施氣的時候，壽的長短已經決定。個人的強弱壽夭的命，來自稟氣的厚薄，稟氣厚的人，享有長壽的命；稟氣薄的人，則是體弱而早夭的命。從現代西醫的觀點而言，所謂稟氣厚薄近似遺傳基因，遺傳基因來自父母，遺傳長壽基因的人比較長壽，當然，遺傳基因只是長壽的原因之一。

2 所謂正氣，是人體對疾病的抵抗力，也就是人體的免疫功能正常充沛。值得注意的是，葛洪提出他的病因論，認為生病主要是由於正氣衰弱，氣血虧損造成的，這是內因，而風寒暑濕是外因，只是引發生病的條件。不過，此一病因論，源於《黃帝內經》，《素問・生氣通天論》認為疾病的產生，必是人體正氣虛弱，如果再遇上虛邪賊風，邪氣侵入人體而致病。因此，有些人遭遇強風暴雨而不生病，主要原因是體內的正氣旺盛。以現代醫學而言，可分四因：一、遺傳基因：各種潛在遺傳疾病。二、生物因素：病毒、病菌的感

（二）各種傷害

《抱朴子・極言》提出一般人容易造成的各種傷害而不自知，包括：才學不足而冥想苦思，是一種傷害；力量不足而勉強抬舉重物，是一種傷害；過度的憂愁和憤怒，是一種傷害；過度悲哀而精神憔悴，是一種傷害；過度喜樂，是一種傷害；急迫追求欲望的滿足，是一種傷害；遭遇不幸而內心憂戚，是一種傷害；過度談笑，是一種傷害；生活沒有規律，不按時休息睡眠，是一種傷害；時常拉弓射箭，是一種傷害；酒醉嘔吐，是一種傷害；吃飽飯就睡覺，是一種傷害；過度的跑跳運動，是一種傷害；歡呼哭泣，是一種傷害；陰陽不交，男女不結婚，是一種傷害；累積各種損傷，氣血耗盡，正氣衰弱，就會早夭壽終。

（三）六害致死

葛洪認為人之所以死亡，有六種傷害：一是由於各種欲望損傷人的氣血；二是自然的衰老；三是各種疾病的傷害；四是毒蟲野獸的咬傷；五是邪氣的侵襲[3]；六是風寒的傷害。要如何避免上述六害？注重養生最重要，包括：導引行氣，飲食有節，生活起居有規律，房中術，服食藥物，存思守一，遵守禁忌、齋戒，佩帶符籙避邪，遠離傷害生命的危險等，如此養生，可以免除六害，享有健康快樂的天年。如果不重視養生，調養不當，無休止的傷

染，各種蟲害。三、天然因素：風寒暑濕、自然災害、水災、火災、地震、颱風等。四、社會經濟因素：各種壓力、生活衛生、交通意外、自殺、他殺等。

3　邪氣是過度的風、寒、暑、濕，包括各種不正常的氣候，例如：強風、暴雨、太冷、太熱、太濕、太乾燥等。《素問・欬論》說：「皮毛先受邪氣」風寒就是邪氣，外感風寒，皮膚、呼吸道先受邪氣，再傳到肺，造成咳嗽。以現代醫學而言，包括病毒、病菌等。

害身心，損傷人體的正氣，百病乘虛入侵，氣血消耗殆盡，自己毫無覺悟，即使以豐盛的祭品祈求鬼神賜福延壽，也無濟於事。

換言之，如果精神情志為世俗的雜務所煩惱，氣血因無謂的困擾而消耗，身心同受煎熬，損傷元氣，勞逸過度，卻只是祈求鬼神賜福保命；已經病入膏肓，卻只是祭祀神靈以求痊癒；時常睡在潮濕的地方而生病，卻以為是得罪了鬼神；暴飲暴食，飲食沒有節制，卻認為是鬼魅作祟。一個人的生命本來享有天年，由於昧於養生而染病，天地鬼神怎麼能夠治癒呢？即使宰殺牛羊祭祀鬼神，也不能免除病痛。如果不斷的祈禱可以延長壽命，豐富的祭祀可以免除疾病，那麼，富有的人一定可以長生不老，王公貴族一定沒有病痛了。

葛洪自己說除了定期祭祀祖先之外，不祭祀其他的鬼神，他認識的幾個朋友，一輩子不祭祀祈禱，卻享有高壽，而且子孫眾多，既富且貴。可知，鬼神不能增加人的壽命，也不能治癒人的疾病[4]。

有趣的是，《抱朴子・道意》引用《風俗通義》「淫祀」的故事，說明淫祀不能使病康復，淫祀無福。

從前，汝南郡（今河南項城縣境）有人在田裏設諂阱捕到一頭麏（獐）。主人尚未發覺，有路過的人把獐盜走，放了一條鹽漬的魚在繩套上，主人回來看見繩套陷阱上有魚，甚覺驚奇，以為是神怪，不敢拿回家。此事流傳鄉里，百姓修廟供奉，稱「鮑君廟」，傳有靈驗，祭祀的人愈來愈多，香火鼎盛，有的病人祭祀後

---

4 葛洪《抱朴子・道意》認為祭祀不能攘除災禍，也無益延年益壽。此一思想，近似王充，《論衡・祀義》說：世俗相信祭祀者必有福佑，不祭祀者必有災禍。此因，凡人生病，就去占卜、祭祀，以為祭祀鬼神，可以使人康復，尤其瘟疫流行，祭祀更盛。其實，各種祭祀都是為了報答被祭祀者的恩德，表示沒有忘記死者的恩澤。

偶然痊癒了，鄉民都來祭拜。七、八年後，魚的主人返鄉，從廟前經過，問其緣由，魚主人大笑說：這是我留下來的魚，有何神怪！豈有靈驗！從此，鮑君廟的香火不再有人祭祀。(此事亦見《風俗通義》卷九)

汝南郡彭氏墓園靠近大路，墓園大門前有一座石人像。一位婦人到市場買了幾塊餅，回家路上，因為天氣炎熱，在墓園樹下休息，暫時將餅掛在石人像，趕路時卻忘了拿走餅。路過的人見石人像頭上有餅，好奇問人，有人開玩笑說：這個石人有靈驗，能為人治病，常有治癒者前來以餅致謝。此事流傳鄉里，許多人都來祈求石人像治病，頭痛的人撫摩石人頭，腹痛者撫摩石人腹，再撫摩自己相同的部位，有的病人祭祀撫摩後偶然痊癒了，於是，鄉民甚至很遠的人都來祈求石人像治病，香火鼎盛。有一天，那位忘記拿走餅的婦人對鄰居說明原委，石人像從此不再有人祭祀。(此事亦見《風俗通義》卷九)[5]

三、養生之方

養生有很多方法，葛洪的養生之方，主要有四點：

(一) 無過與不及

《抱朴子‧極言》主張：不要吐痰，更不要遠唾；走路不要

---

[5] 葛洪以帝王為例，說明祭祀不能福佑。例如：楚靈王深信鬼神巫祝之道，以豐盛的祭品祈祀，也不能打退吳國的軍隊（見桓譚《新論》及《太平御覽》卷五二六）。漢武帝深信神仙鬼神之道，最後仍死於五柞宮。又據《三國志‧吳書》記載：孫權以輔國將軍、羅陽王賜封王表，王表自稱有神力。當孫權病危時，朝廷多次請王表祈福，王表逃逸失蹤，不久，孫權病死，證明王表不能使孫權康復，也不能使孫權延年益壽。

太快[6]；耳朵不要過度的聽，尤其是太大聲的音樂；眼睛不要長久注視[7]；不要久坐，不要久臥；寒冷之前多穿衣服，炎熱之前少穿衣服；不要過度飢餓再進食，不要吃太飽；不要過度口渴再喝水，也不要喝太多水；不要過度勞累或閒逸；不要睡太多，不要太晚睡，不要起床太遲；不要流太多汗；不要驅車飛奔太快；不要極目眺望；不要吃太多生冷食物；飲酒不要吹風；野心不要太大，不追求奇異之物；冬天不要穿太暖，夏天不要太清涼；不要露天睡覺；不要在大寒、大熱、大風、大霧中出遠門。不要嗜吃某一種食物，因為吃太多酸味傷脾、吃太多苦味傷肺、吃太多辛味傷肝、吃太多鹹味傷心、吃太多甘味傷腎；調和五味，無過與不及。所有的傷害，並非立即顯現，可是，不斷的損傷，時間久了，就會減損人的壽命。

所以，善於養生的人，生活規律，作息正常，起居安寧，常運動，鍛鍊筋骨，導引行氣，呼吸吐納，預防疾病；調和氣血，吃補、瀉的藥方，虛者補之，實者瀉之；適勞逸，適寒溫，謹房室，飲食有常。忍息大怒保全陰氣，抑制大喜滋養陽氣，因為大怒傷陰，大喜傷陽，大怒傷肝，大喜傷心。然後先服食草木之藥以補虛損氣血，再服用金丹大藥以求神仙不死。

（二）情志養生，無憂者壽

一般人不能保持本然的純真天性，不僅不能謹守自己的身心，抗拒迷人的誘惑，反而放縱情欲，追求物欲的滿足，恣意享

---

6 現代醫學主張適當運動，最好是有氧運動，例如每天快走三十分鐘。當然不要長時間急走。

7 台灣學生的近視極為嚴重，保護眼睛，刻不容緩。例如長久注視電腦銀幕，傷害眼睛。

樂。世俗的誘惑，使人沉淪，為達目的，不擇手段。由於物質欲望的迷惑，純真的本性消失了。身心受制於奢侈的享樂，精神因為紛擾的俗事而不寧，於是有了災禍，身心也不再健康。

如果能夠保持天然的純真本性，拒絕世俗的誘惑，維持靜默寡言與精神愉悅，內心常保無欲的境界，免除有害身心的嗜欲，抑制大喜、大怒之情，去除愛、憎之心，使精神寧靜而純粹專一，則不祈福而福自來，不攘禍而災禍自去，無憂無慮，自然享有長壽天年，因為經常過度的悲傷憂慮，人會快速衰老，生命就會早夭。

《抱朴子・酒誡》說：眼睛所喜愛看的，不可以順從；耳朵所喜歡聽的，不可以依從；鼻子所想要聞的，不可以放任；嘴巴所嗜吃的，不可以隨其所欲；內心所想要得到的，不可以隨心恣意。迷惑眼睛的，一定是美色；迷惑耳朵的，一定是靡豔之音；迷惑鼻子的，一定是濃郁的香味；迷惑口腹之欲的，一定是山珍海味；迷惑內心的，一定是富貴榮華、功名利祿。如果身心都受到迷惑，極可能屢遭災禍，危害生命。

所以，惟有智者能夠嚴肅地約束自己的身心，不放縱眼、耳、鼻、口、心五種慾望，不放縱身心追求物欲的滿足，才能免除災禍，常保生命的平安與健康。

（三）畏酒如畏風

《抱朴子・酒誡》認為酒是使人生病的毒物，沒有什麼補益，卻有很大的損傷。因為香醇的美酒，擾亂體內的平和正氣，尤其酗酒大醉，酒醉嘔吐，傷害身體[8]。君子因為喝酒而敗德，小人因為喝酒而有罪過，歷史人物常因沈迷醇酒而遭災禍，也因疏遠美

---

8 飲酒過量，胃氣上逆而嘔吐，傷害身體。

酒而使國家興盛。

　　例如：據《戰國策‧魏策》記載：儀狄釀美酒，獻給夏禹，大禹喝了覺得甘甜，說：後世必有以美酒而亡國者！遂疏遠儀狄，國家就興盛了。夏桀、商紂沈迷酒色，美酒成池，國家就滅亡了。《史記‧魏公子列傳》說：魏公子無忌（信陵君）因時常與賓客夜飲，如此四年，酗酒而短命。《韓非子‧十過》說：楚共王與晉厲公激戰於鄢陵，楚軍敗。鄢陵之戰，楚公子名側，字子反，嗜酒，率領中軍，酣戰之時，子反喝醉了，因此被斬。《史記‧呂太后本紀》說：漢惠帝是呂后之子，因不滿呂后殘酷對待戚夫人，每天酗酒，二十三歲就死了。又據《史記‧魏其武安侯列傳》記載：灌夫以有功封為中郎將，為人剛正而嗜酒，因飲酒不敬被誅殺而滅族。

　　基於因酒遭禍的歷史教訓，葛洪勸誡世人節制飲酒。如果害怕酒醉就像害怕風邪[9]，憎恨酗酒就像憎恨疾病，那麼，荒淫沈迷的罪過就會免除，而嗜酒如命的錯誤就會消失了。

（四）治未病

　　《抱朴子‧地真》說：一個人的身體結構，猶如一個國家的組織。胸腔肚腹的部位，像是中央宮室；四肢手足像是郊區；人體有很多的骨骼關節，像是文武百官。精神像是君王，氣血像是臣屬，元氣像是人民。所以，知道養生的道理，就能治國，因為道理相通。愛護人民就能安定國家，滋養氣血就能保全性命。反之，民心背離國家滅亡，氣血衰竭生命終止。人死不能復生，國亡不能復存。

9　《黃帝內經‧素問‧生氣通天論》強調風是百病的主要原因。風邪引發各種疾病，風邪又稱賊風，或謂虛邪之風。

　　因此，聖王治國，在災禍沒有發生前就將它消除了；聰明的養生家，在疾病沒有明顯症狀就將它治癒了。在病症未顯現前比較容易醫治，在病症顯現後比較困難醫治。其實，人民難以教化，容易鬧出暴動的危險；相同的道理，氣血容易損傷，不易養護，因為人有太多的嗜欲和過度的喜怒哀樂，精神不能恬淡愉悅。所以要審慎治國，恩威並重以保護國家；同理，養生要少私寡欲，恬淡清靜，保養氣血，使正氣不衰，如此，各種災禍就會遠離，延年益壽而享有天年。

　　值得注意的是，「治未病」就是預防勝於治療的意思，源於《黃帝內經》，《素問·四氣調神大論》說：「聖人不治已病治未病，不治已亂治未亂。」葛洪重視養生治未病，所以，《抱朴子·極言》說：

　　　　不可以小益為不足而不修，不可以小損為無傷而不防。凡
　　　　聚小所以就大，積一所以至億也。

　　治病不如防病，預防比治療更重要。預防（治未病）以不損傷身心為根本原則，因為身心容易受傷而難以養護。所以，葛洪說：「人生之為體，易傷難養。[10]」換言之，養生就是「治未病」。

四、神仙可學致

　　人為萬物之靈，人類企求永生和不朽。永生和不朽象徵永遠的快樂和幸福。然而，人世間卻沒有永遠的幸福，不僅生老病死是苦，人心的貪、瞋、痴和仇恨敵對也是痛苦。人世間有太多的苦難，人的社會有太多的不公不義，促使道教學者追求不老不死、沒有煩惱痛苦的神仙之道。

---

10 孫思邈《備急千金要方·養性序》說：「善養性者則治未病之病，是其義也。」他又說：「是以至人消未起之患，治未病之疾」。

　　葛洪的神仙思想，稱為神仙道教。他的神仙之道，源於先民的不死觀念。神仙就是不老不死，或是長生不死。《山海經》就有「不死之國」、「不死之藥」的記載，《呂氏春秋・重己》認為所有的王公貴族，無論賢或不肖，沒有不想長生不死的[11]。

　　老莊的精神境界和理想人格，被後人解讀為神仙生活的描述，《莊子・逍遙遊》說：在很遙遠的姑射山上，住了一位神人，肌膚雪白，容貌像處女的溫柔，不吃五穀雜糧，呼吸清風，飲用露水，乘雲氣，駕飛龍，遨遊四海之外，他的精神集中，使萬物不受災害，五穀豐收。神人的德性廣被萬物，他厭惡世俗的紛擾，外物不能傷害他，大水淹不死他，乾旱不會使他悶熱，因為神人不以世俗為務[12]。

　　屈原《楚辭・遠遊》更是一幅逍遙的神仙遊樂圖，尤其秦始皇和漢武帝追求神仙不死丹藥的渴望[13]，使神仙思想具體落實在人間社會，而有最早為神仙立傳的《列仙傳》[14]。葛洪的神仙道

11　《左傳・昭公二十年》記載：齊侯（齊景公）問晏子：「從古到今，如果沒有死亡，不知人生的歡樂要怎樣呢？」王公貴族總希望長生不死，永遠享受榮華富貴。
12　姑射山神人的寓言，亦見於《列子・黃帝》及《山海經・東山經》、《山海經・海內北經》。
13　據《史記・封禪書》記載：方士欒大對漢武帝說：「不死之藥可得，仙人可致。」深受寵賜，被封為五利將軍，樂通侯，賜列侯甲第。武帝又以衛長公主嫁給欒大，享受榮華富貴。不過，葛洪《抱朴子・論仙》認為欒大是欺世盜名的奸偽小人，不懂神仙之道，並非得道之士。又據《漢書・郊祀志》記載谷永上書說：「秦始皇統一天下，甘心於神仙之道，派遣徐福、韓終等帶領童男童女入海求仙採藥」。
　　秦始皇迷信神仙，多次派遣方士入海求不死之仙道、不死之藥，最盛大的一次是派徐福、韓終率領數千名童男童女、各種工藝匠人及五穀種子，東航入海求仙。
　　不過，漢初陸賈《新語・慎微》認為神仙不可求，不如懷仁行義，建立功業。
14　《列仙傳》舊題為劉向所撰，不過，作者究竟何人，至今沒有定論。

教，深受《列仙傳》的影響，因此，他又撰寫《神仙傳》流傳於世。

葛洪認為漢代劉向《列仙傳》記載七十位神仙，可以肯定神仙確實存在。神仙之道是由黃帝、老子承襲仙人的仙經秘籍，再流傳於人間，所以，可以學成神仙，就像播種可得五穀糧食，並非難事，主要把握三個原則：

（一）勤學專一，努力不懈

拜得道之士為師，勤學專一，長期修煉，堅持出世精神，不求世俗的榮華富貴。努力不懈，不以小益無補而不為，不以小損無傷而不防，愛精惜氣。

（二）積善立德

追求神仙長生的人，一定要積善立德，以慈善之心對待萬物，以寬恕之心對待眾人。以行善立功為上，改過次之，重要的是以忠孝、和順、仁信為根本。如果不行善立功改過，而只修煉方術，還是不能長生。

《抱朴子·對俗》說：如果想要修成地仙，應當做三百件善事；如果想修成天仙，應當做一千二百件善事。如果已經做了一千一百九十九件善事，不慎做了一件惡事，以前所做的善事功德全部喪失。所以，行善不在於大，小善也要做，為惡不在於小，小惡也不應做。如果一個人做了大惡，天地的司命之神就要減損他三百天的壽命；如果犯了小過失，司命之神就要減損他一百天的壽命[15]。司命之神賞善罰惡，不可不慎。

---

15 《抱朴子·微旨》說：天地有「司過之神」，是考察人間百姓所犯過失並加以處罰之神。根據百姓所犯過失的輕重，減少他們本命的歲數。壽命被減少，會遭遇貧窮、生病及各種憂患，本命被減盡，人就死了。還有灶神，在陰曆

（三）學習各種方術

　　《抱朴子‧微旨》認為修煉神仙長生之道，除了最重要的幾種道術外，也要學習各種方術，這些方術可以輔助關鍵道術，共同達成神仙的目標。因為各種方術，不僅可以修煉身心，使人百病不生，延年益壽；又可以消除邪惡的侵犯，使人沒有災禍。

　　這些方術包括：一、斷穀（辟穀）之術，就是不食五穀雜糧，而以服食中草藥及行氣導引維生，因為《淮南子‧地形訓》說：「食草者（鹿、馬之類）善跑而愚蠢，食肉者（虎、豹之類）勇猛而強悍，食五穀雜糧的人類有智慧而短命，食氣者靈明而長生。」辟穀的人比較沒有病痛，能耐風寒暑濕，但不能延年益壽[16]。二、不畏寒冷或炎熱的方法。三、避免遭受各種刀槍兵器傷害的方術。四、遭遇急難能隱身遁逃的法術。五、預防疾病的方法，《抱朴子‧雜應》說：善於養生的人，既服食丹藥，又不斷的行氣導引，使氣血暢通。施行房中術，節制飲食，不冒風寒暑濕，不勉強自己做能力所不及的事，這樣就可以不生病。養生者應兼修醫術，救治各種疾病。六、堅齒、聰耳、明目之術，例如：清晨起來，以口中的唾液浸養牙齒，叩齒三百下，牙齒永不動搖[17]。使耳朵靈敏的方法，可以時常摩擦耳殼或「鳴天鼓」。摩擦耳殼有疏通經絡、調節身體功能的作用。「鳴天鼓」的方法是：雙手掌心按住耳孔，

　　每個月的最後一天，也上天陳述一家人的罪過。又有人體內的「三尸神」，每到庚申日就上天報告個人所犯的過失。這些司過之神，總是賞善而罰惡。

16 當今仍有人斷食，斷食近似辟穀，不過，斷食只是短暫，或是一天，或者數餐而已，短暫斷食仍應喝水。辟穀是不吃米飯，食用滋補的中草藥。

17 現代醫學證實，口中唾液含有酵素、維他命 B、蛋白質、胺基酸、鉀、鈣等多種有益人體的成分，具有幫助消化、消炎解毒、滋潤肌膚等功效。孫思邈《千金要方‧齒病》說：早晨起來，牙齒上下相叩一百遍，以鹽溫水含口中，不過五日牙齒就牢固。

中指按在後腦，用食指壓住中指，再將食指用力從中指滑下，彈震後腦，可以聽到「咚」的聲音，約五十次。枸杞子有明目的功效。七、攘除瘟疫流行的方法。八、登山涉水不受烏獸侵害的方法。九、消災避禍攘除鬼怪的方法。

五、學仙之法

葛洪強調追求神仙長生，訣在志誠，誠心立志，堅信可以成仙，疑則無功[18]。換言之，志誠相信神仙確實存在，是學仙之道的首要條件。主要的關鍵道術有 4 種，《抱朴子‧釋滯》說：『修煉神仙，最重要的是寶精、行氣、服食金丹大藥。』，《抱朴子‧至理》又說：「服食金丹大藥雖是神仙長生的根本，若能兼修行氣，很快得到效果。如果沒有金丹大藥，只修煉行氣，也能活到百歲天年。又該知道男女房中術，因為陰陽交合，勞損精氣，使人衰老。」綜述如下：

（一）行　氣

葛洪認為人活在氣中，氣存在人身之中，天地萬物都需要依靠氣而存活。善於行氣的人，不僅可以保養生命，又可以攘除各種災禍。〈釋滯〉認為行氣可以治百病（使人不生病），或可以進入瘟疫流行區域而不被傳染，或可以制伏禽獸的毒害，或可以止住流血，或可以長久在水中閉氣，或可以使人不飢不渴，或可以延年益壽。行氣的關鍵方法是「胎息」，就是長久閉氣，可以不用口鼻呼吸。

---

18 宗教的本質是信仰，葛洪代表神仙道教，相信神仙確實存在，可以成仙。

　　初學行氣的人，用鼻子吸入一口氣而不吐出來，心中默數從一至一百二十，再用口緩慢將氣吐出。吸氣和吐氣，都不要讓耳朵聽到呼吸的聲音。要多吸氣，少吐氣，逐漸增加默數的數字，可以一口氣數到一千，行氣可以使人不老，更年輕有活力。

　　行氣要在「生氣」之時，不要在「死氣」之時。從午夜到中午六個時辰為「生氣」，從中午到午夜六個時辰為「死氣」，死氣之時行氣無益。修煉行氣，不要多吃食物，尤其多吃肥甘厚味，使人的氣盛，難以閉氣。又忌諱生氣憤怒，時常憤怒則氣亂，使氣血上逆而不順，更難以行氣[19]。

　　值得注意的是，行氣包括吐納和導引。吐納是吐故納新，也就是吸入新鮮空氣，呼出體內濁氣[20]。導引是舒展肢體關節的各種鍛鍊，俯仰屈伸，搖動肢節。《抱朴子‧雜應》說：行氣不懈，朝夕導引。導引術有：龍導、虎引、熊經、龜咽、燕飛、蛇屈、鳥伸等[21]。這些導引是模仿動物行跡的健身運動，莊子所謂養形之人。

　　《淮南子‧精神訓》說：導引動作像熊一樣懸掛樹上，像鳥伸展雙翅，像野鴨子戲水，像猿猴那樣跳躍，像老虎顧盼，像鷗鳥敏銳觀視。《抱朴子‧至理》說：吳普學習華佗的五禽戲，摹仿虎、鹿、熊、猿、鳥的動作，代替導引之術，活到百餘歲。不過，依據《後漢書‧方術列傳》說：華佗傳授吳普五禽戲，吳普勤練

---

19 葛洪所謂行氣，就是古代的氣功，行氣可以不飢不病，延年益壽。行氣長生的思想淵源，就是《淮南子‧地形訓》所謂「食氣者神明而壽」。以現代醫學而言，行氣增加人體（血中）含氧量，有益健康。

20 《莊子‧刻意》說：「吹呴呼吸，吐故納新。」王充《論衡‧道虛》說：「食氣者，必謂吹呴呼吸，吐故納新也」。

21 行氣導引的動作，如龍體運動，如虎威猛，如熊掛樹，如龜咽氣，如燕飛翔，如蛇蜿蜓，如鳥展翅伸足。模仿長壽、威猛動物的動作。

五禽戲，年九十餘，耳聰目明，牙齒完好。五禽戲又名五禽操，亦稱為五禽氣功，伸展手足，俯身仰首，促進新陳代謝，加速血液循環，有益健康。

（二）恬愉寡欲，知足守一

1.無欲無憂

　　世俗之人孜孜於名利富貴，而神仙恬愉淡泊，不求世俗名利。因此，葛洪強調修煉神仙的人，應該恬靜無欲，少思寡欲，專心於全身久壽之道。《抱朴子‧論仙》說：修煉神仙的方法，要內心恬靜，精神歡愉，澹泊無欲，排除世俗的嗜欲，感官不受外界的誘惑，眼不看外界之物，耳不聽外界聲音，專心修煉，內省自身，調整呼吸吐納，長期齋戒，寂靜無為，忘掉自身的形體，禁食一切魚肉葷腥，不喝酒、不近美色，關愛眾生，不危害一切生靈，胸懷天下，視人如己，沒有紛擾，沒有煩惱。

　　為什麼修煉神仙要恬愉寡欲？葛洪認為如果能常保靜默寡言、精神愉悅，不為世俗的各種誘惑所染，不改變天賦的自然本性，不追逐物欲，精神純淨專一，排除有害身心的嗜欲，抑制大喜大怒的情感，消除愛惡分別之心，則不祈福而福自來，不攘禍而禍自去。為何能趨吉避凶、福來禍去呢？因為人所稟賦的本然性命存在於自我之中，非由外物界定，神仙之道也存在於自我之中，無待於世俗的榮華富貴。一般人往往制約於物欲的享樂，放縱嗜欲，為外物所迷惑，純樸的本然天性消失了，精神紛擾，內心煩惱，災禍不請自來，求福而福自去。想求神仙，遙不可及。

2.守真一

　　為了臻於神仙的逍遙境界，葛洪強調修煉守一存思的道術。守一的思想，源自老莊，《道德經》第 22 章說：「聖人抱一為天下

式」、第 39 章又說：「天得一以清，地得一以寧……萬物得一以生」，《莊子‧天地》說：「通於一而萬事畢」。老莊的「一」，意指「道」，《道德經》第 1 章說：「道可道，非常道。」可以說出來的道不是「常道」，這個常道是老莊對宇宙和人生終極體認的最勝義，也是老莊體驗生命的最高精神境界[22]。

換言之，「一」即常道，「一」能化生萬物，所以，修煉神仙必須知一和守一。守一是神仙道教修煉之術，主要是存思體內三丹田之神。道教認為人體內有許多神，有髮神、腦神、耳神、舌神等，更有上丹田神、中丹田神、下丹田神。人體之神，都有姓名，所謂守一，主要是守三丹田之神。

葛洪認為只要堅持修煉守一，勤守不失，不僅能攘除各種災禍，遠離眾惡，又能通神。《抱朴子‧地真》說：人能守一，一就能保護我們，攘除各種毒物的傷害，危難時能夠平安，一切鬼怪百害都會遠離。

守一分守真一和守玄一。守真一是意守存思體內之神，只要克制情欲，少思寡欲，減少飲食，就能固守人體之神。守玄一也能攘除所有的鬼怪毒物，只要集中精神專心意守即可，玄一之神的形像任憑自己存思，不過要齋戒一百天，堅持意守，就可以求得玄一之神。

3.守玄一

《抱朴子‧地真》說：守玄一的時候，同時存思想像將形體分為三人，俟見三個自己後，再增加分身，可達數十人，以一人之身分為眾人之形，所謂分形之道，就是分身。據《後漢書‧方術列傳》記載：曹操曾宴請左慈，對賓客說想吃松江鱸魚，左慈

---

22 道教《太平經‧聖君秘旨》說：「夫一者，乃道之根也，氣之始也，命之所繫屬，眾心之主也。」

以銅盤裝水，釣得鱸魚。後來，曹操欲殺左慈，左慈或見於坐席上，或出現在街道上，後復見於羊城山頭，追逐後，隱入羊群，終不可得[23]。

4.眞知足

以老莊道家哲學的觀點而言，守一就是恬靜無欲、體認常道、與道合一的精神境界，也就是「天地與我並生，萬物與我為一」的自得之樂，葛洪稱為「真知足」的神仙境界，無欲無憂，全真無為。

（三）寶精房中術

房中術有悠久的歷史，《漢書·藝文志·方伎略》著錄房中八家：容成陰道、務成子陰道、堯舜陰道、湯盤庚陰道、天老雜子陰道、天一陰道、黃帝三王養陽方、三家內房有子方。大抵皆言男女交合及生子之術。

葛洪的房中術傳自鄭隱，鄭隱傳自左慈。《抱朴子·釋滯》說：房中術有十餘家，或可以補救損傷，或可以治療百病，或可以採陰補陽，或可以延年益壽。主要論述交而不泄，還精補腦[24]。煉精化氣、煉氣化神的方法。因為男女不能完全斷絕陰陽交合，否則會因不交不通而致病。所以，沒有異性交往的單身男女，可能因為幽怨閉塞而早衰病亡。可是，縱情恣欲，放縱男女之慾，不

---

23 數年前，台灣某教團宋某人自稱有分身之術，不過，有人認為是詐騙之術。

24 據《醫心方》卷二十八還精補腦之道：「交接精大動欲出者，急以左手中央兩指卻抑陰囊後大孔前，壯事抑之，長吐氣，並叩齒數十過，勿閉氣也，便施其精，精亦不得出，但從玉莖復還上入腦中也。」事實上，將射精時，在會陰處壓迫輸精管後，精液流入膀胱，隨小便排出，無法入腦而補腦。有趣的是，世上有一些民族，以還精術為避孕方法，中國大陸20世紀60年代仍然流傳。

加節制，損傷人的生命，只有節制宣泄，兩性和諧，無過與不及，才能增進身心健康[25]。

《抱朴子・微旨》認為房中術可以治療小疾，避免耗損精氣，使人精氣神飽滿，終享天年。卻不能單獨修煉成仙，各種誇大其辭，都不可相信。真正善於房中術的人，能夠寶精愛氣[26]，寡嗜欲以養精，愛精自保，不縱欲不泄漏，採陰補陽，採陽補陰，陰陽調和，愉悅安享天年[27]。

（四）服食仙藥

最重要的求仙之道是服食仙藥，葛洪的仙藥可分三類，第一類是金銀礦物類，第二類是五芝類，第三類是藥草類。各有不同的藥效，上藥令人身安命延，成為神仙，中藥養性，下藥除病。服食仙藥的目的是長生，不老不死，成為神仙，尤以金銀玉石類最有成效，因為神仙道教相信「服金者壽如金，服玉者壽如玉」[28]，包括黃金、白銀、真珠、玉石等。值得注意的是，時下仍然流行服食真珠粉和金箔粉，中藥成份仍有礦石類。

所謂五芝，包括石芝、木芝、草芝、肉芝、菌芝，各有百餘種。五芝都是世間稀有珍貴之物，時下最著名的是靈芝，現代醫學證明靈芝具有益精氣、安神健腦、延年益壽的功效。靈芝也是

---

25 孫思邈《備急千金要方・房中補益》說：凡覺陽事輒盛，必謹而抑之，不可縱心竭意以自賊也。《淮南子・精神訓》說：精用不已則竭。

26 《太平御覽・養生》說：若精散則神疲，精竭則神去。又說：精去則骨枯，骨枯則死矣。

27 房中術流傳迄今，長沙葉氏輯錄《醫心方》部份內容而成雙梅景闇叢書，內容包含：《天地陰陽交歡大樂賦》，《素女經》、《玉房秘決》、《素女方》、《洞玄子》等，尤以《素女經》廣為流傳。

28 魏伯陽《周易參同契》說：金性不敗朽，故為萬物寶。術士服食之，壽命得永久。

相當暢銷的保健食品。

　　藥草類具有滋補的功效，健身延年，時下中醫仍有處方，包含有茯苓、地黃（生地黃、熟地黃）、麥門冬、巨勝（胡麻）、黃蓮、枸杞、天門冬、黃精、白朮、遠志、五味子等。《抱朴子‧仙藥》說：韓終服食菖蒲十三年，身上長毛，每天看書萬言，都能背誦，冬天不怕冷。羨門子服食五味子十六年，膚色如美女。楚文子服食地黃八年，夜間身體發光，輕身不老。杜子微服食天門冬，有十八位妻妾，子女一百三十人，每天可走三百里。任子飛服食茯苓十八年，臉色如玉，皮膚光澤，舊有的瘡疤都消失了。陵陽子仲服食遠志二十年，讀書過目不忘，有子女三十七人。

　　不過，草木補藥惟能延年益壽而已，不能長生不死，所以，《抱朴子‧極言》說：先服食草木之藥，補足虛損，恢復元氣，再服用金丹仙藥以求不死的功效[29]。

　　葛洪強調長生不死之道，不是祭祀鬼神求福，不是導引吐納，主要是服食金丹。《抱朴子‧金丹》說：金丹燒煉愈久，變化愈妙。黃金燒煉百遍，也不會融消，永埋地下，也不會腐爛，服食金丹、黃金，能令人不老不死[30]。最主要的金丹有九鼎神丹（有九種神丹）、太清神丹（有一至九轉之丹，九轉之丹服後三日成仙）、金液。燒煉金液用古秤黃金一斤、合用水銀、雄黃、寒石水、赤色戎鹽、磁石水、金化石（硝石）、丹砂，封在藥醋中，使之化為液體。一百天後藥成，服食一兩就能成仙。

　　值得注意的是，服食金丹大藥會產生重金屬中毒，不過，帝

---

29 值得注意的是，葛洪的草木之藥，多數見於《神農本草經》所列上藥之中，例如：天門冬、麥門冬、白朮、遠志、五味子、枸杞、伏苓、胡麻等。上藥無毒，可久服多服，輕身益氣，不老延年。

30 據《名醫別錄》：「黃金、味辛，有毒，有鎮精神、堅骨髓、通利五臟邪氣」的功效。中藥處方「安宮牛黃丸」、「紫雪丹」等都含有金箔。

王們對不死丹藥的追求，前仆後繼。早在晉哀帝時，司馬丕辟穀，服食金丹大藥，丹藥燥熱性烈，對年老虛弱者或有強烈滋補作用，晉哀帝年輕氣盛，二十五歲中毒而亡，在位僅四年。

　　北（後）魏道武帝拓跋珪，三十而立，常服寒食散（五石散），日久毒性發作，喜怒無常，濫殺無辜，數日不食，通宵不睡，為子所弒。

　　之後，唐太宗、憲宗、穆宗、武宗、宣宗，皆死於金丹大藥。唐太宗死於婆羅門僧人的靈草秘石。唐憲宗常服丹藥，被宦官陳弘志弒殺。憲宗之子穆宗在位四年而亡。穆宗之子武宗服食金丹後中毒，燥熱難忍，在位六年，享年三十三歲。宣宗（憲宗之子）與武宗的中毒症狀相似，燥熱不安而亡。

　　為何帝王們不畏中毒，冒生命危險而服用金丹大藥？有三個原因：1.藥性剛烈燥熱，具有興奮、刺激的作用，更有催淫的功效，近似有毒性的春藥，有些類似時下的媚藥或毒品。2.少量的金丹大藥對年老或虛弱者，具有安神、鎮靜、強熱的滋補效用，必須辨證論治，低劑量的使用，有一定的療效。3.金丹大藥含有礦物質的成份，可補充人體礦物質的不足，尤其是微量元素，對人體有重要的生理作用[31]。

　　以上簡述葛洪神仙養生之道，總結五點要旨：

　　（一）我命在我不在天：葛洪強調生命操之在我，養生操之在我，養生是自己的事，與天地鬼神無關。

　　（二）養生以不傷不損為主：不以小益無補而不為，不以小損無傷而為之。養生必須注重日常生活細節，點滴累積，健康非

---

31 人體所需的微量元素有鐵、銅、鋅、鉻、鈷、錳、鎳、錫、硅、碘、硒、氟、釩等。全穀類、堅果類、海產類、綠色蔬菜等是主要來源。人體內約有五十多種礦物質，最需要的六種主要礦物質是鈣、磷、鈉、鉀、鎂、氯。

一日可成，養生是終身大事。

（三）形神兼養：葛洪重視形神關係，神仙養生是形神兼養。《抱朴子・至理》認為形體依賴精神而有生命，精神存在於形體之中，猶如人居住在房舍內，所以說形體是精神存在的住宅。葛洪把形體比作堤，精神比作水，堤壩崩塌水就流失了。形體又如燭，精神又如火，蠟燭燒光了，火也就沒有了。因此，身體勞累精神就會渙散，氣血耗竭生命就會死亡。神仙在精神上寡欲無憂，逍遙愉悅；在形體上氣血充足，元氣飽滿。

（四）祭祀鬼神無益健康，不能延年益壽：養生之道，祭祀祈禱不可行。

（五）金丹大藥燥熱有毒，不可冒然嘗試：藥即是毒，藥物或多或少都有副作用，不可不慎。

第二節　陶弘景《養性延命錄》的養命

陶弘景（西元四五六～五三六年），字通明，南北朝秣陵（今江蘇南京）人。齊高帝時，拜左衛殿中將軍，後隱居句曲水（即茅山），自號華陽真人。深受梁武帝尊寵，朝廷大事，輒就諮詢，有「山中宰相」之稱，居茅山四十四年，於梁武帝大同二年卒，享年八十一歲。

《養性延命錄》是一部著名的道教養生書，據〈序〉文：因閱讀《養生要集》，頗受教益，遂輯錄其中要法，刪除繁雜，共分六篇。此六篇為：教誡篇第一，食誡篇第二，雜誡忌禳害祈善篇第三，服氣療病篇第四，導引按摩篇第五，御女損益篇第六。

一、教　誡

教誡是養生的教育和訓誡，也是養生的原理原則，主要內容有五點：

（一）強弱壽夭，人也。生命有長短，非自然也

《大有經》認為人的生命是由上天所賦予，然而，身體的強弱壽夭，卻是由人自己決定。所謂天道自然，人道自己。人類自己可以掌握健康的生命，我命在我不在天。例如一個人在母體內胎氣（營養）充足，出生後餵食母乳，成年後不追求膏粱厚味（大魚大肉、油膩食物），飲食清淡，壯年時節制聲色，如此，身體必然健康強壯，享有天年。反之，胎兒營養不良，先天不足，出生後沒有餵食母乳，長大後喜歡油膩厚味，壯年時放縱聲色，如此，身體必然虛弱，而且多病、早夭。所以說人的壽命有長短，並非天生自然，那些壽命短的人，都是因為先天不足或遺傳體質不良，後天又沒有適當調養，飲食過度，放縱嗜欲，違背自然規律，精氣枯竭，身體衰弱，心神恍惚，百病叢生，活不到應有的天年而早夭。

因此，東漢名醫張仲景以為多數人不能享有天年而早夭，都是由於自己不知養護身心，時常與人爭奪，爭名奪利，忿怒生氣，如此自我傷害，猶如以毒攻己，內傷骨髓，傷害關節肌肉，氣血耗損殆盡，經脈阻塞不通，體內元氣空虛，遂生百病，正氣日衰，邪氣日盛。此時，疾病殘害人的生命，就像以滄海大水熄滅小火，易如反掌。

（二）養性之道在中和

張道人百歲人瑞，形神不衰，他的養性（養護性命）之道是：莫久行，莫久坐，莫久臥，莫久視，莫久聽，不要勉強多吃食物和飲水，不要喝酒大醉，不要過度憂愁，不要過度悲哀和思慮，這是所謂「中和」之道，中正平和，中庸適當，無過與不及，能以中和養生，必然長壽。

因此，養生之道不在繁多，但能不思（貪求）名牌衣服、不思（貪求）美食厚味、不思（貪求）聲色、不思（爭）勝負、不思（計較）得失、不思（考慮）榮辱。如此養生，心神不疲勞，形體不倦困。並且時常導引按摩，行氣吐納，就可以享有天年高壽。

（三）養生都契十二少

《小有經》認為養生的關鍵在減少十二件事：減少思慮、減少想念、減少欲望、減少煩事、減少說話、減少歡笑、減少憂愁、減少大樂、減少喜歡、減少憤怒、減少愛好、減少憎恨。多思慮使精神懈怠，多想念使神志散亂，多欲望減損智慧，多煩事使身心疲勞，多說話使吸呼急迫，多歡笑損傷臟腑，多憂愁使精神恐懼，多大樂使情意過度激動，多喜歡使神智昏亂不清，多憤怒使經脈不定，多愛好使人執迷不悟，多憎恨使人焦急痛苦。

比較而言，悠閒的人壽命較長，過度勞苦的人壽命較短，這是輕鬆閒散和過度操勞的差異；種田的人壽命較長，富貴人家的壽命較短，這是嗜欲多寡、飲食清淡或膏粱厚味不同的驗證；有才德而退隱不仕的人疾病較少，離家遠遊的人疾病較多，這是事務繁簡不同的差別。所以，俗人競相爭名逐利，養生之士不會爭權奪利。

　　值得注意的是，教誡篇常以多少、大小區分養生的優劣，比較而言，少優於多，小優於大，例如日常飲食，所食較少，心神愈靈活，壽命較長；所食較多，心神愈遲鈍，壽命較短。又以大小燈心比喻養生的結果，生命像是一盞油燈，注重養生的人，像是用小的燈心去點燃；不注意養生的人，像是用大的燈心燃燒，使用油燈的時間當然長短不同。小的燈心使油燈燃燒較久，猶如小心養護生命的人，壽命較長；大的燈心使燈油較快燒光，猶如不小心（不專注）養生的人，壽命較短。所以，眾人大聲說話而養生的人小聲說話；眾人有很多煩惱而養生者不費心機而沒有煩惱；眾人易怒暴躁而養生者不動怒生氣；不為世俗瑣事而煩憂，不求作官，恬淡無為，精神元氣自然飽滿。

（四）罪莫大於淫，禍莫大於貪，咎莫大於讒

　　養生必先避禍，遠離災禍始能養生。因此，養生家應戒淫、貪、讒三病，此三病是遭禍的根源，是危害身家性命的主因。因為淫亂是最大的罪惡，萬惡淫為首；貪念是最大的禍害；背後說人壞話（誹謗）是最大的過錯。

　　如要養生，先除淫、貪、讒。要想延年益壽減少病痛，不要放縱情欲，縱欲使人短命；不要穿太多衣服，讓身體過度溫暖，也不要穿太少衣服，讓身體過度寒冷；不要吐唾液（口水），唾液是寶貴的津液；不要突然大聲吼叫；不要長久悲傷哭泣；不要憤怒怨恨；不要迷思美色。

　　皇甫隆請教青牛道士（三國魏武帝時人，姓封，字君達）養生之道。青牛道士的養生要旨是：身體要時常勞動（運動），但不可過度疲勞；飲食宜少，但不要經常空著肚子，不吃油膩厚味，節制五味（酸、苦、甘、辛、鹹，不可過於酸、過於苦、過於甘、

過於辛、過於鹹)；減少思慮計謀；去除喜怒好惡；不乘車馬奔馳；節制男女房事。青牛道士曾將這些養生要旨教給魏武帝曹操，曹操行之有效。

青牛道士又說：人不要過度安逸，過度安逸的人不會長壽，但也不要勉強去作困難的事，例如舉重物、強力拉弓、挖地道，疲倦也不休息，以致精疲力竭。然而，勞動比安逸好，從早到晚，時常作些勞動（運動），身體才會覺得舒暢，但是感到疲倦時就應休息。勞動（運動）對健康延壽有其重要性，所謂「流水不腐，戶樞不蠹」，流動的水不會腐臭，門戶的轉軸不會蛀蟲，因為常動的緣故。吃飽飯後不要立即坐或臥，飯後散步摩腹以利消化。

（五）養生十要

陶弘景認為萬物以人最為尊貴，人的可貴在於擁有生命。換言之，生命最可貴。精神是生命的根本，形體是精神寄居的處所。精神過度使用將會耗竭，身體過度勞累就會死亡。精神若能清靜逍遙，沒有憂慮，自然無為，又能每天行氣吐納，導引按摩，保養身心，不受損傷，再進良藥（藥膳），不斷養生，則活到百歲長壽，是每個人應有的天年。反之，如果放縱情欲，每天沉迷美色，貪圖榮華富貴，計較得失，成敗耿耿於懷，不守禮法，飲食沒有節制，如此違反養生的人，難逃早夭的禍患！

因此，張湛《養生集敘》說：養生的要旨有十項：一、珍惜精神，二、行氣吐納，三、保養形體，四、導引按摩，五、寡言語（謹言慎行），六、調和飲食，七、節制男女情欲，八、反對世俗的貪欲（不求榮華富貴），九、注重醫藥的療效，十、不犯各種禁忌。簡要而言，養生的要旨是不要使精神和形體受到各種傷害而已。

二、食　誡

食誡是飲食的規誡與禁忌，有些禁忌不合時宜，較有價值者約三點：

（一）食不過量，宜少不宜多

基本的養生之道是不要吃飽飯後立即臥睡，也不要整天枯坐不動，這是損傷壽命的壞習慣。吃飽後應當散步，尤其晚飯後，散步走五里左右才去睡覺，使人不生疾病，或是做些輕鬆的運動，身體也會感到舒暢。如果吃飽後立即睡覺，會使食物不消化而生百病。

日常飲食，寧可少量多餐，不要一餐吃太多，時常感到不飢不飽或半飢半飽就可以。善於養生的人，應在不太飢餓之前進食，不太口渴之前喝水，原因是太飢餓時會吃很多食物，太口渴時會喝很多水。吃過飯散步又按摩腹部數百遍，對腸胃消化大有益處。

值得注意的是，飲食宜少不宜多，相當符合現代醫學，根據醫學研究，老鼠食量（熱量）如果減少百分之三十，老鼠壽命也相對延長百分之三十，而且對學習能力與空間記憶也較強。因此，少食勝多食，減少熱量，有益健康。

（二）飲酒不欲多

韓融（字元長，東漢穎川人）認為酒是五穀的精華，是料理中的美味，但能傷人。因為美味佳餚容易使人失控而飲用過量，這是養生者應當避免的。因此，飲酒不可過多，酒喝多了會嘔吐，酒醉嘔吐或醉臥當風（酒醉受涼）皆損壽命，是養生的禁忌，因

為，大醉則神散。

（三）凡食皆熱勝於生

凡是進餐，應先吃熱的食物，次吃溫的食物，再吃冷的食物。溫熱的食物容易吞嚥，也容易消化，總比吃生冷食物好，養生家不吃生冷的食物，《孫真人衛生歌》說：「瓜桃生冷宜少餐」。生冷包括：瓜果、冰品、冷飲、寒性食物、綠茶等。常吃冰冷的食物會損傷五臟。

三、雜誡忌禳害祈善

雜誡是日常生活的各種禁忌，禳害祈善是宗教的祈福消災。有些禁忌乃無稽之談，例如不要叫小孩手指月亮，否則，會使他的耳朵生瘡。雖然可笑，卻也流傳至今。又如睡覺不要張開嘴，長久張開嘴睡覺，會得消渴（糖尿病），糖尿病的病因與張開嘴睡覺，應該沒有因果關係。不過禁忌有神道設教的教化作用，勸誡世人注意生活細節或謹言慎行，例如：人的口中住有「司陰之神」和「司殺之神」，司陰之神在嘴裏左邊，司殺之神在嘴裏右邊。如果有人暗地裏做壞事，司陰之神就上天稟告；司殺之神在嘴裏右邊，人有惡言漫罵，司殺之神就上天稟告，罪滿即殺。司陰和司殺二神監視人的一言一行，豈能不謹言慎行，不過，仍有值得論述者四點：

（一）憂恚悲哀傷人，喜樂過度傷人

長久地行、住、坐、臥都會損傷人，長久地思念和惦記會損傷人，憂愁、憤恨和悲哀會損傷人，過度地歡喜快樂會損傷人，

忿怒不能排解會損傷人，急切追求想得到的事物會損傷人，憂戚害怕內心恐慌會損傷人，日常生活沒有規律會損傷人，男女關係不正常會損傷人。

（二）大樂氣飛颺，大愁氣不通

過度歡樂會使精氣散失，過度憂愁會使氣血不暢通，專注精神使人疲倦，過度地看東西，會使視力不好，睡太多使人心煩，貪吃美食常使人患腹疾。世人只知貪食美味，而不知珍惜寶貴的元氣。養生家知道厚味使人生病，因此，飲食清淡；知道元氣的珍貴，所以，寡言語、少私寡欲，使元氣飽滿；並要時常吞嚥唾液，滋養氣海（肚臍下三寸處），這是延年益壽的根本方法。

（三）夜臥勿覆頭，屈膝側臥

三國時代應璩根據長壽者的養生經驗，作《三叟長壽歌》，闡述長壽的三種方法：一、室內姬粗丑（節制夫妻性生活），二、量腹節所受（節制飲食），三、夜臥不覆首（不要用棉被蒙頭睡覺）。有些人喜歡蒙頭睡覺，是養生大忌，因為蒙頭睡覺，吸呼不到新鮮的空氣，體內會有缺氧的狀況，危害健康。睡眠時應當屈膝蜷腿向右側臥，這個睡姿有益氣力。誠如蔡季通〈睡訣〉說：臥側而曲，覺正而伸，早晚以時，先睡心後睡眼。

（四）梳髮千次，朝夕叩齒，吞食玉泉

傳統養生家稱唾液為「玉泉」，每天分七次以玉泉漱口，待玉泉滿時吞嚥，使人延年益壽，因為玉泉是人體寶貴的津液，有滋潤和濡養的功用。頭髮是人體血脈的末端，牙齒是骨骼的末端。每天梳頭髮千遍以上，頭髮不會變白；每天早晚各叩齒（上下牙

齒互相叩擊）一次，每次一百遍，牙齒不會蛀牙。

　　值得注意得是，叩齒、梳頭髮、食玉泉等，成為傳統日常生活的養生工夫。例如明代冷謙《修齡要旨》提出養生十六宜：「面宜多擦、髮宜多梳，目宜常運，耳宜常凝，齒宜常叩，口宜常閉，津宜常咽，氣宜常提，心宜常靜，神宜常存，背宜常暖，腹宜常摩，胸宜常護，囊宜常裹，語言宜常簡默，皮膚宜常乾沐。」清代尤乘《壽世青編·修養餘言》提出養生十四宜：「髮宜多梳，面宜多擦，目宜常運，耳宜常荃，舌宜抵顎，齒宜常叩，津宜常咽，背宜常暖，胸宜常護，腹宜常摩，谷道宜常撮，足宜常擦湧泉，一身皮膚宜常乾浴，大小便宜咬齒勿言。」

四、服氣療疾

　　服氣，又稱行氣、煉氣、食氣、就是吐故納新、閉氣長息的深呼吸，增加體內血液的含氧量，有益健康。

（一）病之所起，生自五勞

　　《黃帝內經·素問·宣明五氣》說：「久視傷血，久臥傷氣，久坐傷肉，久立傷骨，久行傷筋，是謂五勞所傷。」不過，漢末名醫張仲景《傷寒雜病論》提出新的五勞：志勞、思勞、心勞、憂勞、疲勞。張仲景認為疾病是由於「五勞」所引起，就是意志過度勞累、思想過度勞累、心情過度勞累、憂愁過度勞累、身體過度疲勞。也就是身心（形神）過度勞累。五勞所傷，心、腎首先受到損傷，心、腎先損，再受邪氣侵犯，全部的臟腑都會損傷。五勞不醫治（不養生），損傷成「六極」：元氣枯竭、血脈枯竭、筋肉枯竭、骨骼枯竭、精氣（液）枯竭、骨髓枯竭。六極不醫治，

成為七傷[32]。七傷再不醫治，成為七痛，七痛使人邪氣多，正氣少，喜怒無常，不思飲食，臉色暗沉，頭髮變白，形體消瘦憔悴。

（二）行氣之法，少食自節，動形和氣

行氣的基本要領是意念引導氣的運行。所以說意念是引導氣在人體運行的統帥，氣的運行使身體健康。善於行氣的人使生命茁壯，不善行氣的人使生命衰亡。行氣的要旨是自我節制，減少飲食，活動形體，平和意念，心意專一，固守內外關竅[33]，腹部深呼吸，意守關元（在臍下三寸，或稱下丹田），使氣暢通全身，身體壯健，將致病的邪氣逼出體外。

如果偶而感到疲倦，身體不適，想以行氣解除不適，當以意念導引氣的運行，存想氣運全身，頭痛時意念引氣到頭，腳痛時意念引氣到腳，以志帥氣，閉氣攻之，經過一段時間，逼出冷汗，病痛即可消除。

（三）凡行氣，以鼻納氣，以口吐氣

凡是行氣吐納，以鼻納（吸）氣，以口吐（呼）氣，輕聲出氣而儘量把氣拉長，名為「長息」。納氣只有一種，就是吸氣；吐氣有六種，依吹、呼、唏、呵、噓、呬六字發音吐氣[34]。六字長

---

32 七傷有三解：一《金匱要略》：食傷、憂傷、飲傷、房室傷、飢傷、勞傷、經絡榮衛氣傷。二、《諸病源候論》以大飽傷脾，大怒氣逆傷肝，強力舉重，久坐濕地傷腎，形寒飲冷傷肺，憂然思慮傷心，風雨寒暑傷形，大怒恐懼不節傷志為七傷。三、《諸病源候論》又說：七傷者，一曰陰寒，二曰陰萎，三曰裏急，四曰精連連，五曰精少陰下濕，六曰精清，七曰小便苦數，臨事不濟。

33 內關意指上、中、下丹田，外竅意指口、耳、目三竅。（人有眼、目、口、鼻七竅，《莊子·應帝王》說：人皆有七竅，以視、聽、食、息。）

34 值得注意的是，六字長息法（吐氣法）為後世六字氣訣法的最早文獻記載。對後世行氣吐納的影響頗深，迄今仍然流傳。

息法各有不同的功效，當人體有寒氣時用「吹」字法[35]，當人體有溫病時用「呼」字法[36]。針對不同的病因而用不同的吐法，用「吹」字法去除由風邪引生的疾病[37]，用「呼」字法消除由熱邪引發的疾病[38]，用「唏」字法消除胸中的煩悶，用「呵」字法消降上逆之氣，用「噓」字法解除氣滯，氣機不順，用「呬」字法消除過度疲憊。

〈服氣療病〉又說：百病不離五臟（心、肝、脾、肺、腎），心臟有病的人，體內有冷、熱之氣，用「呼」和「吹」字法逼出冷、熱邪氣；肺臟有病的人，胸、背感到脹滿，用「噓」字法吐氣，消除發脹；脾臟有病的人，體內感覺有遊走不定的風，身體又會發癢、疼痛煩悶，用「唏」字法吐氣；肝臟有病的人，眼睛疼痛，憂愁不快樂，用「呵」字法吐氣[39]。

五、導引按摩

導引、按摩與行氣吐納密不可分，三者為一，相輔相成，尤其行氣與導引應同時進行；而按摩應在經絡穴位推揉，不僅治病，

---

35 寒為六淫之一（風、熱、濕、火、燥、寒六氣過勝為六淫。），寒為陰邪，常見的症狀有惡寒、發熱等。

36 溫病是急性熱病的總稱，容易化燥傷陰。《傷寒論》說：太陽病，發熱而渴，不惡寒者為溫病。

37 風為六淫之一，風邪致病有風寒、風熱、風濕等。

38 熱為六淫之一，熱邪致病有口乾舌燥、大便秘結、身熱、煩躁等症狀。

39 另據武當山武術協會顧問楊群力表示，古人從長期實踐中總結噓、呵、呼、呬、吹、嘻六個字的口型，分別影響著肝、心、脾、肺、腎和三焦。噓字功養肝，呵字功補心，呼字功健脾，呬字功潤肺，吹字功強腎，嘻字功理三焦。呼氣時用意念、動作、導引體內的氣血循經運行，從而取得治病延年的效果。此說與《養性延命錄》的論述有所出入。

亦有延年益壽功效[40]。

（一）終日不涕唾，愛氣生津液

《養生內解》說：精液、唾液、眼淚、鼻涕、汗液、小便，是人體重要的津液[41]，損傷這些津液，都會損傷人的健康，尤其是精液和唾液。人能終日不吐唾液（口水），隨時漱滿唾液吞嚥，或時常口含棗核（棗子的核仁），能生津液，可以滋養元氣，這是養生之大要。

其次，每天早晨叩齒三十六次，最好能叩三百次，使牙齒堅固不痛。再以兩手掌相摩生熱，用熱的手掌熨燙眼睛，熨燙十四次，使人目明，增強眼力。

又有一法是：每天早晨起床後，用兩手搗住兩耳，上下搓揉，使兩耳生熱，連續作十四次，可使耳朵不聾。接著叩齒，吞嚥唾液三次。然後閉氣，右手從頭上拉引左耳十四次，再以左手從頭上拉引右耳十四次。接著兩手握住全部頭髮，用力向上抬舉，連作七次，使人氣血通暢，頭髮不白[42]，延年益壽。

又有一法是：兩手掌摩擦生熱，按摩臉部，可去邪氣，使人臉色有光澤。再以雙掌摩擦生熱，按摩全身，從上至下，稱為「乾浴」。乾浴使人戰勝風寒病邪，睡前再作乾浴一次，之後端坐，以左手掌托住下巴，使頭向上仰，右手向上盡力伸舉，頭和手用力

---

40 經絡是氣血運行的通路，聯絡臟腑器官，按摩經絡穴位，有益氣血通行。據明初周子蕃《按摩全書》，按摩分按、摩、掐、揉、推、運、搓、搖等八法。按摩流傳久遠，迄今不衰。古代希臘人遇有身體不適，常用按摩醫治；在德國凡是感冒等病，未用藥之前，亦常按摩治之。

41 津液是人體一切正常水液的總稱，包括各臟腑的內在體液及其正常的分泌物，如胃液、腸液、唾液、眼淚等，津液與氣、血都是構成人體和維持生命的基本物質。

42 早、晚以梳子梳頭各一千次以上，可以去除頭部風邪，使人頭髮不白。

振動三次，然後兩手交換，以右手掌托住下巴，使頭向上（後）仰，左手向上伸舉，頭和手振動三次，可使人安眠好睡和消除起床後悶倦，百病消除。

又有一法是兩足兩手的導引：晨起，面向南端坐，兩手托住大腿，盡力向上，振動三次。左手握住右手放在左大腿上，用力前後按摩左大腿三次，再以右手握住左手放在右大腿上，用力前後按摩右大腿三次。兩手手指相交叉，手掌向前用力推三次，再轉向胸前，兩肘向外用力推三次。接著以右手托地，左手向上，用力去做；再交換以左手托地，右手向上，一樣用力。接著兩手握拳，用力向前出拳，左、右拳各擊二十一次。接著左手向後彎曲，用力握住從右肩往背後伸去的右手指三次，之後交換左右手，同樣做三次，這套導引可以醫治肩膀、手臂、背部因過度疲勞引生的酸痛。

（二）五禽戲

五禽戲是依據經絡系統，疏通經脈氣血，達到養生健身的導引術。三國名醫華陀善養生，創五禽戲。華陀向其弟子吳普說：人體必須勞動（運動），但不應使身體過於疲勞。人體常運動，幫助食物消化，促進氣血流通，使人不生病，猶如門戶的轉軸因為時常轉動而不會腐朽。

五禽戲是模仿五種鳥獸動作的導引術，一是虎戲，二是鹿戲，三是熊戲，四是猿戲，五是鳥戲。據說吳普勤練五禽戲，活到九十多歲，耳聰目明，牙齒完好。修習五禽戲，應盡力勤練，作到出汗為限。勤練五禽戲，可以幫助消化，增益氣力，消除百病，延年益壽。

1.虎　戲

兩手掌和兩腳著地，向前跳躍三次，向後跳躍二次，伸長腰腿，側身舉腳，待仰臉朝天時放下，重複做七遍。

2.鹿　戲

四肢著地，扭轉頭向後看，向左看三次，向右看二次，伸出左腳，作伸縮運動三次，伸出右腳，作伸縮運動二次。

3.熊　戲

面朝上仰臥，兩手抱膝，抬頭，左腳擊地七下，右腳擊地七下，然後蹲著，分別用左、右手按地。

4.猿　戲

雙手抓住一條橫木，將身體懸吊起來，伸縮身體，一上一下作七次。再以腳向上勾住橫木，把自己倒掛起來，左右腳輪流鉤七次。

5.鳥　戲

兩腳站立，抬舉左腳，兩臂側平舉，全身用力，再舉右腳，側舉兩臂，全身用力，左右各作十四次，然後坐地，伸出雙腳，用手拉足趾，左右各拉七次，再伸縮雙臂，左右各七次[43]。

六、御女損益

御女損益，就是房中術，又稱黃赤之道。著名的房中術專書有《素女經》、《素女方》、《玉房秘訣》等，《漢書‧藝文志》將房中術列為四大方技之一。房中術的主要目的是求子和養生保健，

---

43 《養性延命錄》的五禽戲，是現存文獻中最早的記錄，由於難度較大，運動量也大，老年人或體弱者恐不能接受，所以，後世編練的五禽戲，都降低了難度，有繁有簡，有剛有柔，以適應各種不同的要求。

古人相信男人的精氣（精液）存量有限，透過房中術，採陰補陽，可以不損性命，健康長壽，多子多孫，快樂享天年。房中術產生於男尊女卑的傳統社會，所謂採陰補陽，就明顯反映輕視女性，損害女性補益男性的思想，因此提出「如果能連續與九十三個女子交合而不泄精，可以活到萬歲」的荒謬主張，難怪朱震享《格致餘論》感慨地說：「如果要以房中術為補益，御女多多益善，會害死很多人。」不過，仍有值得論述者四點：

（一）男不可無女，女不可無男

陰陽相吸相求是自然的現象，凡是正常的男人不可以沒有女人，女人也不可以沒有男人。男人如果沒有女人，欲念就會妄起，妄念興起，會使心神勞累，心神過度疲倦，會減損壽命。最好是內心真正沒有邪淫妄念，誠意正心，養生益壽。

（二）房中之事，能生人，能煞人

所謂「命本」，就是生命的根本，決定於男女性愛（房中之事）。房中之事，能生人，也能殘害人。猶如水火，正確適當使用水火，可以養身活命；任意使用水火，會有立即的危險而致死。因此，最重要的養生之道是珍惜精氣（液）。因為精氣減少就會生病，精氣枯竭就會死亡。對於房中之事不可不慎，應當交合而不泄精或是一個月只泄精兩次[44]，適當節制房事，精氣可以自然生長，如果每次交合都泄精，精氣不能自然生長，會使精氣枯竭而死。

---

44 孫思邈《備急千金要方·房中補益》說：「能一月再泄，一歲二十四泄，皆得二百歲。」《養性延命錄》並沒有強調一年二十四次泄精，可得二百歲。不過，孫思邈主張不必久而不泄，他說：「凡人氣力自有強盛過人者，亦不必抑忍，久而不泄，致生癰疽」。

　　道人劉京說：「春天每隔三日泄精一次，夏天和秋天一個月泄精兩次，冬天不泄精，因為人當效法自然萬物冬藏其陽的法則，萬物冬藏或冬眠，人也應當冬藏精而勿泄。值得憂慮的是年少時不知道寶精惜精，大量耗損精氣，到了中老年為時已晚，造成的疾病不易調養，不過，從此能夠惜精慎泄，仍可延年益壽[45]。

（三）房中三忌：天忌、人忌、地忌

　　房中有很多禁忌，總括為三忌：天忌、人忌和地忌。

　　所謂天忌（上天的禁忌）是：大寒天、大熱天、大風、大雨、大雪、日蝕、月蝕、地震、打雷等天忌，不可行房。人忌（本人自己的禁忌）：喝醉酒、吃飽飯、大喜、大怒、憂愁、悲哀、恐懼之時，避免行房，這是人忌。地忌（大地處所的禁忌）：各種神靈所在處所，禁止行房，如山岳江河之神、地神、土神、穀神、水井和灶神所在之處，嚴禁行房，這是大地的禁忌。尤其最忌諱喝醉酒和吃飽飯時行房，這是房中大忌，最損傷人的健康，不可不慎。

（四）上士別床，中士異被

　　房中養生的要領是節欲和寶精[46]。因此，最上等的養生家男女分牀睡覺，中等的養生家男女各蓋一條被子，吃很多補藥不如一人獨自睡覺的益處多，如果在男女交合中能夠節制泄精，適時宣泄，可以延年益壽。一天三餐的禁忌是晚飯不能吃太飽；一個

---

45 孫思邈《備急千金要方・房中補益》說：「晚而自保，猶得延年益壽；若年少壯而能行道者，得仙速矣。」此說出自《養性延命錄・御女損益》。
46 著名醫家張景岳《類經卷一・攝生第一》說：精不可竭，竭則真散，蓋精能生氣，氣能生神，營乎一身，莫大乎此。故善養生者，必寶其精，精盈則氣盛，氣盛則神全，神全則身健，身健則病少，神氣堅強，老而益壯，皆本乎精也。

月的禁忌是晚上飲酒不能喝醉；一年的禁忌是夜晚睡覺遠離美色；終身的禁忌是晚上（睡覺）要養護元氣（不要張開口睡覺，開口睡覺不衛生）[47]。

以上簡述《養性延命錄》的養生大要，值得注意的是傳統養生家雖然主張順應自然，不違天時。不過，陶弘景強調「天道自然，人道自己」，養生者雖然順應自然，不失四時之和，卻要自己發揮人的智慧，主動鍛鍊形神，掌握健康的身心，不畏天命，敢於戰勝病魔，節制克己，勤於養生，爭取應有的天年，所謂「我命在我不在天」，這是養生的核心思想。陶弘景的養生，稱為養命。

其次，養生要先養性，養性可以延命。涵養心性，培養高尚的品德、端正的言行，對身體健康有重要、直接的影響。根據醫家長期的研究，對照清廉與貪污官員的身心狀況，發現貪污受賄的人比清廉的人，易得癌症、腦心血管疾病、失眠等疾病而短命，證明養性的重要性，這也是《養性延命錄》的養生真諦。

第三節　司馬承禎《坐忘論》的得道成仙

司馬承禎是唐代著名的道教學者，生於唐太宗貞觀二十一年（西元 647 年），逝於唐玄宗開元二十三年（西元 735 年），享年八十九歲。主要著作有：《坐忘論》、《天隱子》、《修真秘旨》、《服氣精義論》、《修身養氣訣》、《修真精義雜論》等書。

《坐忘論》的主要內容是論述道教的養心工夫，坐忘的思想源於《莊子‧大宗師》。何謂坐忘？顏回說：「忘掉自己的形體（不

---

[47] 孫思邈《千金翼方‧養性禁忌》說：「上士別床，中士異被，服藥百裹，不如獨臥。」此說源自《養性延命錄‧御女損益》。

受生理欲望的束縛），拋開自己的智巧，精神不受肉體的影響，忘掉人間相對的是非，與天地萬物為一體，天人合一，這就是坐忘。」孔子說：「與天地萬物為一體，就沒有私心和好惡，參贊天地之化育，就沒有偏見和執著了。[48]」。

莊子為什麼要我們坐忘呢？因為凡人都有偏好、偏私和偏見，而人世間的價值判斷卻是相對，面對相對的是非、美醜、善惡，最好的方法是超越是非、善惡、美醜、仁義、禮樂等束縛，使內心悠遊於逍遙的境界，避免陷於相對的困擾，而和大道共存為一體。

值得注意的是，司馬承禎把莊子的坐忘與道教的修煉求仙結合起來，因而把道家（老莊）的養神工夫，發展為道教的成仙之道。以下簡述其要旨：

一、養生者慎勿失道，為道者慎勿失生

司馬承禎在《坐忘論‧序》中開宗明義強調：人最寶貴的價值是生命，而生命最寶貴的是「道」。世人追求各種物質享受，放縱情欲，因而喪失生命最珍貴的大道。

因此，《妙真經》說：「人常失道，非道失人；人常去生，非生去道。」

世人時常喪失大道，不是大道離棄世人；世人時常喪失生命，不是生命中沒有大道。所以，養生的人一定不要喪失大道，修道的人不可喪失生命。使大道和生命相持守，生命與大道相互保養，生命與大道不相離棄，人就能夠長生。所謂長生，就是得道成仙。

---

48 莊子假借孔子與顏回的對話，坐忘並非儒家的思想，而是莊子的修養工夫。

因此,《西昇經》說:「我命在我,不屬於天。」

我的生命由我自己掌握,不是由上天所決定。換言之,壽命的長短在於自己的養生,長壽不是上天所給予,短命並非被天所奪。也就是說,善於保養,得到長壽;貪戀名利,追求物欲,不善養生,得到短壽。道經說:生命是上天賜人的大德,也是人的最大福氣,得道的人能夠長生,是修煉而成,並非不勞而獲。這種坐忘修練,分為七個階段,最後得道成仙。

二、敬　信

坐忘的第一個階段是敬信,就是虔誠的信仰[49]。換言之,得道成仙的第一要件即是敬信,深信不疑則有靈驗。

(一)信者道之根,敬者德之蔕

司馬承禎強調信仰是修道的基礎,虔敬是修德的根本。基礎深厚則修道日益精進,根本堅固則德性日益精淳。然而,真正珍貴的價值,世人往往懷疑而不信,例如和氏璧是一塊不可多得的寶玉,卞和獻給楚王,卻以欺君罪被截去雙腳。又如伍子胥進諫吳王夫差,雖是保家衛國的忠言,卻被夫差賜劍自盡。這兩件歷

---

49 虔誠的信仰,堅信不疑,是所有宗教的根本。《華嚴經》說:「信為道源功德母,長養一切諸善根。」《大智度論》說:「佛法大海,唯信能入。」《新約‧希伯來書》說:「他們因著信,過紅海如行乾地。」孫中山先生在《孫文學說‧自序》說:「吾心信其可行,則移山填海之難,終有成功之日;吾心信其不可行,則反掌折枝之易,亦無收效之期也。」可知,信仰是一切力量的源頭活水,宗教的信仰,對人生的影響非常深遠。基督教以信、望、愛為三主德。《新約》一書多處強調信,只要信主耶穌,不要疑惑,凡事都能,且必得救,有永生,即使在無可指望的時候,只要信,仍有希望,〈羅馬書第一章說:義人必因信得生。

史悲劇表示世人的心依然迷惑，不解真理大道。

（二）信不足，有不信

如果世人相信坐忘是修道的重要方法，虔誠信仰，毫不懷疑，專心修煉，勤行不輟，必能得道。因為能夠修成坐忘境界的人，對內沒有自身存在的執著，對外沒有萬法（萬事萬物）存在的分別，與道為一，天人合一，超越人世間相對的價值，忘卻各種世俗的顧慮，這種境界，莊子稱為「同於大通」、「與天為一」。因此，道經說：「因為對修道的信心不足，所以，沒有誠敬的信仰。由於缺乏虔誠的信仰，造成災禍降臨其身，當然，無法修道成仙。」

三、斷　緣

斷緣是坐忘的第二個階段。所謂斷緣，意指斷絕為了名利富貴而終日忙碌的世俗塵緣，不為人間價值所累。

（一）棄事則形不勞，無為則心自安

司馬承禎強調捨棄世俗的雜務，身體就不會疲勞，能夠無為清靜，內心自然安定。每天過著恬淡簡樸的生活，人間的塵累（煩惱）就會一天天減少；行事作為越來越遠離世俗，精神就會越來越接近大道。所以，《道德經》第五十二章說：「當私欲萌生的時候，要努力的壓制，關閉私欲的大門，一生將無紛擾；如果放縱私欲，開啟私欲的大門，將增加許多痛苦，終身無可挽救。」換言之，老子要我們在日常生活上，不要向外逐物，做到少私寡欲，使私欲減到最少。

（二）無事安閒，方可修道

修習坐忘的人，儘可能地遠離人間的名利，面對一切的世俗，以一種不得已、不逃避的心態去承受，避免產生好、惡之情，超越相對價值的判斷與執著，臻於逍遙自然無為的境界。

值得一提的是，司馬承禎的一生，力行斷緣，不為世俗所累。據《舊唐書・隱逸列傳》記載：司馬承禎從小喜歡讀書，博學多才，但不願當官，二十一歲時，毅然成為道士，拜潘師正為師，居嵩山修道，後居天台山，建「眾妙臺」，自號「天台白雲子」。武則天當政，召他入京，但不久就離開京城，回到天台山。西元711年，唐睿宗又召他入京，旋不久再回天台。西元721年，唐玄宗召他入京，隔年又回天台。事隔五年，唐玄宗再召他入京，並於王屋山修觀居住，開元二十三年（西元735年），司馬承禎逝於王屋山。

可知，他一生斷緣隱逸，不為世俗名利富貴所動，因為他在朝廷停留時間都不長，對權勢毫不動心，可謂斷緣典範，也是真正隱逸的道士[50]。

四、收　心

收心是坐忘的第三個階段，把心情從世俗中收斂起來，遠離塵世，使心安定平靜。

---

50 據皇甫謐《高士傳》記載：堯帝要把天下禪讓給巢父，巢父拒絕，又禪讓給許由，許由不要。堯帝徵召許由當九州長，許由認為污染了自己的耳朵，遂至穎水河邊洗耳朵。巢父認為許由沽名釣譽，不是真正的隱士。把他的小牛牽到穎水上游喝水，避免許由的洗耳水污染小牛的嘴巴。由此看來，巢父的斷緣優於許由，這是隱士的寫照。

（一）心靜生慧，心動成昏

收心是修道過程非常重要的一個階段，因為心是身體的主宰，是各種精神活動的統帥。內心安定平靜就能產生智慧，內心躁動不安就會變得迷惑[51]。

因此，修習坐忘的初階，最重要是靜坐收心，超脫世俗，心中不存一物，使精神處於虛靜的境界，心自然與道合一。這種靜定的工夫日久，疾病就會減少，生命恢復自然生機。如果能夠持久收心，涵養靜定，可以密契大道，了脫生死。

所以，《道德經》第十六章說：「致虛極，守靜篤。」又說：「夫物芸芸，各復歸其根，歸根曰靜，是謂復命。」因為人的私欲太多，受到外界的紛擾，使得內心不安，必須時時「致虛」和「守靜」，以恢復寧靜清明的心靈。反之，如果只是強迫自己處於空白一片的心態，還是一種有所為的強制手段，不是真正的虛靜。凡

---

51 司馬承禎強調心靜的重要，這一主靜思想源於老莊。《道德經》第四十五章說：「靜勝躁……清靜為天下正。」六十一章說：「牝常以靜勝牡」二十六章說：「靜為躁君」老子強調清靜勝於紛擾，在自然萬物之中，雌性常以清靜安定勝於雄性的逞強和急躁，清靜可以做為一切行為的主宰。老子主張「致虛極，守靜篤」的修養工夫，虛是空靈，靜是寧靜，致虛和守靜，主要針治私欲的紛擾，隨時隨地致力於致虛和守靜，使我們的心靈寧靜。莊子的虛靜稱為心齋，就是一種空靈明覺的境界。值得關注的是，儒家的荀子也主張「虛壹而靜」《荀子·解蔽》說：「人何以知道，曰心。心何以知？曰：虛壹而靜。」荀子非常強調心的作用，心是身體的主宰。虛是虛心，不自滿，不自以為是，不固執己見，不執著，唯虛故能受，就是使心能夠吸收萬事萬物的道理。壹是專心，全心專注，唯一故能全盡。靜是寧靜，心中沒有雜念，不會胡思亂想，不放縱，不擾亂，不動搖，唯靜故能通。「虛壹而靜」的心，能知禮義之道，謂之大清明，足以定是非，決嫌疑。此外，清靜也是養生之道。《莊子·在宥》說：「必靜必清，無勞汝形，無搖汝精，乃可以長生。」陸賈《新語·懷慮》說：「安靜者祥」曹庭棟《老老恆言·燕居》說：「養靜為攝生首務。」

是有所為，一定有所求，令人精神疲乏，反生疾病。祇有心不著物，不為名利所動，才是真正的虛靜。

（二）息亂不滅照，守靜不著空

司馬承禎認為如果只是消除內心的雜念，而不分是非善惡，永久斷除感官知覺，這是一種「盲定」，盲目的安定。如果對心念不加以控制，就是世俗凡人。如果只是知道是非對錯，而精神卻沒有依歸，任由思慮漂浮，這是「自誤」的作為，自己耽誤修道的時機。如果做了所有世俗的事情，誇說自己的內心不受世俗名利的影響，這是誇大的謊言，其言行非常錯誤。修習坐忘的修道者，一定要戒除以上的毛病。

真正的收心是清除世俗的紛擾（名利雜念等），而不停止對大道的修煉，涵養虛靜的心靈，而不是執空，所謂「息亂不滅照，守靜不著空」。依照這個方法長期修煉，自然能夠得道。如果遇到必須處理的事情，或是修道的疑難問題，就要努力思考，妥善處理，解決難題，這也是增長智慧的正確方法。只是，問題處理好之後，就不要再有操心，也不多所留戀，因為多思煩心[52]，不僅損傷恬靜的悅樂，更會損傷坐忘的修習。

（三）心不受外，心不逐外

如果內心有了邪思或亂想，一經察覺，隨時清除邪念或胡思；如果聽到毀（批評）、譽（稱讚）的話，或是看見善、惡的事情，都不要受毀譽、善惡的影響，不要把人間相對的價值判斷存在心裡。要超越人間的相對價值，因為世俗的是非、善惡、美醜、高

52　《孫真人養生銘》說：「思多太損神」思慮太多，非常損傷精神。

低、大小、得失、榮辱等都是相對判斷，不是絕對的價值。所以，對於所見所聞，視同沒有看見、沒有聽聞一樣，內心不受外界的影響，這種境界，稱為「虛心」；內心不追逐名利富貴，這種境界，稱為「安心」，心境能夠虛靜安定，大道自然來到心中，心與道合一。

可知，收心之要是心中不執一物，內心虛靜，對外也能無為。這種修心之法近似保護我們的眼睛，一點東西進入眼裡，眼睛即刻感到難受不安。一件小事掛念在心上，內心就會動亂不安，有了不安的心病，就難進入定心之門，內心不能虛靜。這個修心之道，猶如清除良田的雜草，良田的雜草如果不清除，雖然播種插秧，美好的稻子也無法收成。好惡、執著、一己偏見等各種偏私邪念，就是心中的雜草，如果不清除心中的雜草，就沒有定靜和智慧之心。

司馬承禎又舉例說：牛馬雖然是家畜，如果放縱不管，就會變得野蠻不馴，不受主人的駕御；鷹雖然是兇暴的猛禽，被人繫以繩子，整天隨身訓練，變得馴服聽話。何況放縱自己的心思，不加管束，不予收心，會變得更加膚淺平庸，如何能夠體悟深妙的大道呢？不過，收心悟道，是不斷累積、修習而成，循序漸進，漸修所致。

五、簡　事

簡事是修習坐忘的第四個階段。簡事意指面對人間諸多事務，要有所選擇，有所為，有所不為。

（一）斷簡事物，識其去取

人生在世，面對諸多事務，要知所抉擇，例如鳥類在樹上築

巢，祇需一根樹枝，其他的樹枝都不需要；野獸在河邊喝水，祇需足夠解渴，其他的河水也不需要。因此，修習坐忘的人，要有判斷能力，知道哪些事情是必要的，哪些事情是不必要的，比較輕重緩急，知道什麼事應該做，什麼事不重要。凡是不重要的事，都要捨棄，例如酒肉美食、名牌服飾、官位財富，這些都不是修道或養生的良藥，卻是世人追逐的目標，結果導致自身的敗亡。

其實，吃青菜，穿便服，足以養生，何必需要酒肉美食、名牌服飾？追求世俗的名利，就像是用寶貴的隨侯珠射擊樹上的麻雀[53]，大家一定嘲笑他，因為名利酒肉與大道相比，名利酒肉猶如麻雀的輕微，而大道猶如隨侯珠（隨侯珠是春秋時代隨國的珍寶）的寶貴。知道貴賤的差別，就要有所選擇，不要為了酒肉而傷害生命的健康，不要為了名利而捨棄大道。

（二）處事安閒，在物無累

初習坐忘的修道者，應該祇做有益於修道的事，不要有追逐名利的欲望，誠如《西昇經》說：「修持大道，可以成為神仙。世人不能堅守大道，祇因為追求名利和官位。」如果能夠做到處理事物而心神安閒自在，身處榮華富貴而不迷惑，這是證悟大道的人，不是一般人做得到。如果沒有證悟大道，自誇不受外界名利的迷惑，事實上是自欺欺人而已。

---

53 隨侯珠出於《莊子‧讓王》：「今且有人於此，以隨侯之珠彈千仞之雀，世必笑之。是何也？則其所用者重而所要者輕也。夫生者，豈特隨侯珠之重哉？」莊子認為世俗的人，追求名利，滿足物欲，而損害生命，就像是用名貴的隨侯寶珠射擊高空的麻雀，大家一定會嘲笑他。因為他所用的寶珠太貴重，而麻雀太不值錢。生命的價值更勝於隨侯珠的寶貴，生命是無價的，酒肉名利就像麻雀的輕微。

六、真　觀

真觀是修習坐忘的第五個階段。所謂真觀，意指善於觀察吉凶禍福的因果關係，有先見之明，能夠防範自保，沒有災禍，保全性命，言行不違常道，稱為「真觀」。換言之，不貪財、不貪美色、不貪名利、不貪生怕死，樂天知命，就是真觀。

（一）體靜心閒，方能觀見真理

司馬承禎強調，修道的人要一天比一天減少自己的欲望，使身體安靜，精神閒適，才有先見之明，能夠體悟真理。然而，修道仍須依賴衣食的供養，衣食雖然不值得追求，但為了得道，還是要謀生，各行各業的謀生，猶如舟船，想要渡海過河，必須依靠舟船，如果已經渡過大海，就不再需要這些舟船。可知，各行各業的謀生，不可不做，也不可不要，只是不要患得患失。

（二）不貪故無憂，不積故無失

修道的人與世俗的人，雖然都有謀生的行業，不過，修道者不貪不應得之財，也不累積財富。不貪財就沒有憂愁，不累積財富就沒有損失。如有修習坐忘的人仍有貪財之心，要依道省察，明白貪財的原因，是因為有貪財的思想造成的，如果消除貪財的思想（貪念），就沒有貪財的行為。更要明白萬事萬物的利益也都是虛幻的。所以，道經說：「事物的利益都是自己的貪念造成的，這些貪念是虛幻的，沒有真正的利益。」

　　除了不貪財，還要不貪美色，美色是傷害生命的刀劍[54]，美色不僅不是修養身心必要的條件，而是傷害性命的仇敵。

（三）業由我造，命由天賦，樂天知命

　　如果修習坐忘的人，為了貧窮而痛苦，應該反觀內省，是什麼原因使我貧窮？不是天地使我貧窮，因為天地毫不偏私；也不是父母，因為父母都期望子女富貴。

　　貧賤是由自己的業力所造成[55]，是由天命所決定，不能逃避，也不必抱怨，唯有智者，樂天知命，不覺得貧窮的痛苦。換言之，帶給我痛苦的貧窮和疾病，就是自己的敵人，我有樂天知命的正心（正確思想），我就是一位勇士，我有反觀內省的智慧，就是揮刺殺敵，煩惱痛苦消除了，就是戰勝敵人，沒有痛苦的快樂，猶如勇士得到官祿。

　　如果有了病痛，應當知道所有病痛的主因是由我的肉體造成的，沒有肉體就沒有各種災禍。所以，《道德經》第十三章說：「吾所以有大患者，為吾有身，及吾無身，吾有何患？」。

（四）身死神逝，生不喜悅，死不厭惡

　　一般人厭惡死亡，應當省思我的肉體只是神識（靈魂、精神）的房舍而已，如今肉體衰老多病，猶如房子破損，無法居住，應該捨棄舊屋，再找新屋安身。肉體死亡而神識離體，如同這個道理[56]。因此，我們應當生不喜悅，死不厭惡，因為生和死是一體

54　尤乘《壽世青編‧療心法言》說：「陰符經曰：淫聲美色，破骨之斧鋸也。」
55　凡所作（一言一行）都稱為業。佛家認為善業有生善果的作用，惡業有生惡果的作用，稱為業力。
56　佛家主張形神二元，形是形體（肉體），神是靈魂（神識、精神），人死形

的兩面，生生死死，死死生生，當一個人死亡時，就代表他以不同人間的生存方式在另一個空間存在；反之，當一個嬰兒出生時，就表示另一個存在不同空間生命的死亡，所以，生和死是一樣的道理。

（五）凡有愛惡，皆是妄生，心捨諸欲，住無所有

司馬承禎強調：所有的貪愛和厭惡，都是妄念，不消除累積的妄念，如何能夠明白真理？因此，要捨棄各種欲望，心境常處虛靜，消除情欲，持守真理。如果能夠超越人間相對的價值[57]，超越名利、超越美色、超越財富、超越生死、超越貧窮，然後反觀內省，對於從前所貪愛的事物，自然不再執著，不再痴迷而生真觀。

七、泰　定

（一）無心於定，無所不定

泰定是修習坐忘的第六個階段。泰定是到達虛靜的精神境界，也就是消除世俗妄念的最高境界，是得道的基礎，是修習靜定的成功，是常保安心的完成階段。

達到泰定境界的人，形體如枯木，心神如灰燼，不為世俗所

體腐化，靈魂離體，轉世更生，稱為形盡神不滅。司馬承禎也主張形盡神不滅。不過，他的生死觀是老莊思想和佛家的融會，而成道教的新思想。有關形盡神不滅的思想，請參閱拙撰《魏晉南北朝形盡神滅或形盡神不滅的思想論證》。

57 《道德經》第二章說：「天下皆知美之為美，斯惡已；皆知善之為善，斯不善已。」老子認為人世間的價值判斷（善惡、美醜、是非、大小、高低等）都是人為的規定，這些價值是主觀的、相對的判斷，因而引起無窮的紛爭。

動，沒有欲求，淡泊寧靜，不必有意追求心靜，而心隨時處於虛靜的境界，這種心境，稱為泰定。

（二）定而不動，慧而不用

司馬承禎認為心是體悟大道的樞機，當內心處於絕對虛靜的時候，就能證悟大道而有智慧。人本來就有智慧，祇因貪愛世俗名利，迷妄蒙蔽智慧。祇要虛靜，消除名利妄念，就能自然顯露智慧。

因此，真正能夠深刻證悟大道的人，內心靜定，不為名利所動，有大智慧而不要小聰明，有高尚的德性而不炫耀，這是正確的修道，也是真正的坐忘。

（三）以恬養智，以智養恬，智與恬交相養

司馬承禎認為，人只要把心安靜下來，就會恢復原有的智慧。有了智慧以後，有些人利用自己的才智，爭論是非，陷於世俗的紛爭而不能超脫；有一種人修習坐忘，獲得智慧以後，超越世俗的爭論，再用這種智慧繼續涵養恬靜安寧的心境，使這種虛靜的境界不斷提昇，最後達到得道成仙的目標。換言之，以恬淡安靜培養智慧，又以智慧培養虛靜，智慧與恬靜相互涵養，自然而然證道成仙。

八、得　道

得道是修習坐忘第七個階段，最後也是最高的階段。得道就是成仙，得道成仙的人長生不死，這是神仙道教最高的境界。

(一) 形隨道通，與神合一，謂之神人

得道的人，形體能夠與大道合為一體，形體又能夠與精神合一，這種得道者，稱為「神人」[58]。神人的精神虛靜安定，形體不會衰老死亡，因為神人的形體與大道合一，所以沒有生死，而是長生不死。因此，《西昇經》說：「形體與精神合同為一，可以長生不死。」

易言之，身體與大道同一，能夠長生不死；思想與大道同一，能夠明白一切道理；耳朵與大道同一，能夠聽到一切聲音；眼睛與大道同一，能夠看到一切顏色。眼、耳、鼻、舌、身、意六根[59]與大道同一，即可通達無礙，稱為得道成仙。

(二) 尸解仙，形盡神不滅

司馬承禎把修道成仙分為兩類，一類是形神不死的神人，形體與精神皆能長生不死；一類是形體死亡而精神不死，這是得道較淺的尸解仙。尸解仙是人死後，留下遺體而精神成仙。根據葛洪《抱朴子·論仙》說：「據《仙經》云：上士可以身體昇天，稱為天仙；中士遊於名山大川，稱為地仙；下士先死而後成仙，稱為尸解仙。[60]」

---

58 神人是莊子的理想人格之一，《莊子·逍遙遊》說：「在很遠的姑射山上，住了一位神人，肌膚像冰雪般的白，容貌像處女般的溫柔，不吃五穀雜糧，呼吸清風，飲用露水。他厭惡世俗的紛擾，萬物不能傷害他，大水淹不死他，乾旱不會使他悶熱，因為神人不以世俗為務。」莊子的神人，並非神仙，祇是不以世俗為務的理想人格。

59 佛家六根：眼為視根、耳為聽根、鼻為嗅根、舌為味根、身為觸根、意為念慮根。

60 司馬承禎在《天隱子·神解》中把神仙分為五類：在人謂之仙，在天曰天仙，在地曰地仙，在水曰水仙，能通變謂之神仙。故神仙之道有五，其漸學之門則一焉。

得道成仙雖有不同的等級，卻都是漸學而成，不斷修習、累積、修煉、提昇而成功，《坐忘論》論述七個階段，就是漸學的次第與工夫。

九、樞　翼

樞翼是《坐忘論》的總結，就是最後的結論。

（一）先受三戒，依戒修行

修習坐忘的修道者，要遵守三條戒律：首先是簡緣，逐漸減少參與世俗的活動；其次是無欲，逐漸減少世俗的各種欲望；第三是靜心，常保虛靜的精神境界。能夠恪遵這三條戒律而不鬆懈的人，一定可以修道成功，臻於與道合一，得道成仙。

（二）得道之人，心有五時

得道成仙之人，修習靜心有五個不同的境界：第一個初階，心境動多靜少。第二個階段，心境或動或靜各佔一半。第三個階段，心境靜多動少。第四個階段，無事時心靜，有事時心動。第五個階段，是最高的境界，心與道合一，即使有事，心境仍然不動。修到這個境界，能夠得到安樂，所有的罪惡和過錯全部消盡，沒有任何煩惱。

（三）得道之人，身有七候

得道成仙之人，修習過程，身體有七個不同的階段：第一初階，一切言行，順應自然，容貌愉悅。第二個階段，夙疾全消，身心輕爽。第三個階段，身體得到滋養，不會受傷和夭折，元氣

充足，恢復生機。第四個階段，可以延壽數千歲，稱為仙人。第五個階段，把身體修煉成氣，稱為真人[61]。第六個階段，把身體之氣修煉成神，稱為神人。第七個階段，精神與大道合為一體，稱為至人[62]。至人是最高的境界，智慧高明圓滿。

十、結　語

以上簡述《坐忘論》的要旨，計有七個階段：一是敬信，二是斷緣，三是收心，四是簡事，五是真觀，六是泰定，七是得道。從敬信到得道，漸學而成，各有不同的工夫和境界，稱謂「七漸門」。值得注意的是，司馬承禎在《天隱子》一書中，也提出「五漸門」的觀點，兩者有所異同，簡要說明如下：

（一）齋　戒

《天隱子・齋戒》所謂齋戒，並非吃素不吃肉的意思，而是節食、調中、磨擦、暢外。所謂節食、調中是飲食適當，不可過飢，不可過飽，不吃未成熟的食物，不吃太多味道的食物，不吃腐敗不新鮮的食物。所謂摩擦、暢外是雙手時常摩擦皮膚[63]，消除身上的冷氣。此外，不要久坐久立，不要長久疲勞。

---

61 真人也是莊子的理想人格之一，並非神仙。見於〈大宗師〉、〈徐無鬼〉、〈田子方〉等篇。真人忘記人間，歸返自然，不以人為干涉自然，得失生死聽其自然，把天和人看成是一體，而不互相對立。

62 至人也是莊子的理想人格之一，並非神仙。見於〈天運〉、〈天道〉、〈庚桑楚〉、〈列御寇〉、〈知北遊〉、〈山木〉、〈逍遙遊〉、〈齊物論〉、〈達生〉等篇。至人遊心於逍遙之境，稱為「采真之遊」。

63 尤乘《壽世青編・修養餘言》說：「一身皮膚宜常乾浴。」就是經常用手掌乾擦全身的皮膚。此法適用於現代人常在冷氣房內。

（二）安　處

安處的目的是內以安心，外以安目。不要華麗的豪宅，而要房子向南，冬暖而夏涼，房子不要太高，也不要太低，屋內不要太明亮，也不要太陰暗。因為房子太高，陽氣太盛，房子太低，陰氣太盛，不宜人居。

（三）存　想

存是存我之神，想是想我之身。時常閉目，存想自己的身心，存想自己的感官，省視自己的內心，存心清明，反觀內省，學道之功過半矣。

（四）坐　忘

坐忘的目的是使心不動，彼我兩忘，忘是非、忘得失、忘名利、忘榮辱、忘美醜、忘生死。須知，忘是超越。

（五）神　解

神解就是得道成仙，在人稱為仙，在天稱為天仙，在地稱為地仙，在水稱為水仙。以五漸門而言，齋戒稱為信解，安處稱為閒解，存想稱為慧解，坐忘稱為定解，成仙稱為神解。所以，五漸門又稱為「五解門」。司馬承禎強調神仙之道，五歸一門，終歸成仙。

第四章　《黃帝內經》養生之方

第一節　陰陽與五行

　　《黃帝內經》是彙整古代醫學而編錄成冊的第一本中醫經典，包含〈素問〉和〈靈樞〉兩部分。約成書於西漢，非一人所作，也非一時完成，對後世的影響非常深遠，迄今仍視為傳統醫學的珍貴寶典。值得一提的是，據民國 99 年 9 月 13 日的新聞報導，《黃帝內經》列為聯合國教科文組織「世界記憶」名錄，「世界記憶」名錄是聯合國針對檔案和文獻資料進行的保存計畫。其養生思想具有日用實踐的價值，值得吾人精思力踐。

一、陰　陽

　　陰陽五行是《黃帝內經》（以下簡稱《內經》）養生思想的哲學基礎，也是中醫知識系統的思想範疇。《周易·繫辭上傳》第五章說：「一陰一陽之謂道。」凡是天地之間兩個相對的事物，例如：天地、日月、男女、乾坤、剛柔、動靜、寒熱、內外、日夜等，都稱為陰陽。以一天的晝夜而言，白天為陽，夜晚為陰，進一步細分，從清晨到日中，為陽中之陽；中午到黃昏，是陽中之陰；黃昏到雞鳴前，是陰中之陰；雞鳴之後，天亮陽氣始生，是陰中

之陽。

（一）陰陽四義

〈陰陽應象大論〉說：「陰陽是天地間不變的自然法則，也是一切萬事萬物分類的綱領，是一切變化的根本，也是萬物生長、衰老、死亡的本源。」簡言之，陰陽具有四個意義：一、相對而統一的具體事物，相對而不敵對。二、抽象的思想範疇，所有相對事物的稱謂，既抽象又具體。三、意指陽氣和陰精。四、兩者相互為用、相互制約、相輔相成、相互轉化、平衡和諧。

所謂相互為用，意指陰陽不能單獨存在，無陽則陰無以生，無陰則陽無以化。陽根於陰，陰根於陽，孤陰不生，獨陽不長。

所謂相互制約，意指陰可以制約陽，陽可以制約陰，例如寒（屬陰）可以約制熱（屬陽），熱可以制約寒；動（屬陽）可以制約靜（屬陰），靜可以制約動。陰陽相互制約，使身體處於平衡協調的正常狀態，如果陰陽失去制約，就會生病。譬如陽偏勝則陰衰，陰偏勝則陽衰；陽偏勝則生熱病，陰偏勝則生寒病。但是，物極必反，陽熱太過則有寒象，陰寒太甚則有熱象。

所謂相互消長，意指陰消陽長，陽消陰長，陰陽始終處於不斷地運動變化之中，並非靜止不動，陰陽維持相對平衡。例如四季的變化，由冬而春至夏，是陰消陽長；由夏而秋至冬，是陽消陰長，雖有陰陽的消長，總是處於相對平衡，如果氣候異常，將造成重大災難。

所謂相互轉化，意指陰可以轉化為陽，陽可以轉化為陰。例如日夜的交替，四季的變遷，都是天地間陰陽轉化的情形。所謂「重陰必陽，重陽必陰」可以說：寒生熱、熱生寒，稱為陰陽之變。換言之，寒甚則熱，熱甚則寒。也就是寒甚則生熱，熱甚則

生寒。

最重要的是陰陽關係是平衡和諧，因為陰主內守，陽主外護。內在的陰氣，要依靠外在陽氣的守衛，而外在的陽氣，又依靠內在陰氣的支持，陰陽相互依賴，相互生成。因此，〈生氣通天論〉強調「陰平陽秘」陰氣固守於內，陽氣緊密保衛於外，陰氣平和，陽氣密固，經常保持陰陽的協調，身體強健。如果人體的陰陽不協調，猶如四季有春無秋，有冬無夏；如果陰陽不和，分離而不相交，精氣隨之滅絕。值得注意的是，養生的關鍵就是「陰平陽秘」。所謂「陰平陽秘」是能量的動態平衡，生物學家發現，正常細胞透過「乙醯酶」及「去乙醯酶」的複雜作用，達到細胞內能量的動態平衡。如果細胞能量失去動態平衡，會導致老化和癌症等疾病。

生命不離陰陽，凡是屬陽的性質，是溫熱、上升、外在、無形、氣體、動態、機能亢進的狀態；屬陰的性質，是寒涼、下沈、內在、有形、物質、靜態、機能衰退的現象。以人體而言，上半身為陽，下半身為陰；腹部為陰，背部為陽；四肢內側為陰，四肢外側為陽；五臟（心、肝、脾、肺、腎）為陰，六腑（膽、胃、小腸、大腸、膀胱、三焦[1]）為陽。因此，〈寶命全形論〉說：「人生有形，不離陰陽。」也就是說，陰中有陽，陽中有陰，陰陽結合，始有生命。

（二）陰陽調和

以人體的病理而言，生病的根本原因是陰陽失調，失調有兩種現象，一種是陰或陽的偏勝；另一種是陰或陽的偏衰。陰勝或

---

1 三焦，水穀之道路，氣之所終始。上焦在胃上口，主內而不出；中焦在胃中脘，主腐熟水穀；下焦在膀胱上口，主分別清濁，主出而不內。

陽勝意指陰或陽高於正常平衡的病變，陽勝必然傷陰。因此，陽勝則陰病；陰盛必然傷陽，陰盛則陽病。陰衰或陽衰意指陰或陽低於正常平衡的病變，又稱陰虛或陽虛。陽虛意指人的陽氣不足，不能制約陰，導致陰相對偏盛而出現寒象，因此，陽虛則寒；陰虛則熱，陰虛是人的陰液（精）不足，不能制約陽，陽相對偏勝（亢）而有熱象。

由於疾病的根本原因是陰陽偏勝（盛）或陰陽偏虛（衰），因此，養生的根本方法是維持陰陽的相對平衡，虛者補其不足，盛者瀉其有餘，恢復陰陽的協調平衡。〈至真要大論〉所謂「以平為期」就是調整陰陽，恢復兩者的平衡和諧。具體而言，陽盛宜用寒涼藥物制約陽，陰盛宜用溫熱藥物制約陰，也就是熱者（陽盛）寒之，寒者（陰盛）熱之，這是瀉其有餘。相對而言，陰虛宜滋陰，陽虛宜扶（助）陽，補其不足，以消退陰盛，達到平衡。〈陰陽應象大論〉所謂「陽病治陰，陰病治陽」當陽盛陰虛時要滋陰，陰盛陽虛時要壯陽，使陰陽平衡，這是基本的養生原理[2]。

二、五　行

陰陽五行是一種宇宙論，或稱為天道觀，認為構成宇宙的五種基本元素是木火土金水，並認為宇宙是一個有機體，萬物都是由木、火、土、金、水之間的運動變化而生成，董仲舒《春秋繁露‧五行相生》說：天地之氣，合為一體，分為陰氣和陽氣，排列成五行，判別為四季。

---

2 虛症分為氣虛、陽虛、血虛、陰虛四類。還有氣血兩虛或氣陰兩虛等。

（一）比相生、間相勝

五行之間有「比相生」和「間相勝」兩種關係。比相生意指鄰近的兩行相生，木生火、火生土、土生金、金生水、水生木；間相勝意指間隔的兩行，互相剋制，木剋土、火剋金、土剋水、金剋木。相生相剋是自然生態的正常現象，維持萬物之間的動態平衡。

在相生關係中，任何一行都有「我生」和「生我」兩種關係。生我者為母，我生者為子，兩者之間稱為「母子關係」，以水為例，我生者為木（水生木），木為水之子；生我者為金（金生水），金為水之母，其餘類推。相剋關係中，任何一行都有「我剋」和「剋我」兩種關係，以水為例，我剋者為火（水剋火）；剋我者為土，土剋水。

（二）相乘、相侮

相生相剋是正常的自然現象，然而，也有不正常的相剋現象，稱為「乘侮」，就是相乘和相侮，相乘是乘虛侵入的意思，例如木過於強盛，剋土太過，造成土的虛損，稱為「木乘土」；或是土本身虛弱不足，木剋土相對增強，造成土更加虛弱，稱為「土虛木乘」。

相侮意指反侮，又稱「反剋」，例如金剋木，木原本受金剋制，但是，當木太盛時，不僅不受金的剋制，反而對金反剋，稱為「木侮金」，或是由於金本身過於虛弱，不僅不能剋木，反而受到木的反侮，稱為「金虛木侮」。相乘和相侮都是不正常的相剋現象，可以同時發生，例如木太盛時，既可以乘土，又可以侮金；金太虛弱時，既受到木的反侮，又受到火乘。

（三）五行生剋

　　木火土金水雖然是宇宙的五種基本物質，也是抽象化的思想範疇。換言之，五行的特性，是抽象化的概括，具有引申的意義。以木而言，樹木向上和向外生長，引申為生長、升發、條達舒暢等性質的事物；火的本性是炎熱，引申為溫熱、升騰作用的事物；土的本性是種植，引申為受納、承載、生化的事物；金的本性是兵刃、金革，引申為肅降、收斂等作用的事物；水的本性是潤下、引申為寒涼、滋潤、向下運行的事物。

　　五行是一個系統範疇，以木火土金水連結人體與自然界的關係，所謂天人相應。在自然界的現象中，有五時令（春、夏、長夏、秋、冬），五味（酸、苦、甘、辛、鹹），五色（青、赤、黃、白、黑），五氣候（風、暑、濕、燥、寒），五方位（東、南、中、西、北），五種發展過程（生、長、化、收、藏）；在人體方面，有五臟（肝、心、脾、肺、腎），五官（目、舌、口、鼻、耳），五形（筋、血脈、肌肉、毛皮、骨），五情志（怒、喜、思、悲、恐），五腑（膽、小腸、胃、大腸、膀胱）。

　　這種五行歸類是將事物的性質和作用，與五行的屬性相類比，例如，以方位類比五行，太陽自東方升起，與樹木的生長相類似，因此，東方歸類於木；南方比較炎熱，與火的屬性相類似，所以，南方歸類於火。又如以五臟配五行，肝主條達舒暢而歸類於木，因為樹木的生長條達舒暢。五行之間相生相剋，維持自然界的生態平衡和人體的生理與心理平衡，如圖 4-1：

圖4-1 五行歸屬舉例表

自然界						五行	人 體				
方位	氣候	發展過程	五色	五味	時令		臟	腑	五官	形體	情志
東	風	生	青	酸	春	木	肝	膽	目	筋	怒
南	暑	長	赤	苦	夏	火	心	小腸	舌	血脈	喜
中	濕	化	黃	甘	長夏	土	脾	胃	口	肌肉	思
西	燥	收	白	辛	秋	金	肺	大腸	鼻	毛皮	悲
北	寒	藏	黑	鹹	冬	水	腎	膀胱	耳	骨	恐

《內經》以陰陽五行的思想系統，解說人體生理及心理的各種現象，並且用於診斷、治療及養生。五行相生，意指某一行（物）對另一行（物）具有促進、助長和資生的功用；五行相剋，意指某一行（物）對另一行（物）具有制約的作用。

〈陰陽應象大論〉說：自然界有春、夏、秋、冬四季的循環，有木、火、土、金、水五行相生相剋的法則，而有寒、暑、燥、濕、風的氣候，促成萬物生、長、化、收、藏的規律，因為天人相應的關係，人有喜、怒、悲、憂、恐五種不同情志的反應，由此可見人與自然環境的密切關係。〈欬論〉所謂「人與天地相參」參贊天地的化育。

（四）陰平陽秘

陰陽五行的養生關鍵是「陰平陽秘」，陰陽五行能夠協調平衡，這種人稱為「平人」[3]。平人順應四時，調和情志，使體內的陰陽維持平衡的最佳狀態。因此，主要的養生方法是「不足者補之，有餘者瀉之。」〈至真要大論〉提出養生與治病的總原則：病

---

3 〈調經論〉說：「陰陽勻平……命曰平人。」〈終始〉說：「平人者不病」。

屬於寒者用熱藥，屬於熱者用寒藥，屬於溫者用清涼藥，屬於涼者用溫性藥，元氣耗散者用收斂藥，抑鬱者用疏散藥，氣燥者用濕潤藥，元氣衰弱者補其不足，氣太強盛者瀉其有餘，使病者神清氣靜。這是治療的總原則，也是養生的總原則。

平人就是陰陽平衡之人，平人不病。平人又稱「陰陽和平之人」，〈通天〉認為屬於陰陽和平的人，他們的陰陽之氣平衡和諧，血脈調和，日常起居安靜，內心寧靜，沒有恐懼，沒有貪念妄想，一切順從事物的自然發展，不計較個人的利益，能夠適應季節的變化，雖處尊貴，態度謙遜，無為而治，常以道德教化人民，不以嚴刑峻法治理國家，這是最好的治國和養生方法。平人的相貌，雍容自得，態度溫良恭敬，對人和顏悅色，慈祥和善，言行端正，人人尊為君子。

第二節　天年與精氣神

一、天　年

生、老、病、死是生命的自然規律，人為何會老死？目前比較重要的醫學理論是細胞分裂限制學說，人的細胞從胚胎期算起，分裂五十次後，停止正常分裂而死亡，以此推算人的自然壽命，大約是 120 歲左右[4]。《內經》天年的衰老理論，近似現代醫

---

4 除了細胞分裂理論外，尚有基因老化理論。人的基因 DNA 容易被氧化而破壞，破壞的主要原因，包括：食物、生活方式、毒素、污染、放射線等。有人主張自由基理論，自由基有一個額外的電子，因此帶負電荷。自由基會與別的分子結合並偷取其負電，造成穩定的分子遭受破壞。飲食不正常、生活沒有規律、抽煙、喝酒和輻射線等，加速自由基的產生。自由基也會攻擊細胞膜，造成毒素的累積，因而干擾細胞的溝通，以及 DNA、RNA 和蛋白質的合成。

學的論述。

所謂天年，意指人的自然壽命，〈天年〉兩次提到人的自然壽命為百歲，〈上古天真論〉說：盡終其天年，度百歲乃去。

（一）衰 老

〈天年〉論述生命的成長與衰老：人活到十歲左右，五臟開始健全，氣血的運行暢通，喜歡走路。二十歲左右，氣血開始旺盛，肌肉發達，喜歡跑跳。三十歲左右，五臟完全健旺，肌肉堅固，血脈充盛，喜歡穩重步行。四十歲左右，五臟六腑十二經脈發育成熟，腠理開始疏鬆，容顏面貌逐漸老化，頭髮花白，喜歡靜坐。五十歲左右，肝氣開始衰退，視力減弱。六十歲左右，心氣開始衰退，氣血的運行懈怠，喜歡臥躺。七十歲左右，脾氣虛弱，皮膚乾枯。八十歲左右，肺氣衰弱，魄氣消散，時常說錯話。九十歲左右，腎氣衰竭，肝、心、脾、肺和全身的經脈都已空虛。一百歲左右，五臟精氣空虛，神氣消散而死。

〈上古天真論〉也論述衰老的過程：女子七歲，腎氣開始充盛。十四歲，天癸（促性腺激素）充實，任脈暢通。二十一歲，腎氣平均充滿。二十八歲，筋骨堅強，身體壯盛。三十五歲，陽明脈衰，頭髮開始脫落。四十二歲，陽明經脈（太陽、陽明、少陽等經脈，均行於頭部）開始衰弱，顏面開始憔悴，頭髮開始斑白。四十九歲，任脈虛，天癸枯竭，開始停經，不再受孕。男子八歲，腎氣充實。十六歲，腎氣旺盛，精氣飽滿。二十四歲，腎氣平均充滿。三十二歲，肌肉健壯，筋骨強壯。四十歲，腎氣由盛而衰。四十八歲，陽氣開始衰弱，顏面憔悴，頭髮斑白。五十六歲以後，腎氣衰，肝氣也衰。六十四歲以後，精氣衰，牙齒和頭髮都脫落了。

值得注意的是，《內經》強調腎氣的重要性，腎氣是生命的先天之氣（相當於人體的各種機能），必須依靠後天水穀精氣的滋養，水穀精氣相當於營養物質。換言之，五臟六腑吸收了水穀精氣（營養）之後，再提供給腎氣，腎氣始能發揮功能。所以，古人說：「先天生後天，後天養先天。」先天是腎氣，後天是水穀精氣。

（二）盡終天年

為什麼上古養生之人能夠盡終天年，度百歲而壽終？〈上古天真論〉認為上古之人，能夠明白養生的道理，養生者的生活起居順應大自然的變化，在日常生活中調養精、氣、神，生活作息都有一定的法度，飲食節制，定食定量，起居有常，生活規律，不過度勞累，所以能夠保持身心的健康，形體和精神充實飽滿，活到天年，無疾而終。

上古聖人教人養生的方法是：隨時隨地防備邪氣賊風[5]。精神方面要生活清靜，恬淡寡欲，減少欲望，如此養生，保有真氣（元氣），精神內守，不會向外逐物，精神飽滿。形體和精神都養護得很好，當然不會生病。

換言之，養生之道是：情志閒靜，少私寡欲，心神安定，不憂不懼，時常勞動而不過度疲倦。由於寡欲不貪心，基本的生存慾望就容易滿足，天真元氣就會和調常存。只要過著簡樸的生活，不會在意飲食的好壞，不會計較服裝的美醜，安於當地的風俗習慣，生活快樂，不羨慕他人的物質享受。所以，一切邪淫的事不會迷惑心性，不計較得失榮辱，因此能夠活到百歲以上，而且動

---

[5] 邪氣是傷人的不正之氣，包括各種不正常的氣候（太冷、太熱、太濕、太乾燥等）及病毒、病菌。〈欬論〉說：「皮毛先受邪氣」風寒傷人，皮膚先受邪氣，再傳到肺。所以，外感風寒，肺先受傷，造成肺部咳嗽。

作不衰，盡終天年，以此養生，稱為「德全不危」。

　　相反的，現代很多人不重視養生，喜歡喝酒，酒醉縱欲，耗精傷神，妄用精神，追逐物欲，生活起居沒有規律，飲食沒有節制，暴飲暴食，半百已衰，不能盡終天年。

（三）養生典範

　　至於理想的養生典範為何？〈上古天真論〉提出四種典範：真人、至人、賢人、聖人，各有不同的養生境界。

　　最高的養生境界是真人。真人能夠適應大自然的變化，天人相應，天人合一，把握陰陽消長的規律，吸收精氣，吐故納新，精神內守，使形神合一，身心一體，形體不衰，壽命長久，猶如與天地長存[6]。

　　次高的養生境界是至人。至人有淳厚的德性，實踐養生之道，不顧世俗的紛擾，積精全神，保全天真元氣，形體健壯，精神飽滿，耳聰目明，延年益壽，接近真人的精神境界[7]。

　　其次是聖人的養生境界。聖人能夠適當地生存在天地之間，不為邪氣賊風所傷，處在世俗之間，節制情欲，心志安定，沒有忿怒之心，言行不違背風俗，身體不過度勞累，思想不過度思慮而傷神，精神始終保持悅樂，知足常樂，悠然自得，保養得宜，形體不衰，精神不散，可以活到百歲，盡終天年[8]。

　　再其次是賢人的養生境界。賢人效法天地，稱為「法天」。順和自然，順從四時（四季），服從上古的養生之道，可以延年益壽

---

6 真人是莊子的理想人格之一，參見《莊子‧大宗師》。
7 至人也是莊子的理想人格之一，參見《莊子‧天道》。〈庚桑楚〉強調至人如嬰兒，持守真氣。
8 聖人也是莊子的理想人格之一，莊子之聖人，不同於儒家的聖人，參見《莊子‧德充符》。

到天年。

可知，理想的養生工夫，包括：順從四時，把握陰陽，吸收精氣，積精全神，精神內守，無恚嗔之心，情志恬愉，知足常樂，能夠形體不衰，心神不散，享盡天年。

（四）自作孽，困於酒色財氣

《內經》的天年思想對後世的養生家有深遠的影響。張介賓《景岳全書·天年論》認為人秉受天的自然壽命，本有百歲，這是應有的天年。然而，少有百歲人瑞，主要原因有四：一、是天刑：寒暑不時（不正常的氣候）、災荒頻繁，無妄厄運，橫逆妖祥等。二、是地殺：水災、乾旱、火災、各種陰毒、危險等。三、是人禍：爭鬥傷殘、刀兵屠戮、嫁禍陰謀、明欺強劫等。四、是自作孽而不可活者：困於酒、困於色、困於財、困於氣、困於功名、困於醫等。

所謂困於酒，意指喝酒過多對健康的傷害，酒能潛移禍福而人難避，酒能大損壽元而人不知，未到中年，多見病變百出，甚至眩暈卒倒，中風而死。

所謂困於色，意指美色伐命，或成勞損，好色染病，色迷而死。總之，好色之人多淫溺，樂而忘返，不顧身家，未有貪戀美色而不招殃致敗者。

所謂困於財，意指財能殺人，往往爭財逐利而不顧道義，骨肉相殘，尤其貪得無厭，常忘性命，為財而亡。

所謂困於氣，意指驕矜好勝，逞血氣之強，豈知忿怒最損肝脾，爭競偏執，自愚自斃。

所謂困於功名，意指寒窗苦讀，望穿飛騰功名而湮沒無聞，浩氣受抑，鬱悶而終，不知其幾何人矣！

所謂困於醫，意指良醫不易得，庸醫多，庸醫害人亦多，凡人不知醫理，雖死而不覺。

如何趨吉避凶，保全性命？要有智慮，預知危險，防患於未然，順天理，重仁義，應可避免天刑、地殺、人禍的禍患。至於自作孽之困，全由自己作主。酒困可避，我自己喝酒不醉，少喝酒；色困可避，我自己不迷惑於美色；財困可避，我自己不貪財；氣困可避，我自己看破不認真，不與人爭鬥；功名之困可避，我自己不強求功名；庸醫之困可避，我自己閱讀醫書，明白醫理，探訪良醫。為人處世，涵養善心，無欺於人，不行險，不僥倖，應可避免自作孽的災禍，享盡天年。

（五）三因論

近似《內經》和張介賓的天年思想，宋代名醫陳無擇提出「三因論」的致病原因。所謂三因，意指外因、內因、不（非）內外因。外因是六淫致病；內因是七情致病（喜怒憂思悲恐驚）；不內外因包括：飲食、房中（男女色欲）、勞逸、刀傷、蟲獸、壓溺、鬼神等，造成致病或傷亡的情形[9]。

所謂六淫，意指風淫、熱淫、濕淫、火淫、燥淫、寒淫、六淫源於六氣（風、熱、濕、火、燥、寒）過盛，尤其是風，〈生氣通天論〉強調風是百病的主因。如果春天傷於風邪，很快發病的話，就是外感風邪，如果邪氣留連體內，就會發生消化不良的腹瀉。可是，六淫邪氣如果不是遇到體質虛弱的人，外邪不能單獨

---

9 陳無擇的三因論，源自張仲景的思想，《金匱要略》說：「千般疢難，不越三條：一者經絡受邪，入臟腑，為內所因也；二者四肢九竅，血脈相傳，壅塞不通，為外皮膚所中也；三者房室、金刃、蟲獸所傷。以此詳之，病由都盡。」

影響人的健康。外邪意指外來的感染，包括病毒或病菌。

　　換言之，有些人遭遇風邪或是六淫而不生病，主要原因是體內的正氣旺盛。凡是疾病的產生，必是人體正氣虛弱，再遇上邪氣的虛邪賊風，兩虛遇合，邪氣侵入人體而發病。須知，邪氣是四季不正（反常）的氣候，也就是能夠傷害人體的虛風，例如應冷反熱、應熱反冷，這種反常的氣候，又稱為虛邪賊風。邪氣一旦中傷人體，都是比較嚴重的，尤其當人體的正氣不足，更容易外感風邪。所以，〈刺法論〉說：「正氣在內，邪不可干。」只要人體的正氣（免疫機能）充足，雖有風邪也不足為害。換言之，正氣不足或虛弱，表示人體的免疫力降低，容易造成各種感染，例如流行性感冒、腸病毒等流行性疾病。

　　進而言之，外邪入侵人體的過程為何？〈謬刺論〉說：邪氣侵襲人體，先從皮毛入侵，再侵入經脈，因為經脈連結五臟，邪氣循經脈入侵五臟，並散布於六腑（如腸胃等）之間，臟腑就受到傷害了。〈玉機真臟論〉認為風寒侵襲人體，先從皮毛開始，風寒使毛孔閉塞不通，陽氣困於體內，人就會發熱。此時，趕快用發汗的方法，使邪氣排出體外，就可以恢復健康。如果沒有治療，邪氣入侵肺，因為肺主皮毛，所以肺先受邪。再不治療，傳於肝，再不治療，傳於脾，再不治療，傳於腎，再傳於心，十五天後五臟機能已盡而死，所以說風（邪）是百病之源。

（六）治未病與六不治

　　有趣的是，《史記‧扁鵲列傳》記載扁鵲見齊桓侯的故事，印證《內經》的觀點。扁鵲到齊國，齊桓侯召見他，扁鵲見齊桓侯時說：「陛下有小病，邪氣在皮膚之間，不治療病會惡化。」齊桓侯說：「我沒有生病」扁鵲退出，齊侯對左右說：「扁鵲好利，想

在沒生病的人身上顯現他的醫術，以為邀功。」過了五天，扁鵲
又見齊侯說：「陛下的病在血脈，不治療會惡化。」齊侯不悅地說：
「我沒有生病。」過了五天，扁鵲又見齊侯說：「陛下的病在腸胃，
不治療會惡化。」齊桓侯不理睬。又過了五天，扁鵲遠遠望見齊
桓侯就趕快逃走，齊侯派人追問原因，扁鵲說：「邪氣在皮膚的小
病，湯藥可以治療；邪氣侵入血脈、腸胃，都容易治療；邪氣入
侵骨髓，即使掌管人命的神也無可奈何！現在，陛下的邪氣已侵
入骨髓，所以，我無法為他治病。」過了五天，齊侯病重，派人
找扁鵲，扁鵲已離開齊國，齊桓侯就死了。（此事亦見於《新序・
雜事二》，《韓非子・喻老》作晉桓公，又稱晉孝公或蔡桓侯。）

　　因此，有智慧的人，可以提早預防還沒有顯現症狀的疾病，
能讓良醫及早治療，疾病可以治癒，生命可以存活，這就是〈四
氣調神大論〉所謂「聖人不治已病，治未病。」[10]，良醫治病，
在未發病之前加以預防，不是生病後才去治療，這就是〈八正神
明論〉所謂「上工救其萌牙」。

　　所以，生病有六種情形很難治療：一是患者驕傲放縱，不講
道理，不明醫理。二是看重錢財，輕視身體健康。三是飲食不節
制，衣著不適當，冷天衣服穿太少，熱天衣服穿太多。四是陰陽
偏勝，陽偏勝產生熱症，陰偏勝產生寒症，但是，寒極表現熱象，
熱極表現陰象，陰陽失去相對平衡，使五臟之氣失去正常機能。
五是身體消瘦，元氣虛弱，不能承受湯藥的副作用。六是迷信巫
術，不相信醫學。只要有其中之一種情形，疾病就非常難治[11]。

---

10 孫思邈《備急千金要方・養性》說：「是以至人消未起之患，治未病之疾。」
　　尤乘《壽世青編・勿藥須知》說：「治有病不若治無病」都是預防勝於治療
　　的治未病。《靈樞・逆順》說：「上工治未病，不治已病。」
11 〈扁鵲列傳〉提出「病有六不治」影響所及，尤乘《壽世青編》主張病有八

二、精氣神

（一）氣

　　《內經》有關精氣神的論述，源於中國哲學的氣化論，氣的思想起源相當久遠，我們發現甲骨文已經有「氣」這個字，一般而言，是指天氣。《左傳·昭公元年》所謂「天有六氣」，六氣是陰、陽、風、雨、晦、明。由於氣的生化作用，形成五味、五色、五聲等自然現象。五味是甘、苦、酸、辣、鹹；五色是白、黑、青、赤、黃；五聲是宮、商、角、徵、羽。天氣不正常時，產生各種疾病。換言之，從自然現象到身體疾病，都是氣的生化作用。

1.天地合氣，萬物化生

　　〈至真要大論〉說：六氣（風、寒、暑、濕、燥、火）在天就是天之氣，在地就是地之氣，天氣下降，地氣上升，天地之氣相合，萬物化生[12]。值得注意的是，《內經》之氣，分為天氣、地氣和人氣。

　　〈診要經終論〉強調天氣、地氣和人氣相應。正月、二月，天氣開始上升，地氣開始發育萬物，人體相應之氣在肝；三月、

不治：「室家乖戾，處事不和，動成荊棘，一也；恣縱愒淫，不自珍重，二也；幽思想慕，得失縈懷，三也；今日預愁明日，一年營計百年，四也；煩躁暴戾，不自寬慰，五也；窘若拘囚，無瀟灑志，六也；怨天尤人，廣生懊惱，七也；以死為苦，難割難捨，八也。」《壽世青編》又提出七種失誤疾病難治：「夫病有七不可治者：失於不審，失於不慎，失於不信，失於不辨，失於自立意見，失於擇醫，失於怠忽過時。」《後漢書，郭玉傳》療疾四難：自用意而不任臣、將身不謹、骨節不強不能使藥、好逸惡勞。

12 王充《論衡·物勢》說：「夫天地合氣，人偶自生也。猶夫婦合氣，子則自生也。」

四月，人體相應之氣在脾；五月、六月，天氣炎熱，人體相應之氣在頭；七月、八月，天氣轉涼，人體相應之氣在肺；九月、十月，陰氣開始凝結成冰，地氣開始閉藏，人體相應之氣在心；十一月、十二月，天氣寒冽，地氣密閉，人體相應之氣在腎。

《內經》認為氣是構成人體最基本的物質，〈寶命全形論〉說：「人秉受天命陰陽之氣，隨著溫、涼、寒、暑、生、長、收、藏四季的運行而生成。」氣表現生命的現象，是生物能量（bio-energy）。當人體內的生物能量（氣）降低時，整個有機體就喪失了活動力而容易生病、衰弱和早夭。就生物學的觀點而言，氣是有機體的電荷和電流[13]。氣對生命體而言，猶如電力對電腦的功用[14]。

所以，只有活體才有氣，死屍就沒有氣的存在。人體之氣的生成，有三個來源：一是秉受父母的先天精氣；二是水穀之氣，簡稱穀氣，就是人體吸收的營養物質；三是肺的呼吸之氣。換言之，氣是身體的機能、功能、能量。

2.元　氣

《內經》認為氣主導人體生理機能的運作，氣的正常運行，維持人體正常的生理功能。尤其元氣，又名原氣或真氣，是人體最基本、最重要的氣，是人體生長發育和維持生命活力的本源，如果元氣充足飽滿，身體發育良好而且健康；反之，元氣不足衰

---

13 物體表面所存在之正電或負電，稱為電荷（electric charge）。電在物體上靜止不流動時，稱為靜電，電在可自由通過之物體上循環流動時，稱電流。

14 據民國 94 年 8 月 1 日中國時報 A9 版報導：台大工程科學與海洋工程學系許文翰教授，首度證實氣道存在人體，穴道附近微血管密集交錯形成的氣道是體內氣血交換處。氣是細胞間隙的帶電組織液。許文翰指出「氣的流動有一定的方向性」大陸學者孟競壁將顯影劑注入穴道，發現組織液（氣），依循經絡線流動。

弱，身體發育不良而且體弱多病。

從現代西醫的觀點而言，所謂元氣近似人體的代謝機能，當元氣充足飽滿時，表示代謝機能旺盛，身體健康；當元氣不足衰弱時，表示代謝機能低弱或障礙，將產生發育不良、精神不足，體力較差或各種疾病。所以元氣的厚薄強弱，代表一個人的體質。人體其他的氣，都是元氣所派生。

元氣以腎所藏的精氣為主，由腎之精氣所化生，不過，也與脾胃運化水穀精氣（各種營養）有關。元氣通過三焦而流行於全身[15]，作用於人體各臟腑。

3.宗　氣

肺有呼吸功能，從大自然中吸入清氣（氧氣），呼出濁氣（二氧化碳），肺總管人身的宗氣，宗氣在胸中的聚集之處，稱為「氣海」，又稱「膻中」[16]，主呼吸，凡語言、聲音、呼吸的強弱，都與宗氣的盛衰有關。宗氣由大自然的清氣與脾胃產生的穀氣綜合化生而成。

4.臟腑之氣

《內經》把人體器官分為五臟六腑[17]，每一個臟或腑都有氣，氣的強弱都會造成病變，我們可以說臟腑之氣近似人體各器官的生理機能或生理功能。

5.衛　氣

衛氣主要由水穀精氣所化生，是血管之外皮下組織之氣，捍衛外邪由肌膚入侵，近似西醫的免疫系統。衛氣強，免疫系統機

---

15 三焦是水穀之道路，氣之所終始。上焦在胃上口，主內而不出；中焦在胃中脘，主腐熟水穀；下焦在膀胱上口，主分別清濁，主出而不內。

16 〈五味〉說：「宗氣在胸中聚積之處，稱為氣海，又名膻中。」膻中在胸中兩乳間，為氣之海。

17 五臟：肝、心、脾、肺、腎；六腑：膽、小腸、胃、大腸、膀胱、三焦。

能正常，不易感染疾病；衛氣弱，容易感染病毒、病菌而生病。〈本臟〉說：衛氣的功能是護衛肌表、溫養肌肉、滋潤皮膚、調節汗液的排泄，以固實體表，維持體溫的穩定。

6.營　氣

營氣又稱榮氣，主要來自脾胃運化的水穀精氣[18]，所以，營氣富於營養。〈邪客〉說：營氣的功能是化生血液，營養體內各組織器官（臟腑）。營氣是血管之氣，近似血液循環功能，人體藉著血液循環，將營養成分和氧氣，輸送到全身。如果營氣不足，人體的末梢組織因營養不足而導致發生病變。如果營氣充足，末梢的血液循環良好，可以防止或降低週邊組織病變的發生。

7.氣　機

人體氣的運動，包括：升、降、出、入，稱為氣機。例如肺主呼吸，吸氣是入，呼氣是出。氣的升降出入之間，能夠協調平衡，稱為氣機調暢；反之，稱為氣機失調，如：氣機不暢、氣逆、氣滯、氣陷、氣脫、氣結、氣鬱、氣閉等。

（二）精

〈本神〉認為生命的由來，是源於陰陽（父母）的基本原質之物，這個物質就是精，兩精結合為生命。換言之，精是構成人體生命來源的先天之物。〈經脈〉說：生命在孕育之初，先由父母的結合而成精，由精發育成腦髓，逐漸生成人體，以骨骼為支架，以脈作為營運氣血的通路，以筋的強勁拘束骨骼，以肌肉為牆，護衛體內的臟腑和筋骨血脈，當生長皮膚、毛髮後，形體已成。出生以後，吸收五穀，供給營養，使人的脈道通暢，氣血運行脈

---

18 〈痺論〉說：營者，水穀之精氣也。

道，生命生生不息。

　　值得注意的是，人的先天之精，又名腎氣，藏於腎。〈上古天真論〉說：女子到了七歲時，腎氣開始充盛，到了十四歲，天癸充實，月經來潮，到了四十九歲以後，天癸枯竭，開始停經，不能生育。又說：男子八歲，腎氣充盛，十六歲腎氣旺盛，天癸成熟，可以結婚生子，四十歲腎氣由盛而衰，五十六歲以後，腎氣衰，天癸枯竭，少精，形體開始衰老。

　　人體不僅存有先天之精（腎氣），尚有後天之精。所謂後天之精，就是水穀之精氣，意指營氣。〈痹論〉說：營氣是水穀消化而生的精氣，水穀之精氣從肺氣先調和於臟腑，然後注入於脈，循脈的上下再滲注於五臟六腑，這是營氣的生成和周循全身的情形。

（三）神

1.陰陽不測謂之神

　　《周易・繫辭上傳》說：「陰陽不測之謂神」這個神意指自然界陰陽變化的現象及其規律法則，廣大幽遠，變化不已，神奇玄妙，難知莫測，生生不息。

　　《內經》繼承〈繫辭上傳〉神的思想。〈天元紀大論〉說：萬物生生不息，稱為化生，就是萬物的化育，萬物生長到了極點就會變化，稱為變，這種陰陽變化，莫知難測，稱為神。陰陽變化的功用，在天為幽遠的宇宙，稱為玄，在人為日用之理，稱為道，在地為萬物的生長，稱為化。大自然的現象，難以完全說明清楚，雖有陰陽五行的歸類，一般人仍然不易明白其中的道理。唯有上智者昭然獨明，慧然獨悟，可以體會天地的神妙，這就是陰陽不

測謂之神[19]。

2.心藏神，主神明

　　對應大自然的神（陰陽變化的法則），人也有生命之神，生命之神意指人的精神思維。〈本神〉認為生命的由來，源自父母的精，兩精結合而成為生命的內在原動力，稱為神，魂是人的精神和意識，魄是人體器官活動的功能，心是生命活動的最高統帥，心有計劃準備去做，稱為意，打定主意，願意貫徹，稱為志，為了貫徹意志，仔細研議，稱為思，因思考而有長遠計劃，稱為慮，因思慮而有相應措施，稱為智。

　　〈宣明五氣論〉說：「心藏神，肺藏魄，肝藏魂，脾藏意，腎藏志。」五臟所藏五種精神功用，由神所支配，統屬於心，心是精神意識思維之主，人的聰明智慧發源於心。

3.七情五志爲神

　　《內經》將人的情志反應分為七種，稱為七情，包括：喜、怒、憂、思、悲、恐、驚。基於五行歸屬，心志為喜，肝志為怒，肺志為悲、憂，脾志為思，腎志為驚、恐，稱為五志。

　　由於心在五臟中為君主之官，心為精神之所舍，因此，情志雖分屬於五臟，但是，統管在心，為心神所統帥，心在情志反應中發揮主導的作用，所以說七情五志為神。

---

19 《內經》的神，不是宗教信仰的鬼神，〈寶命全形論〉所謂「道無鬼神」，把鬼神巫術排除在外，《內經》純為醫學之道。

第三節　四時與日常起居養生

一、四時養生

中國哲學強調天人相應，天地之間有陰氣和陽氣的消長，四時（春、夏、秋、冬）的變化，就是陰陽二氣的消長。人在天地之間，必須適應天氣的變化。所以，〈本神〉說：智者養生，應當順從四季的變化而適應寒暑。

（一）人氣通天

源於中國哲學的天人相應，《內經》也強調「人與天地相參，與日月相應」的通天思想。

〈四氣調神大論〉說：萬物春生、夏長、秋收、冬藏，是由於四季陰陽之氣的變化所造成。所以說陰陽是萬物生死的根本。養生者能夠順應大自然的規律，在春夏養陽氣，在秋冬養陰氣，從根本上順應自然的規律。反之，不順應四季的變化，會損害生命的根本，傷害元氣。因此，四季陰陽的變化，是萬物生死的始終，也是人類生死的本源。如果違逆四季變化，百病叢生，順從四季，就不會產生嚴重的疾病，這樣稱為「得道」，也就是做好養生。總之，順從陰陽則生，違逆陰陽則死。

值得注意的是，順應四季養生的基本原則是春夏養陽、秋冬養陰。也就是春夏養生長之氣，使意志舒暢，心神暢達，氣機宣通而不抑鬱，但也不應宣泄太過或吃太寒涼之物，例如冰品冷飲，而傷害陽氣；秋冬養收藏之氣，順應陰氣漸旺的規律，而避免耗

精而傷陰氣。所以說人是稟賦天地陰陽之氣，順從四時變化而生成，人生於天地之間，必須適應自然的變化，才能活命，恰如達爾文所謂「最適者生存」的生物演化。

（二）人與四時相應

〈四氣調神大論〉具體論述四時養生的方法[20]：春天三個月（孟春、仲春、季春），陽氣上升，萬物欣欣向榮，天地充滿生機，是萬物生育發展的季節。春生相應於人，為了順應春溫的季節，我們應該早一點睡覺[21]，早一點起床，到庭院或戶外公園，呼吸新鮮空氣，活動筋骨或做各種氣功，穿著休閒或運動衣服，不必過於打扮，使身心舒暢，情志閒適。春天是萬物生育的季節，我們對待萬物（包括人類），助其生長，避免殺害，獎勵仁善，不應誅罰，這是春季的養生之道。如果違背春天的養生法則，就會傷害肝氣，因為肝屬木，木應暢旺於春天。到了夏天，就會得到寒氣的疾病，使得適應夏天的身體機能降低，稱為「奉長者少」[22]。

夏天三個月，是萬物茂盛秀麗的季節，稱為「蕃秀」。到了夏至，陽氣極盛，陰氣初生，陰陽之氣感應相交，萬物開花結果。相應於夏長之氣，我們應該晚一點睡覺，早一點起床，不要厭惡天氣太熱，不要生氣發怒，應該心情愉快，流一些汗，使陽氣向外宣泄，不要閉塞汗腺，不要整天躲在冷氣房，會得鬱熱，這是夏天的養生之道。如果違背夏天的養生法則，就會損傷心氣，因為心屬火，火應暢旺於夏天。到了秋天，容易得到咳嗽，使得適應秋天的身體機能降低，稱為「奉收者少」。

---

20 所謂四氣是春溫、夏熱、秋涼、冬寒的氣候。
21 夜晚最遲不超過十一時睡覺。
22 因為夏天是萬物長大的季節，春天不做好養生，降低夏天的適應能力。

　　秋天三個月，是萬物成熟的季節，稱為「容平」。氣候涼爽，天氣急勁，地氣清肅。相應於秋收之氣，我們應該早一點睡，早一點起床，使情志安逸寧靜，不受秋天肅殺之氣的不良影響，精神內守，收斂心神，不要向外發洩，使肺氣清靜，這是秋天的養生法則。如果違背秋天的養生之道，肺氣受到損傷，到了冬天，容易得到消化不良的泄瀉疾病，使得適應冬天的身體機能降低，稱為「奉藏者少」。

　　冬天三個月，是萬物凋零冬眠的季節，稱為「閉藏」。河水結冰，土地凍裂，陰氣盛、陽氣衰。相應於冬藏之氣，不要擾動人體陽氣，早一點睡，晚一點起床，等待日出，使情志潛藏安靜，無求於外，悠然自得。躲避寒冷，接近溫暖，避免多流汗，人體陽氣不要外泄。人體陽氣外泄，稱為「奪氣」，奪氣太多，稱為「極奪」，以適應閉藏的冬氣，避免人體陽氣外泄太多，這是冬天的養生之道。如果違背冬天的養生法則，到了春天，容易得到四肢痿弱的疾病，使得適應春天的身體機能降低，稱為「奉生者少」。

　　四時養生，依季節變化而有應行的法則。春天如果違背春生的養生之道，少陽之氣不能發揮生發的功用，肝氣內傷而發生病變；夏天如果違背夏長的養生之道，太陽之氣不能發揮成長的功用，致使心氣內虛；秋天如果違背秋收的養生之道，少陰之氣不能發揮收斂的功用，致使肺氣燥熱而產生脹滿；冬天如果違背冬藏的養生之道，太陰之氣不能發揮閉藏的功用，因為太陰之氣通於腎，致使腎氣衰弱消沈[23]。

　　從上得知，四時相應人體不同的內臟。〈六節臟象論〉說：「天以五氣養人」，五氣是風氣、暑氣、濕氣、燥氣、寒氣。風氣入肝，

23　四季之氣，依陰陽盛衰而言，春天是少陽之氣，夏天是太陽之氣（太陽之氣，意謂最強盛的陽氣），秋天是少陰之氣，冬天是太陰之氣。

暑氣入心，濕氣入脾，燥氣入肺，寒氣入腎。換言之，春天相應於肝，夏天相應於心，秋天相應於肺，冬天相應於腎。

（三）春季養肝

春天養生，重在養肝。肝主疏泄，保持人體氣血疏通，氣機順暢，在情志上保持開朗、樂觀和知足常樂，生活清靜，可以養肝。規律運動，增進肝氣疏通發散，比較適合的運動有：散步、慢跑、游泳、太極拳等。避免大怒，怒傷肝，尤其在春天要戒怒[24]。所謂春養肝血、絕躁怒。

春天適合踏青郊遊，遊山玩水，使氣血調暢。更要陶冶性情，多參加藝文活動，多看書，聽音樂，詩詞歌賦、琴棋書畫，使氣機調暢。心平氣和，少思寡欲，生活恬澹，精神內守，邪不可侵，病從何來？

至於養肝的食物，以酸性、甘性為主，適量配合其他性味的食物。酸性食物有：鮮奶、蕃茄、梅子、李子、葡萄、楊梅等；甘性食物有：糯米、玉米、甘薯、花生、黃豆、芹菜、白菜、菠菜、胡蘿蔔、蓮藕、南瓜、木耳、甘蔗、鴨肉、西瓜、鳳梨、枇杷等。值得注意的是，沒有快速的特效藥可以保肝和補肝，所以說：肝無補法，順其性謂之補。

---

24 戒怒是養生家的首要工夫。《抱朴子・極言》：「忍怒以全陰氣，抑喜以養陽氣。」，《醫學心悟・保生四要》：「戒嗔怒……無患無嗔，涵養心田。」，尤乘《壽世青編・養肝說》：「戒怒養陽，使生生之氣相生於無窮。」，曹庭棟《老老恆言・燕居》：「人藉氣以充其身，故平日在乎善養，所忌最是怒。」養生最應避免的是動怒。《三國演義》孔明三氣周瑜，氣死周瑜，即為一例，雖與史實不符。

（四）夏季養心

夏天養生，重在養心。心有三大生理功能：一是心主血；二是心主脈（血管）；三是心主神明（精神）。

心的另一個功用是心藏神（精神）。心是人體的領導中心，主管人的精神活動。夏天避免大喜，喜傷心，暴喜傷陽[25]。〈臟氣法時論〉說：「心主夏」，心與夏天相應，也就是夏天有益於心的生理功能。〈宣明五氣論〉說：「苦味入心」苦味的食物有泄熱的功用，有利於心氣不為火熱所傷，因為心厭惡火熱，所以心欲苦。所謂夏養心火、息妄念。

夏天有益於養心的食物，包括：

1.綠豆：綠豆營養豐富，有止渴生津的功用，李時珍認為是濟世良穀。

2.冬瓜：具有清熱、解毒、利尿的功用，益氣生津。

3.苦瓜：清熱祛暑，苦味入心。

4.西瓜：生津止渴，利尿消暑，炎夏最佳食療。

5.西洋參：生津、清火、滋陰、補氣，主入心經。

6.桑葚：生津、滋陰、補血、主入心經。

（五）秋季養肺

秋天養生，重在養肺。身體的各種氣，都歸屬於肺，〈舉痛論〉說：「百病生於氣」各種疾病都與人體的氣機有關，人的各種生理現象，都是氣的升降出入，稱為「氣機」，生理功能失常，出現氣

---

25 〈陰陽應象大論〉說：「暴怒傷陰，暴喜傷陽。」《內經》以為血是陰，氣是陽，肝藏血，心藏神，暴怒使肝氣上逆而血亂，所以傷陰；暴喜使心氣緩下，所以傷陽。

滯、氣逆、氣鬱等現象。因此，秋天養肺，須先養氣，所謂秋養肺氣，寡言語。陳直《壽親養老新書》提出養氣之道：

> 一者少言語，養內氣；二者戒色慾，養精氣；三者薄滋味，養血氣；四者嚥津液，養臟氣；五者莫嗔怒，養肝氣；六者美飲食，養胃氣；七者少思慮，養心氣。

第一多言耗氣：說話太多，消耗心氣，例如老師一天上課數小時，頓覺疲倦。

第二節制色欲：男女性生活太頻繁，耗傷腎氣。〈邪氣藏府病形〉說：「房事過度，傷腎。」

第三飲食清淡：飲食的味道清淡一些，使人神清氣爽，精神自然安適，張杲《醫說》：「味薄神魂自安」。

第四常嚥唾液，養五臟之氣：唾液有「金津玉液」、「瓊漿玉泉」等美名，《本草綱目》記載：「口津唾……所以灌溉臟腑，滋潤肢體。」以現代醫學而言，唾液的成分除了大部分為水外，含有許多對人體有益的物質，如多種微量元素、電解質、氨基酸、酶（酵素）、激素、補體、抗體等，具有滋潤、抗菌、幫助消化、促進傷口癒合等功效。俗話說：「口嚥唾液三百口，保你活到九十九。」此外，吃飯切勿「狼吞虎嚥」、「囫圇吞棗」，謹記「細嚼慢嚥」，使口水滋生，促進消化，保養脾胃。尤乘《壽世青編・服藥須知》說：「食不欲急，急則傷脾，法宜細嚼緩咽」[26]。

第五戒暴怒以養肝氣：怒傷肝，忿怒過度使血液加速循環，《抱朴子養生論》說：「多怒則腠理奔血」。

---

26 傳說西漢道人蒯京提倡唾液養生法，每天起床後鼓漱二、三十次，待滿口唾液後，分三次將唾液咽下，如此三下，稱為三度九咽，名為「食玉泉」。蒯京因「食玉泉」臉色紅潤，享年一百二十多歲。其實，還有一個簡單的生津法，「舌舐上顎」數分鐘，即可生津。

第六節制飲食，定時定量：比較難消化的食物和生冷冰品要少吃或不吃，尤其要節制自己特別喜歡吃的食物，防止過分偏食，造成營養不均[27]。

第七減少過度思慮，以養心氣：《抱朴子養生論》說：「多思則神散，多念則心勞。」思慮過度，精神散失，心氣勞瘁。

至於秋天的飲食，應該多吃一些滋陰潤燥的食物，包括：牛奶、蓮藕、玉米、柿子、甘蔗、豆漿、豆腐、葡萄、梨子、銀耳、蘋果等，滋養秋燥，以養肺氣。

值得注意的是，空氣污染對肺的傷害很大，室內使用空氣清淨機，戶外避免接觸大量灰塵，煮飯時使用抽油煙機和戴口罩。當然，不要抽菸是上上策，吸菸有害健康。

（六）冬季養腎

冬天養生，重在養腎。〈六節臟象論〉說：「腎主冬季，承受臟腑精氣而藏之，所以，腎的主要功能是閉藏精氣。」腎氣雖然是先天之精，但須依靠水穀精氣的滋養。

冬天寒氣逼人，寒邪傷腎。所謂寒邪，就是使人生病的寒冷天氣。所以，日常養生，必須保暖避寒，日常飲食，可以多吃一些養腎的食物，例如：羊肉（涮羊肉是民間補腎的佳餚）、鴨肉（滋養五臟之陰）、核桃（補腦、補腎、又名長壽果）、栗子（強筋補腎）。對於身體比較虛弱的人，在冬至進補，也是不錯的選擇。因為古人說「冬至一陽生」，冬至是寒邪漸退，陽氣始生的分水嶺，冬至進補，扶陽補腎，但也不可過度，必須辨證體質，適可而止。

冬天是萬物閉藏的季節，基於順應自然法則，人的閉藏之道

---

27 婁居中《食治通說》言：如能節滿意之食，省爽口之味，常不至於飽甚者，即頓頓必無傷，物物皆為益。

是藏精[28]。也就是少私寡欲，減少嗜好欲望，可以培養腎精，所謂寡嗜欲以養精。因為淫欲傷腎[29]，反之，恬淡清靜，腎精自足。腎精充足，身體健康強壯，如果腎精過少，容易生病，腎精耗盡則死，不可不慎[30]，所謂冬養腎水、淡色慾。此外，尤其要避免恐懼、驚嚇的事情發生，因為恐傷腎，恐懼害怕過度，使精氣下泄，耗傷腎精，造成大、小便失禁。

二、日常起居養生

（一）起居有常

每一種生物都有一定的「生物時鐘」，維持固定的規律生活。例如：夜行性動物，習慣在夜間活動；晝行性動物，習慣在白天活動。人類的生物時鐘，應該是白天活動，夜晚休息睡眠，這是為了適應地球公轉及自轉形成白晝和黑夜的變化週期。

生物時鐘，又名「晝夜節律」（Circadian Rhythm），俗稱「生理時鐘」，我們的生理時鐘影響體內其他生理活動，包括，體溫、內分泌系統、離子代謝、消化系統等。例如：夜晚睡覺後，血中退黑激素濃度高於白天，在夜晚 11 點到半夜 3 點，達到最高濃度，因此，夜晚 11 點前就寢，符合中醫養生之道。退黑激素具有抗氧

---

28 龔廷賢《壽世保元》說：「精乃腎之主，冬季養生，應節制房事，不能恣情慾，傷其腎精。」張杲《醫說・避忌法》說：「腎主精，不可縱及悲哀，觸冒寒冷。」人的先天之精藏於腎，不可縱慾，縱慾傷腎。

29 尤乘《壽世青編》說：「淫欲傷腎」過度行房傷精；反之，尤乘又說：「恬然無慾，腎水自足。」

30 孫思邈《備急千金要方・房中補益》說：「凡精少則病，精盡則死，不可不思，不可不慎。」劉完素《素問病機氣宜保命集・原道論》說：「體者，精之元也，精不欲竭。」養生家都強調腎精不可耗竭，皆主張固精、益精。

化、抗老化、增加免疫力、影響情緒的作用。可知，熬夜有害健康。因此，日常起居應維持規律的生活。〈上古天真論〉認為上古之人，起居有常，生活規律，不過度勞累，可以活到百歲。而當代的人，生活起居沒有規律，胡作妄為，飲酒無度，縱欲無節，五十歲就已經衰老，可見起居有常的重要。

（二）適勞逸、適寒溫

〈經脈別論〉強調「生病起於過用」。所謂過用，就是超過正常的規律。例如：飲食過飽則傷胃，急行則傷筋，持重物遠行則傷骨，過度勞動則傷肌肉和四肢[31]，恐懼則魂魄不安。

〈宣明五氣論〉認為五臟之氣使用過度則有所傷：久視傷血、久臥傷氣、久坐傷肉、久立傷骨、久行傷筋，這是五種過度疲勞所引起的傷害[32]。然而，人要經常保持適當的活動，包括體力和腦力的活動，但應避免過度的疲勞。因為超過腦力和體力所能承受的限度，會損傷身心健康，這就是尤乘《壽世青編·療心法言》所謂「百憂感其心，萬事勞其形。」雖然不要過度疲勞，但也不要過度安逸，俗話說：要活就要動。《抱朴子·極言》說：「不欲甚勞甚逸」[33]。

為什麼不要過度勞累？〈舉痛論〉認為「勞則氣耗」。過度疲

31　《壽世青編·療心法言》說：「勞多則精散」過度勞動，使身體過於疲勞，人的精氣容易散失。《淮南子·精神訓》說：「形勞而不休則蹶」身體過於勞累而不休息，就會氣逆而昏倒。

32　孫思邈《備急千金要方·道林養性》說：「養性之道，莫久行、久立、久坐、久臥、久視、久聽。」又說：「養性之道，常欲小勞，但莫大疲及強所不能堪耳。」冷謙《修齡要旨·起居調攝》說：「勿得久勞」。

33　張杲《醫說》：人欲勞其形，百病不能成。

勞使衛氣渙散而出汗，汗是精氣[34]，流汗就是耗散精氣。所以說勞則氣耗。

此外，〈師傳〉主張「適寒溫」，飲食和穿著都要保持冷熱適中，不要太冷，也不要太熱，不可冷到刺骨，也不要熱到出汗。如果冷熱能夠適中，元氣持守不衰，也就不被虛邪賊風（邪氣）乘虛入侵了[35]。

（三）謹房室

孫思邈認為男人不可沒有女人，女人不可沒有男人。換言之，陽不可無陰，陰不可無陽，合陰陽，萬物生。

不過，《內經》強調不可「醉飽行房」，也不可「入房太甚」。〈上古天真論〉認為醉以入房，半百而衰。〈腹中論〉認為如果酒醉後勉強行房，傷肝又傷腎。〈邪氣藏府病形〉認為酒醉行房，出汗之後，當風受涼，就會傷脾；過度行房，出汗後沐浴，就會傷腎。〈厥論〉認為酒醉和飽食後行房，既傷脾胃又傷腎。〈痿論〉認為行房過度，耗損陰精，造成「筋痿」[36]。

由於《內經》強調不可「入房太甚」，因此，後世養生家皆主張寡欲和寶精。孫思邈《千金要方‧房中補益》主張二十歲左右的已婚男子，一般以四天行房一次為宜，三十歲左右以八天一次為宜，四十歲左右以十六日一次為宜，五十歲左右以二十日一次為宜，六十歲以上男子不再行房，但體力強壯者一個月可行房一次。不過，《素女經》卻有不同的看法：二十歲強壯者一天二次，弱者一天一次；三十歲強壯者一天一次，弱者兩天一次；四十歲

---

34 〈評熱病論〉說：汗者，精氣也。
35 〈上古天真論〉說：虛邪賊風，避之有時。
36 痿是神經病變，肌肉萎縮，失其功用，稱為痿。

強壯者三天一次，弱者四天一次；五十歲強壯者五天一次，弱者十天一次；六十歲強壯者十天一次，弱者二十天一次；七十歲強壯者三十天一次，弱者不可泄也。

養生家似乎非常關注行房的頻率問題，不過，以現代醫學而言，行房次數因人而異，與個人體質有關，對生理的新陳代謝沒有影響。不論幾歲，只要身心可以承受，都可以行房。只是行房時可能會加快心跳，血壓升高，所以，有心血管疾病的人要多加謹慎。現代醫學（西醫）認為男女性愛，可以促進腦內啡的分泌，有舒壓，止痛，使人愉快的效果，又能增強免疫力。

（四）安臥有方

〈口問〉認為白天陰氣盡、陽氣盛，人就清醒；夜晚因為陽氣盡、陰氣盛，就想睡覺[37]。不過，現在的年輕人時常熬夜或徹夜未眠狂歡，晝夜顛倒，有違人的正常作息。正常作息應該在晚上六～七時吃晚餐，飯後散步半小時至一小時，不可飽食後立即睡覺[38]。晚餐也不要吃太飽，儘量少吃一些，因為飽食造成腸胃脹滿，不能安臥入睡，〈逆調論〉所謂「胃不和則臥不安」。散步後沐浴，紓解一天的疲勞困頓。八～十時從事輕鬆活動或閱讀進修，夜晚十一時前，放鬆心情，上床睡覺，不要讓身心過度疲累。

有些人不易入睡，越想入睡就會愈睡不著[39]，甚至失眠。應

---

37 〈營衛生會〉說：壯年人氣血充實，營氣和衛氣的運行都很順暢，所以，在白晝精神飽滿，夜晚容易入睡；老年人的氣血已衰，五臟之氣不足，營氣和衛氣失常，白晝精神不足，夜晚不易入睡，也不能熟睡。

38 孫思邈認為吃飽立即睡覺，會生各種疾病。《抱朴子・極言》說：「飽食即臥，傷也。」張杲《醫說》說：「飽勿便臥，臥則心蕩。」《壽世保元・飲食》說：養生之道，不欲食後便臥及終日穩坐。

39 曹庭棟《老老恆言・安寢》說：最忌者，心欲求寐，則寐愈難。

該放鬆身心，自我按摩一番，靜坐片刻，使心神恬適安靜，心安容易入睡[40]。所以要先睡心，後睡眼。不要用被子蒙頭睡覺，並以向右側睡，屈膝蜷腿為較好的睡姿[41]。不要睡懶覺，也不要睡太久，早起不在雞鳴前，晚起不在日出後。有一首有趣的〈三叟長壽歌〉說：「室內姬粗丑（醜），量腹節所受，夜臥不覆首。」「夜臥不覆首」就是睡覺不要被子蒙頭，缺少氧氣，有害健康。「室內姬粗丑（醜）」意指「謹房室」，「量腹節所受」意指「食飲有節」。

　　總之，人在白天身心疲勞，全靠夜晚睡眠以養護元氣。如何安臥有方？簡述八項：

　　1.維持規律的生活作息。

　　2.維持規律的上床及起床時間[42]。

　　3.早上不要賴床。

　　4.假日不要補眠。

　　5.臥室應有適當的光線。

　　6.早上起床後曬曬陽光。

　　7.規律的運動，晚飯後散步一小時。

　　8.睡前不要喝太多刺激性的濃茶、咖啡或烈酒，可以喝一杯熱牛奶。

40　《壽世青編‧睡訣》說：能息心，自瞑目。

41　《千金要方‧道林養性》說：屈膝側臥，益人氣力，勝正偃臥。

42　《說苑‧雜言》說：「夫寢處不時，飲食不節，役勞過度，疾共殺之。」不按時休息睡覺，傷身。

第四節　飲食與情志養生

一、飲食養生

（一）人以水穀為本

　　民以食為天，人以飲食滋養臟腑，如果沒有進食，也沒有喝水，七天就會死亡[43]。〈六節臟象論〉說：大地以五味（酸、苦、甘、辛、鹹）養人，五味進入人體，經過消化，滋養五臟之氣，因為，五臟由五味所生（滋生、滋養），〈陰陽應象大論〉所謂：酸生肝、苦生心、甘生脾、辛生肺、鹹生腎。

　　換言之，肝喜歡酸味，心喜歡苦味，脾喜歡甘味，肺喜歡辛味，腎喜歡鹹味。〈宣明五氣論〉說：飲食入胃後，五味之氣各入五臟，酸味入肝，苦味入心，甘味入脾，辛味入肺，鹹味入腎，這就是〈五味〉所謂「五味各走其所喜」。〈至真要大論〉也說：五味入胃，酸先入肝，苦先入心，甘先入脾，辛先入肺，鹹先入腎。

　　值得注意的是，五味是所有食物的總稱，包括：五穀、五畜、五果、五菜。〈臟氣法時論〉說：日常飲食以五穀雜糧為主食，滋養臟腑的正氣，以各種水果為輔。各種食物要依照季節變化，個人體質及特殊需要（食療養病）而適當配合，均衡飲食，能補精益氣，有益健康，不可偏食，否則，長期偏食，誘發疾病。換言之，飲食是影響人類健康的關鍵，均衡飲食，多攝取各種食物的

43　〈平人絕穀〉說：人之不食，七日而死。

營養，可以提升免疫力。

（二）五味所傷

　　五味可以養人，五味也能傷人，五味太多，傷及五臟。〈陰陽應象大論〉認為酸傷筋（吃太多酸味傷筋），苦傷氣（吃太多苦味傷氣），甘傷肉（吃太多甘味傷肌肉），辛傷皮毛（吃太多辛味傷皮毛），鹹傷血（吃太多鹹味傷血）。〈奇病論〉更強調吃太多肥甘厚味的人，容易造成「消渴症」。消渴症就是糖尿病，典型病症有：多尿、口渴、多飲、多食、疲乏、糖尿和血糖升高等症狀。台灣患有消渴症的人，有越來越多的趨勢，這是大魚大肉的後遺症，值得我們重視。

　　此外，有些人把酒當作飲料，是養生的禁忌。〈厥論〉認為飲酒入胃，由於酒屬悍熱，使絡脈充盛，經脈空虛，造成經絡陽勝陰虛。〈氣論〉認為酒有溫散作用，飲酒之後，毛孔張開而流汗，風邪往往乘虛而侵入人體，所以，飲酒時或飲酒後，要避開風邪。

　　雖然酌量飲酒可以陶冶性情，少量紅酒有益健康，但不可酗酒過量，喝醉酒，精神散渙，神志不清，容易造成不可挽救的意外死亡或嚴重車禍。長期酗酒，造成酒精中毒，嚴重傷害健康。所以，古人飲酒，先吃飯再酌量飲酒，適可而止。

（三）五味所禁、五味所宜

　　〈宣明五氣〉說：五味各有不同的功用，例如辛味主散，酸味主收，苦味主堅，甘味主緩，鹹味主軟，但也各有所偏，偏味太過則病，因此，應有所禁，尤其是身體有病時，各有禁食之味。辛味散氣，多食耗氣，氣虛的病人不宜多食辛味；有心血管疾病

的人不宜多食鹹味[44]；有骨骼疾病的人不宜多食苦味；有肌肉疾病的人，不宜多食甘味；有筋脈疾病的人不宜多食酸味，這是五味所禁，意指不可多食，身體有病，對飲食要有所節制，尤其喜歡的美食，更不可多吃。五味所禁在疾病治療期間的飲食養生，有一定的價值意義。〈五味〉說：五臟的疾病，對五味各有不同的禁忌：肝病宜禁辛味（肝屬木，辛屬金，金克木。其餘類推），心病宜禁鹹味，脾病宜禁酸味，腎病宜禁甘味，肺病宜禁苦味。五禁相對是五宜，五味所宜是脾病宜食甘味，心病宜食苦味，腎病宜食鹹味，肝病宜食酸味，肺病宜食辛味。

（四）食飲有節

〈上古天真論〉強調「食飲有節」，節制飲食有五個內涵：

1.不過飽、不過飢：飲食的主要原則是不要吃太多，也不要吃太少，這是保養五臟的重要方法。〈五味〉說：半天沒有進食，就會感覺氣衰，整天沒有進食，人的氣就少了[45]。

2.食物冷熱適中：〈師傳〉說：食物溫度，冷熱適中，熱的溫度不可至燙傷的程度，寒的程度不可至冰冷[46]。進食的溫度適中，元氣可以不衰，人不至於被邪氣乘虛侵襲。因為吃了冰冷的食物，損傷臟腑。孫思邈《千金翼方・養性禁忌》說：熱食傷骨，冷食傷肺。

3.定時定量：三餐定時定量，不合時間不要進食，最好不要

---

44 現代醫學強調有心血管疾病、高血壓的病人，少吃鹽，飲食不要太鹹，符合《內經》思想。

45 《壽世青編・療心法言》說：飲食有節制，脾臟的精氣不會衰泄。《醫說》：食謹勿多，多則生病。

46 中醫師強調不吃冰冷的食物，從冰箱拿出來的東西，不要立即食飲，放三十分鐘再吃。

吃宵夜。不要過度節食，時常飢餓，致使脾臟虛損，也不要吃得過飽，致使脾臟滯氣。誠如曹庭棟《老老恆言‧飲食》說：太飢傷脾……太飽傷氣，以七、八分飽為宜。

4.愉快進食：飲食清淡，注重衛生，細嚼慢嚥，保持愉快心情用餐，拋開煩惱，有利腸胃消化，飯後刷牙，保健牙齒。

5.飯後散步：散步是一種全身放鬆，不拘形式的運動，散步如行雲流水，輕鬆愉快，可以養神，尤其是吃飯之後。曹庭棟《老老恆言‧散步》說：古人養生，飯後必散步，搖動身體，幫助消化，後人以散步為逍遙。張杲《醫說》說：吃完飯，除了走幾百步外，並用手輕輕按摩肚腹。

（五）謹和五味

五味意指各種食物的總稱，〈生氣通天論〉強調「謹和五味」，飲食不能過於酸、過於苦、過於甘、過於辛、過於鹹。並以酸味養肝柔筋，以苦味養心補血，以甘味養脾增長肌肉，以辛味養肺順氣，以鹹味養腎壯骨。

必須注意的是，謹和五味應該保握兩個原則：一是食物的屬性；二是個人的體質。

食物的屬性，分為寒涼、溫熱、平性三種。寒涼食物具有清熱、瀉火、解毒的功用；溫熱食物具有散寒、溫陽等作用；平性食物具有開胃、健脾等功用，舉例如下：

1.寒涼類：香菇、豆腐、蕃茄、苦瓜、絲瓜、蓮藕、冬瓜、綠豆、蘿蔔、西瓜、梨子、大白菜、橘子、柳丁等。

2.溫熱類：羊肉、牛乳、花生、芝麻、龍眼、荔枝、薑、蔥、辣椒、蒜頭、榴槤、大蒜等。

3.平性類：菠菜、蕃薯、芋頭、茄子、蘋果、木瓜、雞肉、

蓮霧、薏苡仁、蕃石榴、海參、鱸魚等。

　　食物有不同的屬性，在日常飲食中要注意調和五味，避免因長期偏食寒涼或溫熱的食物，造成體內陰陽失調而致病。其次是個人的體質不同，應有不同的體質養生。所謂體質意指人體先天的稟賦及後天的各種因素影響，形成體態和生理、心理機能相對穩定的特質，造成體質差異的因素有五項：

　　1.先天稟賦：遺傳父母基因以及胎兒的營養。

　　2.性別差異：由於婦女每月排出經血，所以，婦女的一般體質是氣有餘而血不足，比較而言，婦女容易血虛。

　　3.年齡差異：壯者氣血盛，老者氣血衰。

　　4.情志因素：人的情志可以改變體質，〈陰陽應象大論〉說：怒傷肝、喜傷心、思傷脾、憂傷肺、恐傷腎。說明情志失常，傷害臟腑，影響體質變化。

　　5.地理環境因素：居住在不同地區的百姓，由於不同的環境、氣候、飲食和生活習慣，形成不同的體質。

　　至於不同的體質，如何以飲食調養？簡要論述如下：

1.氣虛型

　　氣虛體質的人，時常容易疲倦乏力，經常感冒、食慾不振，容易腹瀉、容易出汗、嗜睡、子宮容易下垂、肩痠背痛等。氣虛者要忌食生冷冰品，不要過度勞累。

　　常見的補氣中藥有：黃芪、紅棗、人參、山藥、蓮子等。

　　常見的補氣食物有：胡蘿蔔、雞肉、雞蛋、蘋果等。

2.血虛型

　　血虛體質的人，臉色蒼白、口唇淡白、皮膚乾燥、皮膚癢、手足麻木、視力減弱、頭昏眼花、婦女月經量少、容易抽筋、心悸、健忘、失眠多夢等。

常見的補血食物有：牛奶[47]、龍眼肉、荔枝、桑葚、菠菜、葡萄、櫻桃、黑木耳等。

常用的補血中藥有：紫河車、當歸、阿膠、枸杞等。

3.陽虛型

陽虛者除了有氣虛的症狀外，兼有怕冷、四肢容易冰冷，大便稀、小便清長、口淡不渴、舌淡肥嫩有齒印、脈弱等。

常見的補陽食物有：羊肉、韭菜、核桃、栗子、黃鱔等。

常用的補陽中藥有：鹿茸、肉蓯蓉、杜仲、菟絲子等。

4.陰虛型

陰虛體質的人，形體消瘦、腰膝痠軟、面紅潮熱、口乾咽燥、盜汗、遺精、眩暈、舌火少苔、心煩、乾咳、手足心熱（五心煩熱）等症狀。陰虛者忌食甜膩、辛辣等刺激性的食物，也不要熬夜。

常見的補陰食物有：甘蔗、海參、鴨肉、鮑魚、蛤蜊、牡蠣、麻油、桃子、香菇等。

常用的補陰中藥有：百合、黃精、麥門冬、冬蟲夏草等。

5.痰濕型

痰濕體質的人，咳嗽有痰、口中黏膩、肌肉鬆弛、嗜吃肥甘，《景岳全書》說：五臟之病，俱能生痰。

常見化痰利濕食物有：文蛤、絲瓜、蘿蔔、冬瓜等。

常用化痰利濕中藥有：杏仁、川貝母、澤瀉、半夏等。

6.瘀血型

造成瘀血的主要原因，是由於氣虛、氣滯，使氣血運行不暢，常見口唇青紫、出血、血瘀等症狀。

常見的活血袪瘀食物有：香菇、茄子、黃豆、山楂等。

---

47 《壽親養老新書》說：牛奶最宜人，平補血脈，益心，長肌肉，令人身體健康，面目光悅。

常用的活血祛瘀中藥有：三七、丹蔘、紅花、川芎等。

7.氣鬱型

氣鬱體質的人、心情抑鬱、情志不寧、氣血鬱結等症狀。

常見理氣解鬱的食物有：磨菇、橘子、大麥等。

常用理氣解鬱的中藥有：佛手、蘇梗、木香、香附等。

8.陽盛（熱火）型

陽盛意指陽氣過盛，盛則熱，過熱為火，火是陽邪，有口渴、多汗、發熱的症狀，常見有肝火、胃火、心火等。陽盛體質的人，怕熱、喜冷飲、體型壯碩、面紅、氣粗、聲大。這些熱火現象，應以寒涼治之，所謂「熱者寒之」的養生之道。

常見清熱瀉火的食物有：苦瓜、蓮藕、綠豆、黃瓜、芹菜、西瓜、空心菜、檸檬、烏梅等。

常用清熱瀉火的中藥有：黃連、黃芩、地骨皮、石膏、蘆根、梔子等。

有趣的是，「謹和五味」近似時下流行的「彩虹飲食法」，就是多攝取白、藍、紫、綠、黃、橙、紅等各種顏色的蔬果，不僅有益健康，還有防癌抗癌的功效，例如：紫、黑、藍色的蔬果，促進尿道系統健康，增強記憶力、抗老化、降低癌症發生率；綠色的蔬果，促進視力健康、高鈣強健牙齒和骨骼；白色的蔬果，增進心臟健康、維持膽固醇的正常指數、降低癌症發生率；黃、橙色的蔬果，富含抗氧化的物質及維生素 A、C、E 和硒、類黃酮素，增進健康；紅色的蔬果，降低癌症發生率，促進心血管健康。

誠如西洋諺語說：「You are what you eat。」，人如其食，飲食對人的健康有極大的影響。不當的飲食習慣是重要的致癌因子，至少有百分之 35 的癌症是因為飲食不當所引起，多吃新鮮的蔬菜水果，少吃動物性（紅肉）脂肪，對防癌有很大的功效。所謂「地

中海飲食法」（omega 飲食法，來自希臘克里特島，該島居民癌症死亡率是美國的二分之一，心血管疾病是美國的二十分之一。）可以減少癌症的發生與死亡。就是多攝取蔬菜、水果、豆類、穀類（未精製），食用橄欖油，多吃深海魚類。

　　總之，為了健康、抗氧化、抗老化、抗癌防癌、提高人體免疫力，我們每天至少食用五種以上不同顏色的蔬果，搭配全穀類、堅果類，追求健康與活力。

（六）均衡飲食、均衡營養

　　〈臟氣法時論〉所謂「五穀為食、五果為助、五畜為益、五菜為充。」近似營養學的均衡飲食與均衡營養。所謂均衡飲食，是從每日的飲食中，攝取六大基本食物，維持人體健康所需要的各種不同營養素。因為身體所需的營養素，來自各類食物，而各類食物所提供的營養素不盡相同，每一大類食物無法相互取代，選擇食物以未加工者為優先，請參考衛生署公布「每日飲食指南」的建議，依照每個人的年齡、健康情形和活動強度，找出自己適合的熱量需求。均衡攝取六大類食物，並且在各類食物中多樣化的選擇，纔能得到均衡的營養和適當的熱量。

二、情志養生

（一）五志七情

　　人有情感欲望、喜怒哀樂、思維意識、精神活動等心理現象，稱為「情志」[48]。〈陰陽應象大論〉說：「人有五臟，化生五氣，

---

48 有關人的情志，各家說法不一。《中庸》第一章說：「喜、怒、哀、樂之未

發為喜、怒、悲、憂、恐的不同情志。」，〈舉痛論〉認為疾病都
生於氣，怒使氣上逆，喜使氣和緩，悲使氣消散，恐使氣下沈，
驚使氣混亂，思使氣聚結。兩者對情志的論述不一。

　　不過，依據陰陽五行的類比，五臟的歸屬情志，應該是怒、
喜、思、憂、恐等五志。肝的情志為怒，心的情志為喜，脾的情
志為思，肺的情志為憂，腎的情志為恐。然而，後世醫家以陳無
擇的七情為定論，七情就是喜、怒、憂、思、悲、恐、驚。喜是
喜歡、怒是生氣、憂是憂愁、思是想念、恐是害怕、驚是驚駭[49]。
其實，五志與七情，仍有相通、相似之處，其中，以驚和恐，憂
與悲近似，可以合而為一，所以，五志與七情，統稱為情志。

（二）神、魂、魄、心

　　人為何有不同的情志反應？主因是人有神、魂、魄、心等精
神活動。〈本神〉認為生命來自陰陽（男女）相交而生的精華物質，
稱為精；男女兩精結合成為生命的動力，稱為神；跟隨精、神活
動，稱為魂[50]；跟隨身體的感官能力，稱為魄。換言之，魄是身

發，謂之中。」《禮記‧禮運》說：「何謂人情？喜、怒、哀、懼、愛、惡、
欲七者，弗學而能。」《荀子‧正名》說：「性之好、惡、喜、怒、哀、樂、
謂之情。」《左傳‧昭公二十五年》說：「民有好、惡、喜、怒、哀、樂，
生於六氣。」此外，佛家以喜、怒、憂、懼、愛、憎、欲為七情。

49 驚與恐的意涵略有不同，驚是突然遭到刺激，內心感到驚訝；恐是內心自覺
　害怕、恐慌。

50 張景岳《類經》認為魂隨乎神，而神藏於心。朱熹《朱子語錄》說：「會思
　量計度便是魂。」值得注意的是，魂魄源自《左傳》，《左傳‧昭公七年》
　說：「人生始化曰魄，既生魄，陽曰魂，用物精多則魂魄強。」疏：「附形
　之靈為魄，附氣之神為魂。附形之靈者，謂初生之時，耳目心識手足運動啼
　呼為聲，是魄之靈也；附氣之神者，謂精神性識漸有所知，則附氣之神也。」
　〈昭公二十五年〉又說：「心之精爽，是謂魂魄，魂魄去之，何以能久。」
　精爽意謂內心清楚明白。

體的生理功能；支配意識作用，認知外界事物，稱為心；心有憶念，稱為意；心意已定，稱為志；縝密研究，反覆思考，稱為思；長遠思考，稱為慮；考慮再三，決定處理辦法，稱為智。其中以神和心最重要。

〈天年〉說：血氣調和，營氣和衛氣已經通達，五臟功能暢旺，神氣藏於心，魂魄的精神作用都已具備，這樣就成為一個人的生命，整個生命力的表現就是神。因為神藏於心，心為神之主，所以，心是生命的主宰，也是意志、思慮的中樞。

有趣的是，《內經・靈樞》認為作夢是一種特殊的情志，是在睡眠中出現的心理現象。〈淫邪發夢〉認為凡是刺激和干擾身心正常活動的各種「正邪」[51]，從外侵襲體內，干擾臟腑，刺激魂魄，使心神不寧，致使睡眠不安，時常作夢。作夢與臟腑之氣的有餘或不足有關，如果陽氣盛（有餘）陰氣不足，就會夢到大火燃燒；如果陰氣盛（有餘）陽氣不足，就會夢到涉水渡河而恐懼；如果陰陽之氣皆盛（有餘），就會夢到自相殘殺的事。

換言之，作夢與身心是否健康有關，身心健康則少夢，身心不健康則多夢。所以，心理學家佛洛伊德認為多夢實為精神病的初型，他認為作夢是由於受壓抑的願望之強烈表現。《內經》所謂「淫邪發夢」，邪氣侵襲臟腑，造成臟氣盛衰、虛實的症狀，也是一種特別的情志表現。

（三）情志致病

情志致病，有其病理變化，異常的情志反應，擾亂人體升降出入的氣機，導致升降失調、出入不利，形成氣機鬱滯，氣有鬱

---

51 張景岳《類經・疾病類》解釋「正邪」說：凡陰陽勞逸之感於外，聲色嗜慾之動於內，但有干於身心者，皆謂之正邪。

結不通的症狀。五志七情，除了喜不會鬱滯外，其他情志都能令氣鬱結。常見的病理現象是由氣滯而血瘀，或由氣鬱而化火，熱火傷人[52]，氣鬱易生痰濕而致病。換言之，情志鬱結，阻礙氣機，使熱不能泄，濕不能散，痰不能化，食不能消，瘀不能祛，臟腑出現多種症狀，鬱結既久，病變多端且深。

值得注意的是，現代醫學證實，長期異常的情志反應，會使人生病及早夭，尤其是長期壓力會加速細胞內染色體尖端枯萎，縮短細胞生命週期，加速老化及致病。精神官能免疫學證實，情緒與免疫系統有關，如悲傷的情緒，會釋放壓力荷爾蒙，壓抑免疫系統；快樂的情緒，會增強免疫力。所以，最好凡事看淡，多多開懷大笑，培養歡喜心。

〈舉痛論〉說：「怒使氣上逆，喜使氣和緩，悲使氣消散，恐使氣陷下……驚使氣混亂……思使氣集結。」分別說明如下：

1.怒

大怒傷肝，大怒易使肝氣疏泄失常，引發高血壓、中風、腦溢血、頭痛等，多怒最容易造成心血管疾病。怒使肝氣上逆而剋脾土，致生消化不良、拉肚子。〈本神〉說：盛怒者，迷惑而不治。

2.喜

一般而言，喜悅有益健康，喜悅使氣平和而情志暢達，榮氣和衛氣通利，元氣和緩舒暢，但大喜有害健康。喜悅過度，使心神渙散，會有癲狂和大笑不止的症狀。往往大喜放縱，忽略安全，發生意外，樂極生悲。所以，〈陰陽應象大論〉說：大喜傷心。

---

52 劉河間《素問‧玄機原病式》說：「五臟之志者，喜怒悲思恐也，苦過度則勞傷本臟，凡五志所傷，皆熱也。」劉河間論述異常情志易生熱火的病理特徵，尤以大怒最為常見，俗稱怒火。

3.悲

悲是悲哀憂傷，悲憂傷肺。〈本神〉說：悲哀過度，長期不能解憂喜樂，使人精神憔悴，四肢無力，意志消沈，毛髮枯乾，臉色沒有潤澤，將死於春天。

4.思

〈舉痛論〉說：「思是集中精神，專心思考問題，過度思慮，致使氣機鬱滯，氣血不通。」苦思過度不僅損傷心神，也傷脾胃，造成胃脹，大便溏泄等症狀。

5.恐

腎藏精，恐傷腎。〈本神〉說：過度恐懼傷精，造成骨關節痠痛，雙腳無力，時有遺精、陽痿、腹瀉、遺尿等症狀。

6.驚

心藏神，心為君主之官，驚慌則氣亂，致使心無所依、神無所歸、思考混亂、疑慮不安，出現呆滯迷惑，不知所措的現象，這是氣亂的症狀。

可知，過度的情志反應，有害健康，因為情志與臟腑的關係密不可分。因此，〈本神〉說：心藏神，過度的驚恐、焦慮、苦思、損傷神……脾藏意，過度的憂愁，不能解憂，損傷意……[53]肝藏魂，過度的悲哀，損傷魂……肺藏魄，過度的喜樂狂歡，損傷魄……腎藏志，大怒不止，損傷志……過度恐懼，不能化解，損傷精……總括而言，五臟各藏精氣，異常的情志損傷五臟之氣，五臟受損，不能正常發揮功用，致使身體衰弱而早夭。

---

53 〈邪氣藏府病形〉說：愁憂恐懼則傷心。

（四）情志制約

〈陰陽應象大論〉說：過度的喜怒，包括各種情志，損傷臟腑之氣，暴怒損傷陰血，暴喜損傷陽氣[54]。凡是情志過度反應，喜怒沒有節制，寒暑冷熱又沒有適應得宜，都會損傷臟腑，生命不能長久，很難享有天年。

因此，《內經》主張依五行相互制約的法則，情志相互剋制，達到情志的平衡。〈陰陽應象大論〉說：大怒傷肝，以悲剋制怒（怒為肝志，屬木；悲為肺志，屬金，以金剋木，所以，悲勝怒。）；大喜傷心，以恐勝喜（喜為心志，屬火；恐為腎志，屬水，以水剋火，所以，恐勝喜）；過度思慮傷脾，以怒勝思（思為脾志，屬土；怒為肝志，屬木，以木剋土，所以，怒勝思）；過度憂慮傷肺，以喜勝憂（憂為肺志，屬金；喜為心志，屬火，以火剋金，所以，喜勝憂）；過度恐懼傷腎，以思勝恐（恐為腎志，屬水；思為脾志，屬土，以土剋水，所以，思勝恐）。

這種情志制約的方法，以《儒林外史》范進中舉的故事最為有趣。因為范進中舉後，樂極而瘋，有人建議胡屠戶（范進丈人）打他，並謊稱他沒有高中，使他恐慌讓他清醒，就是以恐勝喜的例子[55]。

---

54 氣為陽，血為陰，肝藏血，心藏神。暴怒使肝氣上逆而血亂，所以說傷陰血；暴喜使心氣緩慢而神逸散，所以說傷陽氣。

55 歷代醫書皆有情志制約的舉例論述，尤以張子和《儒門事親》最為著名。他主張「悲可以制怒，以愴惻苦楚之言感之；喜可以治悲，以虛浪戲狎之言娛之；恐可以制喜，以恐懼死亡之言怖之；怒可以治思，以汙辱欺罔之事融之；思可以治恐，以慮彼志之言奪之。」

（五）情志調攝

人生不如意十之八九，難免有不好的情志反應，惟有不斷的調攝情志，涵養心神，才能享有平安健康的天年。如何調養情志，簡要論述如下：

1.清　靜

養神的第一要務是清靜，〈生氣通天論〉說：「風邪是百病的主因。」如何防禦風邪？首要工夫是清靜，涵養澹泊寧靜的精神境界，因為清靜使人體的陽氣密固，防止風邪入侵，雖有大風毒邪的來襲，都不會受害。因此，在晴朗的天氣中，人的情志也應該清靜。如果人能夠順應自然，效法天地的清靜，不使大喜大怒擾亂情志，那麼，人體的陽氣自然密固，即使有虛邪侵襲，也不能危害人體健康。

所以，〈痺論〉說：清靜則神藏，風、寒、濕等邪氣不能侵犯；反之，暴躁（過度的情志反應）則五臟之神氣消亡，邪氣入侵，造成氣滯血凝，經絡壅塞，而生痺症。

古有名言：靜者壽。〈陰陽應象大論〉說：「聖人以清靜養生，不妄為，以恬淡安逸為樂，精神悅樂，情志舒暢。」〈上古天真論〉說：「上古聖人教人養生的方法是：隨時隨地避開虛邪賊風的傷害，涵養恬淡清靜的無為境界[56]。」因為心神清靜，使精氣壯實，形體健康；反之，心神暴躁，精神耗散，形體早衰，壽命早夭。

2.志閒而少欲，心安而不懼

〈上古天真論〉說：能夠涵養閒靜的心志，就可以減少私慾的紛擾，心神能夠安定，臨事不憂不懼，不斷養神，增進身心健

---

56 曹庭棟認為養靜是攝生首要。劉河間說：心亂則百病生，心靜則萬病悉去。

康，即使勞動也不疲倦，元氣不會耗散。只要少私寡欲，基本的欲望就容易知足[57]，所以能夠適應自然環境，不追求精美的山珍海味，不奢求名牌服飾，不羨慕別人的榮華富貴，心神安定，不計較得失[58]，則一切嗜欲都不能擾亂感官，淫邪之事也不會迷惑心神[59]。

3.以恬愉爲務，以自得爲功

〈上古天真論〉認爲聖人養神，在思想上沒有過度的思慮[60]，沒有忿怒不平之心，使情志安定。

值得注意的是，歷代養生家都強調戒怒與涵養精神的悅樂。《真西山衛生歌》說：「第一戒人少嗔恚」養生的第一要務是戒除憤怒怨恨的心，尤其在夏季更應該戒怒，也不要早上一起床就生氣，《孫真人養生銘》說：「第一戒晨嗔」，《壽世青編・養肝說》：「戒怒養陽，使生生之氣相生於無窮。」戒怒不僅可以養陽氣，也可以養肝。《醫學心悟・保生四要》說：戒爾嗔怒，變化氣質。

除了戒怒，心情要經常保持愉快，培養樂觀、幽默、開朗的性格，不計較人間相對的得失，可以減少很多煩惱和痛苦。誠如西洋諺語說：「Life can be lived sadly or can be lived happily」。不愉快的情境，暫時離開。調整期待：不要太求完美，不要太堅持，

---

57 《道德經》第四十四章說：「知足不辱」我們常說知足常樂。知足不僅常樂，亦可免除困辱。

58 龔廷賢《壽世保元・老人》說：「輕得失，破憂沮。」不計較得失，消除憂慮沮喪。

59 《禮記・曲禮上》說：「欲不可從，志不可滿，樂不可極。」因此，《淮南子・人間訓》認爲對嗜好和欲望不加以節制，不斷追求私欲，會有不祥的後果。

60 《太平御覽・養生》說：「甚思、甚慮，皆傷。」過度苦思、焦慮，傷害身心健康。孫思邈《千金翼方・敘虛損論》說：「五勞者，志勞、思勞、心勞、憂勞、疲勞。」過度思慮是五勞之一。因此，《孫真人養生銘》說：「思太多損神」《抱朴子養生論》說：「多思則神散，多念則心勞。」過度思慮，損傷精神。

不要太執著，做自己喜歡做的事，可以使心情愉快一些。

有一個故事說：有一個老太太，她有兩個兒子，老大賣雨傘，老二賣麵線。這位媽媽每天都很煩惱不快樂，因為如果晴天出太陽，她就擔心大兒子的雨傘生意不好；如果下雨，則憂心二兒子的麵線曬不乾。有一天，她遇見一位高僧，老和尚看她悶悶不樂，問她究竟何故，僧人知道真相後，告訴她，以後出太陽，要她想二兒子的麵線曬乾了；下雨時，要她想大兒子的雨傘暢銷，老太太有所悟，從此每天都很快樂。這是轉念的效果，不要太計較相對的得失，有所得也有所失。

4.本心之樂，自得之樂

究竟為什麼我們會時常不快樂？主因是私慾太多，只要少私寡欲，減少欲望的奢求，人的本心就會清靜而快樂[61]。明代儒者王艮，有一首〈樂學歌〉，充分說明本心的快樂。

王艮認為人的本心原是清靜快樂的，一旦有了私欲，本心便不快樂，只是我們的良知（本心）知道善惡是非，良知（本心）的快樂基於存天理去人欲，減少私慾。不存天理、不去私慾，怎麼會快樂呢？

王艮的悅樂思想，源於王陽明的致良知。王陽明的弟子問他，以前程明道受學於周茂叔，每令尋仲尼顏回之樂，所樂何事？仲尼、顏回的快樂和凡人的七情之樂，是否相同？王陽明回答說：

> 樂是心之本體，雖不同於七情之樂，而亦不外於七情之樂。雖則聖賢別有真樂，而亦常人之所同有。但常人有之而不自知，反求許多憂苦，自加迷棄，雖在憂苦迷棄之中，而此樂又未嘗不存，但一念開明，反身而誠，則即此而在矣。

---

61 《淮南子·人間訓》說：「清靜恬愉，人之性也。」清靜、恬淡、愉快，是人的天性。換言之，人總希望有清靜恬愉的生活。

《傳習錄中》

王陽明認為人的本心是常樂的，只是一般人的私欲太多，往往被私欲蒙蔽，而有許多的憂愁和痛苦。所以，王陽明的〈大學問〉提倡大人之學，就是要去除私欲之蔽，恢復以天地萬物為一體的本然悅樂，稱為「一體之仁」，有了一體之仁愛，能夠親親而仁民，仁民而愛物，便有以天地萬物為一體的快樂。

這種渾然與萬物為一體的快樂，就是「自得」之樂。根據學案記載，程明道書窗前長草不除，他可以常見造物的生意（生生不息），又畜養小魚數尾，常見萬物自得意。他所謂「萬物靜觀皆自得」，就是一種與天地萬物同樂的自得之樂。

總之，情志養生，就是養神，涵養平和安靜的本心，《內經》所謂「和喜怒」，使志安寧。其主要工夫是：莫大喜、莫大怒、莫憂思、莫悲愁、莫恐懼、莫貪求、莫愛憎、輕得失、輕財貨、薄名利、除妄念、少嗜欲、忘寵辱、誠意正心、知足常樂矣[62]。

以上簡述《黃帝內經》的養生之方，《黃帝內經》是傳統醫學最寶貴的經典，其養生之道，經歷代養生家的精思力踐，成為中醫的預防醫學，又稱中醫養生學。養生就是「治未病」，「治未病」即是預防醫學。預防勝於治療，其目的在養護人的身心健康，不受虛邪所致病痛之苦。

總之，《內經》的養生之道，著重在陰陽、五行、男女、形神、精氣、情志、經絡、動靜、心性、中和、臟腑、飲食、天人、虛實、內外、補瀉、氣血、辨證、寒溫、勞逸、起居、房室、四時、

---

62 孫思邈《千金要方‧道林養性》說：「善攝生者，常少思、少念、少慾、少事、少語、少笑、少愁、少樂、少喜、少怒、少好、少惡，行此十二少者，養性之都契也。」《壽世保元‧老人》說：「除妄念，遠好惡。」尤乘《壽世青編》說：「省妄念」不要胡思亂想，去除不切實際的念頭，尤其是邪念。

五味、寡欲、寶精、清靜等，其目的在享有健康、愉悅的天年。

附錄：程國彭論保生四要

程國彭，字鐘齡，號普明子，徽州人，生於康熙元年，卒於雍正十三年（西元 1662～1735 年），著《醫學心悟》和《外科十法》。《醫學心悟》為程氏積三十年行醫心得，融會貫通張仲景、劉完素、李東垣、朱丹溪四大醫家。該書由清末（咸同年間）江南名醫費伯雄詳為批註，故名《費批醫學心悟》。

程國彭主張「保生四要」，以為養生之道：

一、節飲食

人身之貴，父母遺體。食飲非宜，疾病蜂起……惟有縱酒，厥禍尤烈……虛羸之體，全賴脾胃。莫嗜膏粱，澹食為最。

暴飲暴食，三餐不定時、不定量，容易危害健康，產生疾病，尤其喝酒過量，禍害更烈，經常宿醉，身體變為陰虛。是否健康，全賴脾胃好壞，因此，飲食以清淡為宜，莫嗜肥厚膏粱，大魚大肉。

二、慎風寒

人身之中，曰榮與衛，寒則傷榮，風則傷衛，百病之長，以風為最……君子持躬，戰戰兢兢，方其汗浴，切莫當風，四時俱謹，尤慎三冬，匪徒衣厚，惟在藏精。

榮氣和衛氣，是人身的兩大安全系統，天寒傷榮氣，邪風傷

衛氣，百病始於不當的風邪，所謂寒邪相乘，疾病乃生。所以，流汗或沐浴，要避免吹風，隨時隨地，注意保暖，尤其嚴冬，不僅添加厚衣，更要保養精氣。

三、惜精神

> 人之有生，惟精與神，精神不敝，四體長春，嗟彼昧者，不愛其身，多言損氣，喜事勞心，或因名利，朝夕熱中……兩腎之中，名曰命門，陰陽相抱，互為其根，根本無虧，可以長生。午未兩月，金水俱傷，隔房獨宿，體質輕強，亥子丑月，陽氣潛藏，君子固密，以養微陽，金石熱藥，切不可嘗，積精全神，壽考彌長。

精神活動是生命的現象，七情太過，有損健康。因此，修養德性，心平氣和，為人處世，溫和節制，更不能太熱中追求一時的名利。命門（《難經》：兩腎中間，謂之命門。又云：左者為腎，右者為命門。）是男子藏精，女子繫胞，精神所舍，元氣所繫的要害，因為腎主藏精，為人的生命根本。因此，要多加保養命門，使其無虧，可以常保健康。夫妻生活，多加節制，最好分房分床，夜晚獨宿，愛惜精神。

金石熱藥如寒食散（又名五石散。《世說新語‧言語》：何平叔云：服五石散，非惟治病，亦覺神明開朗。）切不可食用。這些金石熱藥，近似時下的搖頭丸或快樂丸等違禁品，不要嘗試，以免上癮。如能積精全神，可以長壽。

四、戒嗔怒

> 東方木位，其名曰肝，肝氣未平，虛火發焉……無恚無嗔，
> 涵養心田，心田寧靜，天君泰然……凡人舉事，務期有得，
> 偶爾失意，省躬自克，戒爾嗔怒，變化氣質，和氣迎人，
> 其儀不忒。

恚恨與盛怒最傷肝，不時動怒，肝氣不平，虛火爆發，血壓上升，甚至嘔血中風，時有所聞。因此，涵養本心福田，寧靜清閒，偶爾失意，處之泰然，反躬自省，重新出發，懷抱信心、樂觀、進取，和氣迎人，使人如沐春風，再創美好的明天。

有趣的是，《醫學心悟》卷一〈醫中百誤歌〉提出醫中之誤有百端，計有醫家誤二十二條，病家誤十二條，旁人誤二條，藥中誤五條，煎藥誤二條。值得說明者如下：

病家誤，早失計：有些人身體不適，並不在意，或是到藥房買成藥服用，是不正確的態度，應該有病儘快看專科醫師，早期治療，避免疾病惡化。

病家誤，不直說：有些人生病，諱疾試醫，病情不盡告醫師，或是尚有服用其他藥物，也要盡告醫師，以免誤診或劑量過多過重。

病家誤，性躁急：有些人性情急躁，希望藥效神奇，其實，疾病的治療有一定的療程，不可操之太急。

病家誤，不相勢：有些人相信所謂神醫，蹉跎病情。

病家誤，在服藥：有些人不按醫師（藥師）規定時間（飯前或飯後）及劑量（減少或增加）服藥，影響病情。

病家誤，最善怒，苦憂思：有些人生病，怨天尤人，尤其是癌症病患，總是抱怨為什麼得到癌症，痛苦憂思，使病情加重。

　　病家誤，好多言：有些人生病，不好好休養，靜默存神，而好多言，希望親友探病，其實，多言傷氣，生病期間，宜多靜養。

　　病家誤，不戒口：療養必須配合適當的飲食，滿足口腹之慾，（不忌口）容易傷人。

　　病家誤，染風寒：生病療養，避免在外奔波，以防風寒再犯，加重病情。

　　病家誤，不戒慎：安靜養病，包括男女閨房之樂也應避免。

　　旁人誤，代驚惶，引邪路：有些人親友生病，熱心提供藥材或藥方，或要病人去看某位醫師，甚至把江湖郎中當神醫，誤導病人走向邪路。

　　總之，定期健康檢查，早發現，早治療，有病找合格的專科醫師診斷，才是正途。

　　《醫學心悟》卷一列有〈治陰虛無上妙方〉，程鍾齡以為醫者常以六味地黃丸治陰虛，然而，常服津液才是保生十全之計，他說：

> 二六時中，常以舌抵上腭，令華池之水，充滿口中，乃正體舒氣，以意目力送至丹田，口復一口，數十乃止，此所謂以真水補真陰，同氣相求，必然之理也。

　　以唾液養生，是流傳久遠的妙方，最簡單的方法，就是持續「舌舐上顎」數分鐘，自然滿口生津，傳說最早為西漢道人蒯京所創。其法是早晨起床後，鼓漱二三十次，待唾液滿口後，分三次將唾液嚥下，如此三次，稱為三度九嚥，名為「食玉泉」。玉泉又名「金津玉液」、「瓊漿玉泉」。

　　歷代養生家常有「津宜常嚥」的主張，孫思邈《備急千金要方‧養性序》說：「朝旦未起，早嗽津令滿口乃吞之，琢齒二七遍，如此者乃名練精。」，冷謙《修齡要旨‧起居調攝》說：「津宜常嚥，氣宜常提。」，劉完素《素問病機氣宜保命集‧原道論》說：

「形欲常鑒，津欲常咽。」，尤乘《壽世青編．修養餘言》說：「津宜常咽，背宜常暖。」孫思邈所謂嗽津，是通過舌頭來回攪動，產生滿口唾液，然後緩緩吞咽，而「舌舐上顎」數分鐘，更簡易可行，兩種方法都有相同的結果。

以現代醫學而言，口中津液含有豐富的水分、酵素、維他命B、蛋白質、胺基酸、鉀、鈣、澱粉等多種有益人體健康的成分，並且具有消炎、解毒、幫助消化、滋潤肌膚、養顏美容等多項功效。據傳蒯京因常食玉泉，享壽一百二十餘歲，因此，俗諺云：「口咽唾液三百口，保你活到九十九」。

程鐘齡強調：「為人父子者，不可不知醫。」，因為，為人父母懂得醫學知識，對子女的照顧會更加體貼，把子女撫養得更健康；為人子女懂得醫學知識，奉養父母會更加周詳。如果人人懂得養生之道，必使社會強健，家庭和樂，咸登仁壽之域，《醫學心悟．序》云：

> 況為父者知此，可以言慈，為子者知此，可以言孝。以之保身而裕如，以之利人而各足。存之心則為仁術，見之事則為慈祥，尤吾道中所當景慕也。

程氏所言，真正體認上天好生之德，心懷菩提救人之念，仁心仁術，表現崇高的醫德，以拯救蒼生為職志，因此他說：「學貴沉潛，不容浮躁者涉獵……其操術不可不工，其處心不可不慈。」（〈自序〉）。

當前，教育部積極推動生命教育，以筆者淺見，生命教育課程應該普及醫學基本知識以及養生保健之道，使國人咸登仁壽康樂之域。

第五章　天台《修習止觀坐禪法要》定慧之道

　　止觀乃是天台宗智者大師的養生工夫，也是初學佛法最重要的法門，更是歷代祖師修習定慧的法要[1]。

　　智者大師法號智顗，字德安，陳隋高僧（西元五三八～五九七年），為天台宗創始人，常住浙江天台山修禪寺，著有《摩訶止觀》、《修習止觀坐禪法要》等經典。

　　智顗強調止觀是轉迷成悟、臻於涅槃的法門，達到涅槃的方法雖然很多，但最重要的是止觀兩種法要。止是伏住妄念與煩惱，使心安定入靜的基本方法；觀是斷除迷惑的正確工夫，使心清靜慧悟的法門。止觀皆在坐禪中修習，修止名為定，修觀名為慧，所以，止觀又名定慧。止與觀如車子的雙輪，鳥的雙翼，兩者相輔相成，不可偏廢。因此，止觀並重，定慧雙開。易言之，止是定之因，慧是觀之果，止觀成就禪定與智慧，禪定與智慧能夠度化眾生，使人達到涅槃的境界[2]。以下簡述其大義。

1　智顗論述四種止觀：一、圓頓止觀，即摩訶止觀。二、漸次止觀，即禪波羅密門。三、不定止觀，即六妙法門。四、小止觀，即修習止觀坐禪法要。
2　值得注意的是，佛家各派不僅智顗一人強調止觀和定慧。《成實論》說：「止是定，觀是慧，一切善法，皆從定慧而生。止能遮蓋我們的煩惱，觀能斷滅我們的煩惱。」東晉僧肇（西元384～414年）《注維摩詰經・文殊師利問疾品》說：「止觀助涅槃之要法。」止觀是進入涅槃境界的主要方法。禪宗六

第一節　具緣、訶欲、棄蓋、調和

一、具　緣

凡是修習止觀的人，要具足五種助緣：（一）持守戒律。（二）衣服與飲食具備充足。（三）閒居清靜處所。（四）暫拋世間各種雜務。（五）親近對佛法有正知正見的人。

（一）持　戒

持守戒律可以消除世間眾苦，易於修證禪定與智慧。在家修行，以五戒十善為主，五戒是不殺生、不偷盜、不邪淫、不妄語、不飲酒；十善是不殺生、不偷盜、不邪淫、不妄語、不兩舌、不惡口、不綺語、不貪欲、不瞋恚、不邪見。至於出家僧侶，要遵守全部戒律，成為比丘或比丘尼。如果不慎違犯輕戒，要依法懺悔，消除罪業。換言之，如果輕犯戒規，想要懺悔消業的人，必須具足十法。

1.相信因果業報，善惡報應，善有善報，惡有惡報。

2.想到惡報，生起大怖畏。

3.對過去所作惡業，深感慚愧。

祖慧能強調定慧一體，禪定與智慧不二，以禪定為體，以智慧為用。《六祖壇經・定慧品》說：「我此法門，以定慧為本。」神會繼承慧能定慧不二的思想，也主張以定為體，以慧為用。《神會語錄》說：「即定之時名為慧體，即慧之時名為定用。」禪定與智慧就像海水和波浪互為一體，沒有前後的差別，稱為「定慧等學」。東晉廬山慧遠也注重禪定與智慧。

4.在大乘經典中，尋找消除罪業的方法。

5.對過去所作惡行，在有德高僧或佛前懺悔。

6.斷滅連續生起的罪惡之心。

7.對於大乘佛法，要發心護法。

8.要發大誓願，普度眾生。

9.常念十方諸佛，求佛保佑。

10.常觀大乘緣起性空，罪業本來不生不滅。

《妙勝定經》說：「如果有人犯戒之後，心生恐懼，想要尋找消除罪業的方法，除了修習止觀禪定之外，沒有其他方法可行。」因此，要在空閒的地方，時常靜坐，收攝迷亂的心，並且念誦大乘經典，虔誠懺悔，過去所犯的一切罪業，就能夠全部消滅，各種禪定妙境，自然證悟。

（二）衣服與飲食具備充足

衣服不求華麗，飲食不求美味，修行者知量知足，足夠保暖與不飢不餓就可以了。如果過度的貪求物質享受，妄心不止，反而擾亂修習止觀的成佛之道。

（三）閒居清靜處所

所謂閒居，意指清閒生活，沒有喧鬧雜亂，稱為清靜。閒居清靜的地方，較易修習止觀，一旦修得禪定與智慧，可以動靜一如，可動可靜，行住坐臥皆能證悟。例如短暫住在寺院，或是參加各種禪坐。

（四）暫拋世間各種雜務

自宋朝以來，在家眾流行打禪七，台灣當前佛教興盛，信佛

者盛行打禪七，暫時拋開人世間各種擾人的生活牽掛，不求名利，一心向佛，靜坐止觀，成就禪智。

（五）親近對佛法有正知正見的人

所謂善知識，是對佛法學有專精，對佛學有善解的人，尤其是傳授止觀的導師以及共同修習佛法的人，同心互相勉勵，易於修行禪定法門。

以上簡略說明五種助緣。

二、訶　欲

修行止觀的人，先要消除五種欲望：（一）美色的欲望。（二）美聲的欲望。（三）香氣的欲望。（四）美味的欲望。（五）身體接觸的欲望。這五種欲望，是所有眾生（人與畜生）皆有的肉體本能，一切眾生常被五欲所使，成為欲望的奴僕，執著這些欲望，將墮入三惡道（地獄、餓鬼、畜生）。因此，發心學佛，遠離五欲。因為五欲迷惑世間凡夫，生起貪戀。如果能夠深知其中罪過，不親近各種欲望，稱為訶欲。

（一）消除美色的欲望

凡是男女美貌和世間珍奇的金玉寶石，皆稱為美色。凡夫一見美色，易生佔有的強烈欲望，為了搶奪佔有，作出各種罪過。例如從前印度的頻婆娑羅王，因為色欲的緣故，身入敵國，在淫女阿梵波羅的房中。又如優填王因為美色的誘惑，斬斷五百位仙人的手腳，造成亡國的惡報。

（二）消除美妙聲音的欲望

凡是各種樂器彈奏出美妙悅耳的聲音，以及男女之間歌詠，讚誦的聲音等，都是美聲。凡夫聽聞美聲，心生迷惑執著，做出各種罪過。例如從前五百位在雪山修行的仙人，因為聽聞甄陀羅女的歌聲，失去禪定，心生迷惑狂亂。又如《韓非子‧十過》說：晉平公喜愛音樂，使晉國發生嚴重乾旱，平公又身染重病，不能治國，這是沈迷音樂的罪過。

（三）消除嗅聞香氣的欲望

凡是世間男女身上的體味、食物的味道，以及能夠散發的香味（例如花香或樹木的香氣等），凡夫喜愛聞香，執著香氣而生煩惱，不明白香氣本是緣起性空。

（四）消除飲食美味的欲望

各種佳餚美味，計有酸味、甜味、苦味、辣味、鹹味、淡味。這些美味使凡夫生起喜愛美食的欲望，追求美味而做出不善的行為，這是執著美味的罪過。

（五）消除身體接觸的欲望

男女身體接觸的欲望，是眾生六道輪迴的主因，由於凡夫累劫異性婚配，觸欲是使眾生生生死死的關鍵。修習止觀的人，要明白五欲不能帶給修行者真正的快樂，五欲使人生出無盡的大煩惱，傷害人的身心，如果凡夫貪執五欲，至死不捨，會有無窮的苦惱。

正如禪經偈語說：「生死輪迴不斷的原因，就是貪執五欲、嗜

好五味的緣故。要修行到心中毫無欲求，才是真正的清靜快樂，稱為真涅槃。」換言之，貪欲的心消除乾淨，瞋恨的心清除滅盡，煩惱痛苦的心掃除泯盡，就是涅槃。

三、棄　蓋

修習止觀的人，要捨棄五種煩惱，稱為五蓋。五蓋阻礙修行，掩蓋我們原本清靜的自性。

（一）貪　欲

貪欲是內心所生起的欲望，當靜坐修禪時，內心生起各種欲求的貪念，貪念相續不斷，貪念的煩惱掩蓋了禪定的心，此時，修行者要即刻斷除貪欲。因為貪念多欲的人，遠離佛法正道，而且，貪欲是各種煩惱的源頭，如果內心執著貪欲，就無法修習止觀了。

（二）憤怒與怨恨

憤怒是喪失學佛證悟的根本，是墮入三惡道（地獄、餓鬼、畜生）的主因，是禪定悅樂的冤家，是慈悲善心的大賊，是各種惡言的源頭。因為憤怒與怨恨掩蓋了清靜的心，修行者要及早消除瞋恚，不可讓無明怒火燒盡功德林。猶如釋提婆那以偈語問佛陀：是何者摧毀了平安喜樂？是何者破壞了涅槃無憂？是何者為三毒（貪、瞋、痴[3]）的根源？是何者毀滅了一切佛法善德？

佛陀回答說：降伏了憤恨，就能安樂。伏住了憤恨，就能修

3 《大乘義章》說：此三毒通攝三界一切煩惱，能害眾生，猶如毒蛇毒龍，故名為毒。

得涅槃清靜。憤恨是墮入惡道的根源，因為憤恨摧毀一切善行。明白憤怒與怨恨的罪過，應修慈悲與忍辱，消除瞋恚，使內心恢復清靜。

（三）睡眠（貪睡）

修習止觀要捨棄喜好睡眠的昏沈障礙，因為在睡眠中，心識無法清明，就像佛陀和許多菩薩訶責貪睡的弟子，其偈語說：弟子們！及早起床，不要為了臭皮囊而貪睡，貪睡引起的煩惱，就像在黑暗中，什麼也看不清楚。昏沈的貪睡，掩蓋了清明的心，這種損失何其大！怎麼可以貪睡呢？

當然，修習止觀，要有充足的睡眠，方可精進佛法。

（四）懊悔

如果修習止觀的時候，時常懊悔以前所作的過錯，憂愁煩惱蒙蔽了清靜的心，尤其是曾經犯了大的罪惡，經常恐怖懼怕，擔心墮入三惡道，就像利箭射入心肺，無法自拔。猶如佛經偈語說：作了不該作的惡事，該作的善事沒有作。作了惡事，心中懊悔不已，害怕墮入三惡道。如果有人為惡犯罪之後，能夠悔悟，誓言不再犯錯，在虔誠懺悔之後就能不再憂慮，這樣內心可以平安喜樂。

因此，修習止觀，要消除懊悔的障礙。

（五）疑惑

修習止觀，要消除疑惑的蒙蔽。因為疑惑掩蓋了正確的信念，對佛法不能生起信心，猶如入寶山而空手回，不得禪定與智慧。

疑惑有三種：1.自疑。2.疑師。3.疑法。

自疑就是懷疑自己沒有慧根，懷疑自己罪孽深重。有了自疑，

就無法證悟佛法。因此，修習止觀者，不可自疑。疑師就是懷疑老師的相貌不夠莊嚴。修行者不可以貌取人，要尊敬老師的教導。疑法就是懷疑佛法，固執成見，對於所學的佛法，不能即刻相信。如果心生猶豫，就會使佛法不能薰染妄心，因為疑惑會阻礙證悟的緣故。

誠如佛經偈語說：所有的疑惑，都是從愚痴而生。在學佛的過程中，有不正確或正確的體悟，遂有生死輪迴或涅槃證悟的差別。雖然，在世間學佛，難免會有疑惑，如果證悟了正確的佛法，就不要再有懷疑。猶如走到十字路口，要選擇正確的道路。修習止觀就是正確的途徑。

上述五蓋，又稱四方煩惱，貪欲的煩惱，就是貪毒。憤怒與怨恨的煩惱，即是瞋毒。睡眠和疑惑的煩惱，乃是痴毒。懊悔包括各種煩惱，合稱四方煩惱。

修習止觀，消除五蓋之後，內心安定，清涼快樂。

四、調　和

修行止觀者，想要修證一切佛法，應當先發大誓願，救渡一切眾生，願求成佛之道[4]。覺悟一切現象，並無實有，只是主觀的心識所變現。我們的心識（包括潛意識）如果不執著於表象，一切的生死煩惱即可止息。

所謂調和，是身、心的調理配合，使身心得到和適，就容易得到禪定三昧[5]。

---

4 學佛之人，應發四弘誓願：第一願：眾生無邊誓願度。第二願：煩惱無盡誓願斷。第三願：法門無量誓願學。第四願：佛道無上誓願成。
5 正定解脫之義。《大乘義章》說：「以體寂靜，離於邪亂，故曰三昧。」

（一）調　食

調和飲食是學佛的基礎，不宜吃的太多或太少，避免食用不適合禪定的食物，如辛辣或大魚大肉，應以清淡素食為佳。更要注重衛生，避免食用不潔或過期的食物。

（二）調睡眠

貪睡是無明的迷惑，蒙蔽清明的本性，因此，不可放縱貪睡的過錯。因為，睡眠太多，不僅浪費學佛的寶貴時間，更會使神識昏闇。修行止觀，應該體悟生死無常，及早調伏貪睡的昏昧，使神氣清爽，心識清明，切勿虛度一生，一無所成。

（三）調　身

調身應該和調息、調心一起調和，不能分開來說，但有最初、中間、後段的不同方法，所以，才有調和身體、調和呼吸、調和心念的差異。

調身以靜坐最宜禪定，靜坐的姿勢有四種：

1.雙盤膝：就是把左腳小腿放在右股上面，使左腳掌和右股略齊，再把右腳小腿擺在左股上面，兩股交叉，兩腳掌向上。其優點是兩膝蓋緊貼坐墊上，坐姿自然端直，不會向前、後、左、右傾斜。不過，這種姿勢不容易學。

2.單盤膝：就是把左腳小腿置於右股上面，右腳放在左股下面就可以了。其缺點是身體會向左邊傾斜。只要自覺左傾，向右改正即可。

3.下盤法：就是把兩小腿向下盤即可。不過，身體更易傾斜，隨時自覺改正。

4.平坐法：如果腿有毛病的人，只要把兩腳自然垂下即可。最好把左腳跟靠在右腳背上，稱為「四肢團結」。或是兩腳底平放地面，但腿與腳掌，保持九十度直角[6]。

坐姿調好之後，再呼出濁氣。吐氣的方法，開口吐氣，不急不粗，綿綿細長，並觀想百脈不通之處，隨吐氣而通順，再閉口用鼻子吸滿清氣，吐吸共三次。再閉住口唇，使唇齒上下相對輕叩，舌抵上齶，閉上眼睛，斷絕外界光影。總之，靜坐的關鍵是不寬不急，不鬆不緊。

（四）調　息

初學靜坐調和呼吸，約有四種現象：

1.風相：靜坐的時候，呼吸有風聲的現象。

2.喘相：靜坐的時候，呼吸氣息結滯不通，稱為喘氣相。

3.氣相：靜坐的時候，呼吸的氣息，粗而不細，稱為氣粗相。

4.息相：靜坐的時候，呼吸的氣息綿細，安靜無聲，似有似無，心神安穩，心情愉悅，稱為柔息相。能夠持守息相，即可禪定，證悟止觀。

要調和息相，有三種方法：（1）把精神集中在丹田（臍下三寸），住伏妄念，不斷練習，久而久之，妄念自然逐漸減少，最後達到無念的最高境界。（2）放鬆身體。（3）觀想呼吸之氣從身上的毛細孔出入，通行無阻。如果能使呼吸柔和，氣長綿細，就能增進健康，不生病痛，心神安定。

---

6 請參閱蔣維喬《因是子靜坐法》。

（五）調 心

禪定分為入定、住定和出定[7]。初學入定有兩個重要的方法：1.是調伏妄心，不讓心念胡思亂想。2.是調伏心思不昏沈（沈相）、不浮動（浮相）、不鬆散、不急躁。所謂沈相，是心中昏暗，一片空白，頭向低垂，就是昏沈的樣子。這個時候，要集中心念在鼻頭上，不讓精神鬆散，這是調治昏相的方法。所謂浮相，是心思飄散，靜坐不安，心念逐外。這個時候，要集中心念在肚臍，伏住浮動的心，使內心安靜，不沈不浮，就是調心之相。

此外，還有鬆散和急躁的情況。當禪定時，因調攝心思太急躁，引發胸痛煩躁。調治的方法是放寬心胸，觀想氣往胸部以下流通即可。如果精神太鬆散，自覺心志散漫，萎靡不振，或流口水，神識昏晦。調治的方法是收斂坐姿，集中精神，使身心相持，定心於一，定身於一。

當入定後，住於定中時，隨時改正調和身體，呼吸、心念，自覺調身、調息、調心、使身、息、心臻於安靜平正的禪定境界。

當出定時，把心念移到外面的世界，張口吐氣，觀想呼吸之氣從毛細孔隨意散出，然後，微動身體各部位，讓全身放鬆柔軟，雙手摩擦皮膚，再雙手相互摩擦生熱，溫熱的手掌按摩臉和兩眼，再張開眼睛，待身體溫熱降低，即可隨意起身。

《法華經》說：許多的菩薩們，為了成佛，勤苦修習，努力精進，善於入定、住定和出定，證得大神通，這都是長久修習禪定止觀的善果。

---

7 據《廬山蓮宗寶鑑》記載：東晉廬山慧遠初一入定，十七出定，見阿彌陀佛紫磨黃金身遍滿空界。又據《廣弘明集》：慧遠弟子劉遺民專心禪定念佛，半年後，亦能「定中見佛」，見佛於空中顯相，光照大地，其光金色。

第二節　方便行、正修行、善根發相

一、方便行

修習止觀，必須具備五種方便法門：(一)欲。(二)精進。(三)念。(四)巧慧。(五)一心分明。

(一)欲

欲又稱為志（立志）、願（心願）、好（喜好）、樂（悅樂）。就是立志脫離世間一切妄想顛倒，希望得到一切禪定與智慧，這是一種成佛的願力。

(二)精　進

努力勤學，絕不懈怠，一方面專心修習止觀，一方面不斷革除習染。堅守戒律，捨棄五蓋（貪欲、瞋恚、睡眠、悔、疑）。

(三)念

念是正確的心念[8]，或是正確的觀念、思想。正確的認知世間凡塵，全是欺迷凡人的假相，深信禪定與智慧的尊貴。如果能夠修證禪定三昧[9]，就能具足永不漏失的智慧，具有一切神通法力，

8　原始佛學八正道的正念，是以「觀身不淨」、「觀受是苦」、「觀心無常」、「觀法無我」為正念的主要內容。

9　所獲三昧亦云三摩地，正定之義。廬山慧遠認為三昧就是「專思寂想之謂也。」（〈念佛三昧詩集序〉），也就是正定、息慮、凝心，寂滅妄想。

成就正等正覺的佛果，可以廣度眾生，這些都是可貴的功德。

（四）巧　慧

學佛之心，要比較塵世的快樂和禪定的快樂，兩種快樂的價值有何差別？塵世的快樂實在很少而痛苦很多，名利富貴，虛妄不實。禪定的快樂，身心清靜，永離生死輪迴的痛苦，永遠快樂，是最有價值的悅樂。

（五）一心分明

一心是專心，分明是明白分辨。修習止觀，要明辨是非，深知塵世的各種罪過，必須諸惡莫作。明白禪定與智慧的寶貴，值得精進力行，更應當一心堅持修習止觀。即使一時沒有證悟，始終不放棄，專心一志，堅定的心像金剛一樣，稱為一心。

佛經上說，沒有智慧的人，不會修習禪定；而沒有禪定的人，不會生起智慧。可知，禪定與智慧相輔為用，禪定與智慧必須雙修，不可偏廢[10]。

二、正修行

所謂正修行，有兩種修習，（一）是在禪坐中修習，（二）是接觸外界時修習。

---

10 廬山慧遠也強調禪定與智慧雙修，他說：「禪非智無以窮其寂，智非禪無以深其照。」（〈廬山出修行方便禪統經序〉）沒有般若智慧的指引，禪定很難達到虛寂的境界；沒有深厚的禪定，般若智慧很難顯現深邃的證悟。

（一）在禪坐中修習止觀

止有三法：1.是繫緣守境止。2.是制心止。3.是體真止。觀有二法：1.是對治觀：包含不淨觀、慈心觀、界分別觀、數息觀。2.是正觀。

（二）接觸外界時修習止觀

接觸外緣時修習止觀和面對外境修習止觀。

所謂繫緣守境止，是把心念集中在外境的某一處，使心思不散亂，例如在鼻頭上或肚臍之間，使心思不放縱。

所謂制心止，就是在心念一動之際，即刻住止，不使心念繼續妄動。

所謂體真止，就是體會各種現象都是緣起性空。緣起是依緣而起，緣是指條件、關係，起是指發生、生起。緣起意指各種現象（一切事物）都是依照一定的條件而生起，由相互依存的關係而發生（產生）。

換言之，各種條件聚合在一起，產生緊密的關係，造成某一特定現象，就是緣起的意義[11]。條件齊全（成熟）了，就產生相應的事物；條件消失了，相應的事物也隨之消失。佛祖認為一切現象都是緣起，由各種條件因緣而生，沒有自在恆常的本性，沒有永恆的存在，萬事萬物都只是短暫的存有，稱為假有。所以，

---

11 緣起的基本思想就是《阿含經》所謂「此有故彼有，此生故彼生；此無故彼無，此滅故彼滅。」《雜阿含經》卷十二舉例說：「三支蘆葦相互支撐而立於空地，如果去掉其中一支，其餘二支必不能立。」由此可知，一切事物絕非孤立而起，必須由各種條件結合而生成，一切事物都依於相對的依存關係而存在。又例如地球的生態，就是各種生物彼此相互依存的關係。人類不應任意破壞環境，造成生態的浩劫，將影響人類的生存。

主張性空，捨離有和無、常和斷的邊見（偏見），強調不常不斷的「中道觀」[12]。

所謂不淨觀，是觀想自己肉體（臭皮囊）的種種不淨，對治人的貪欲，誠如《寶積經》所說：「以不淨觀治于貪淫。」尤其是觀想人的種種死相，肉體毀壞、屍體浮腫、皮肉腐爛、被蟲蛆啃食等，無一可愛，只有憎怖，無人樂於接近死屍。

所謂慈心觀，是在心中發願一切眾生皆得快樂。慈的意思是「與樂」，如果心中觀想眾生能夠快樂，此心念就稱為慈。慈心普被，有很大的利他心，稱為慈心觀，對治凡夫怨恨之心。

所謂界分別觀，是觀想我們的身體是由地、水、火、風這四界（四大）所組成，例如地界包括頭髮、牙齒、心、肝等二十部分；水界有血、汗、淚、尿等十二部分；火界有發燒之火等四部分；風界有入息與出息（呼吸）等六部分。觀想四界，修習者將見不到身體，只見到一堆四界而已。界分別觀，對治凡夫執著我相，貢高我慢之心。

所謂數息觀，是將呼吸調和得不澀不滑，使氣息綿綿，若存若亡，沒有聲音，不結滯。

據《瑜伽師地論》說：修習數息有四法：（一）以一為算數，將出入息合起來數，如出息為一，入息為二，再出息為三，再入息為四，數到十為止。（二）以二為一算數，以入息（吸）加出息（呼）為一個數，如數出息為一，則第二次出息為二，如數入息為一，則第二次入息為二。（三）順算數，不管以一為算數或是以二為一算數，順序由一數到十，稱為順算數。（四）逆算數，不管

---

12 緣起性空是佛學的核心思想。所謂八不中道，就是不生亦不滅，不來亦不去，不常亦不斷，不一亦不異。

以一為算數或是以二為一算數，順序由十數到一稱為逆算數[13]。

　　數息觀對治心思雜亂、心念不止，數息使心思安靜而入定。值得注意的是，數息觀和不淨觀并稱為「二甘露門」，是佛陀非常重視的一種觀法。

　　所謂正觀，就是正確的觀想。萬法唯心、緣起性空、因緣和合，都是正觀。修習止觀的人，要正觀世間萬事萬物沒有真實而長久的存在，任何現象都是條件具足而一時存在，只是短暫的存有，一切皆空，萬事萬物，緣起性空。能夠心存正觀，心念逐漸平靜，心思不再紛亂。

　　所謂接觸外緣時修習止觀，有六種外緣，就是行、住、坐、臥、作事、言語。一般而言，靜坐禪定是修習止觀最好的方法，但是，總有世俗雜事纏身，免不了要接觸外緣。如果面對外緣而不修習止觀，常會生起煩惱心。因此，要在任何地方、任何時間修習禪定與智慧，隨時隨地證悟止觀，如此修行，必能通達一切佛法。

　　所謂面對外境修習止觀，有六種外境：（一）眼睛面對色境，（二）耳朵面對聲音，（三）鼻子面對香氣，（四）舌頭面對味道，（五）身體面對觸覺，（六）意識面對法相[14]。修行佛法的人，都在這十二種外緣和外境中修習止觀，因此，稱為接觸外界（外緣

13 數息觀有人以十計數，有人以百計數，還有人以無限量為計數，能數多少就數多少。值得注意的是，數息觀的「數」，只是為了控制呼吸、調和心念的一個手段，並非目的，有一些學數息觀的人，認為每一次靜坐所數的息數越多，禪定工夫越深，實在是一種誤解。

14 探究一切事物（法）的相對真實（相）之宗派，稱為法相宗，又名唯識宗。該宗尊奉印度的無著、世親為遠祖，創於唐代的玄奘。其基本思想是「萬法唯識」，強調沒有心外獨立之境，認為一切事物都是心識所變現，所謂「心外無法。」須知，佛家以色、聲、香、味、觸、法為六境，而以眼、耳、鼻、舌、身、意為六根，六根與六境接觸，污染淨心，故謂之塵。

和外境）修習止觀。

例如以六緣的行而言，如何在行動中修習止觀呢？修行的人，在開始行動之前，應該仔細想一想：我是為了什麼目的而行呢？如果是為了私利等煩惱、以及各種不善動機或是盲目妄動，就不應該去作。如果是為了利益眾生等善行，就應該馬上去作。

分別而言，如何在行動中修止？修行的人，在行動的時候，就知道行動之後，會有各種煩惱及善惡等現象，更明白這些現象，都是心識所變現，萬法唯識，只有假有，皆不可得，那麼，妄念可以止息，稱為修止。

如何在行動中修觀？修行的人，在行動的時候，就知道行動是由心所驅使，因為心有各種的欲求，而有許多行動，產生各種煩惱、善惡的現象。此時，要反觀這個多欲的心，只是虛妄的假相，不見心的相貌，更明白萬法（萬事萬物）畢竟空寂，一切都是緣起性空，那麼，妄心休止，稱為修觀[15]。

其次，以六根（眼、耳、鼻、舌、身、意）修習止觀的法門。例如當眼睛看見外境時，如何修止？修行佛法的人，隨時隨地看見萬事萬物的時候，要把物質的東西，看作水中的月亮，沒有永恆真實的存在。如果看見喜歡的事物，內心不生執著與貪愛；如果看見不喜歡的事物，內心不起憤怒、厭惡；如果看見不厭惡也不喜歡的事物，內心不起無明及妄想[16]，如此修行，稱為眼睛看見外境（萬事萬物）時修習止息妄念的法門。

當眼睛看見外境（萬事萬物）時，如何修觀？修行佛法的人，

---

15 除了行，還有住、坐、臥、作事、言語等外緣，皆如行動中修習止觀，因此省略，不作論述。

16 無明就是不明事理，特別意指不明緣起性空、無常、無我的佛理。眾生面對外境時，由於「我」的執著，生起苦、樂、好惡的感受，引起貪、瞋、痴等煩惱。所以，無明是一切生死、煩惱的總源頭。

當看見外境時，應該這樣想：我所見的事物，本來就是空寂的現象，並無所見，而是許多因緣和合，眼睛能夠分辨各種顏色，而有各種煩惱、善惡等妄念。此時，應當反觀內心，不見內心相貌，原來，能見的心和所見的外境，畢竟空寂，這是修觀的證悟[17]。

對於修習止觀得到禪定的快樂，《大智度論》的偈語說：修習大乘止觀的人，常在樹林之間禪定，在寂然靜坐中消除惡念及妄想，內心澹泊恬靜，這種禪定的悅樂不是物質的快樂可比的。

因為世俗的快樂，都是名、利、衣、食、住等物質的享樂，這種快樂無法長久，況且，人的欲望無窮，煩惱也會無窮。

如果能夠穿著布衣在平淡生活中修行，不論在行、住、坐、臥中，都能使心定如一，能夠以佛法的智慧，證悟萬法（萬事萬物）本來空寂，以止觀消除妄念，臻於內心的安穩與寧靜，這種禪樂是最高精神境界。

三、善根發相

善於修習止觀的人，證悟緣起性空，在靜坐禪定中，身心清淨，沒有煩惱，更有各種「善根」的表現。

所謂善根，意指善心和善行。善根發相，就是善心和善行的呈現。可分為外善根和內善根。外善根包括：布施、持戒、孝順父母及尊長、供養三寶（佛、法、僧）、學佛聽經等，這些都是外在的行為表現，稱為外善根。

所謂內善根表現的情形，有三種境界：（一）明辨善根引發的情形。（二）分辨真假禪定。（三）長久涵養各種善根。

---

17 除了眼，還有耳、鼻、舌、身、意等，近似眼睛看見外境時修習止觀的法門。

（一）明辨善根引發的情形

明辨善根引發的情形，有五種不同：1.息道善根。2.不淨觀善根。3.慈心善根。4.因緣觀善根。5.念佛善根。

1.何謂息道善根？修行的人，初習禪定，靜坐端身，調和氣息，制伏妄念，身心寂靜，心定不動，在此身正心定之中，不見有身心相貌，不執著肉體外貌，經過了一個月、兩個月的禪定，忽然覺得身心有八種感覺，計有：痛、癢、涼、溫暖、輕、重、澀、滑等。此時，身心仍然安定，清淨快樂，精神愉悅，不可言喻，這是調息制伏妄念的禪定善根。

2.何謂不淨觀善根？修行止觀的人，在禪定中，身心虛寂，忽然看見有人身死命終，屍體膨脹腐爛，有蟲蛆和膿血流滲出來，又見散亂的白骨。此時，悲喜交集，心生厭惡臭皮囊（肉體），而有九種不淨觀善根[18]，證悟生死無常，於是，捨棄我相與他人相的執著。

3.何謂慈心善根？修習止觀的人，在禪定中，生起大慈大悲的心[19]，願冤親平等，普渡眾生。此時，內心悅樂清淨，不可言喻。

4.何謂因緣觀善根？修行止觀的人，在禪定中，證悟萬法（萬事萬物）皆由心生，萬法唯心；證悟眾生輪迴，起於無明妄念；證悟斷（毀滅）與常（永存）都是偏見、邪見，破除各種偏邪誤解，臻於不偏不倚、圓融無礙的中道[20]。此時，內心充滿禪定智

---

18 九想：胖脹、青瘀、壞、血塗漫、膿爛、蟲噉、散壞、骨想、燒想。就是觀想死後屍體膨脹腐爛的情形，生起不執著肉體的智慧。

19 《大乘義章》說：「愛憐名慈，惻愴曰悲。」《大智度論》說：「大慈與一切眾生樂，大悲拔一切眾生苦。」

20 圓融無礙的中道，就是八不中道。「八不」出自《中論》：「不生亦不滅，不常亦不斷，不一亦不異，不來亦不去。」，也就是不執著生與滅、斷與常、

慧的悅樂，不再思念人間事。

5.何謂念佛善根？修行止觀的人，在禪定中，身心空寂，心念諸佛功德圓滿，佛陀利益眾生的無量功德，不可思議。此時，生起愛敬崇拜之心，身心快樂，清淨安定，自覺功德廣大，為他人所敬愛，這是念佛三昧善根[21]。

須知，在禪定之中生起各種善根，皆因制心於一處不動的結果，所以經上說：制心一處，無事不辦。

（二）分辨真假禪定

修行止觀的人，如果生起邪偽禪境時，會有以下各種感覺：有時感覺身體動搖不定，有時感覺重物壓身，有時感覺身輕欲飛，有時感覺被捆綁，有時感覺精神不振，有時感覺寒冷，有時感覺燥熱，有時感覺各種奇異現象，有時感覺內心闇蔽，有時感覺各種惡相，有時感覺心思散亂，有時感覺喜歡躁動，有時感覺憂愁，有時感覺惡鬼觸身，有時感覺昏醉般的快樂。這些都稱為邪禪。

真正的禪定，內心清淨、喜悅，精神空靈，澹泊恬靜，沒有煩惱，善心朗現，信仰與恭敬增加，智慧增長，身心柔軟安定，無欲虛寂，厭惡人間俗事，無為無求，入定和出定都能自在平靜，這些都稱為正禪。

（三）長久涵養各種善根

修行的人，要隨時隨地善用止觀法門，長養各種善根，以防

一與異、來與去，才是中道，不偏執一邊的智慧。三論宗的吉藏認為中道不是含攝有無對立的折衷之道，而是一種無執、無得、無待的超越，絕對精神。

21 《大乘義章》說：「以體寂靜，離於邪亂，故曰三昧。」參閱 [9]。值得注意的是，修習止觀，能見佛相，是殊勝妙境。反之，如現恐怖相，則是心魔未消，業障仍重，應知懺悔。

心魔破壞善根，使人增善去惡，早日證入聖果。

第三節 覺知魔事、治病、證果

一、覺知魔事

魔的本義是破壞、障害。佛陀以功德、智慧普度眾生，而魔以破壞眾生的善根，使眾生生死輪迴為樂。所以，修習止觀的人，要知道魔的種類有四：（一）是煩惱魔。（二）是五蘊魔[22]。（三）死魔。（四）鬼神魔。前三種魔，都是隨著個人自心所生的魔，稱為心魔。

所謂煩惱，有六大根本煩惱：貪、瞋、癡、慢、疑、惡見等，為一切煩惱的根本[23]，這是心隨境轉的魔障。

所謂五蘊魔，是身心與外界關係而產生的魔障，執著五蘊之身而生死不斷。

所謂死魔，是生死無常的魔障，因為眾生不能證悟諸行無常[24]，涅槃寂靜，不能了脫輪迴而遭致死喪。

魔會變成各種好聽或難聽的聲音，變成香或臭的氣味，變成好吃或不好吃的味道，變成痛苦或快樂的境界，不斷干擾修習止

---

22 五蘊，舊譯五陰，又名五取蘊，眾生由五蘊聚集而成身：一色蘊：眼、耳、鼻、舌、身諸根。二、受蘊。三、想蘊。四、行蘊。五、識蘊。
23 除了根本煩惱，還有隨煩惱：忿、恨、惱、覆、誑、諂、憍、害、嫉、慳、無慚、無愧、不信、懈怠、放逸、惛沈、掉舉（浮躁）、失念、不正知、散亂等二十種煩惱，隨根本煩惱而生，故名隨煩惱。
24 一切現象，包括萬事萬物，不能常久不變，也不能短暫停止，而是因緣和合，千流不息，稱為諸行無常。

觀的人，這些都是魔相。

魔以破壞佛法為能事，使人生起貪欲、憂愁、瞋怒、貪睡等煩惱，誠如佛經偈語說：欲望是修行的第一個魔敵，憂愁是第二個魔敵，饑渴是第三個魔敵，渴望是第四個魔敵，貪睡是第五個魔敵，恐怖是第六個魔敵，懷疑與後悔是第七個魔敵，恨怒是第八個魔敵，貪圖名利是第九個魔敵，傲慢自大是第十個魔敵。我要以禪定和智慧，破除這十個魔敵，度脫一切眾生，成佛得道。

雖然有許多魔障、魔相和魔敵，只要勤於止觀禪定，正心、正念，不憂不懼，制心不動，知道魔的虛妄不實，堅定信仰，心念三寶（佛、法、僧），念誦經咒，一心不亂，魔的幻相自然消失。須知，制心不動、禪定不亂，是驅魔第一要事。換言之，善修止觀，無魔不破。

二、治　病

初習止觀的人，有時會有四大（地、水、火、風）失調而致病，或是有時不能調和身、心、息（呼吸）而生病。然而，只要禪定正確，能夠善於調和身、心、息的人，身心各種病，自然消除。反之，不善調和身、心、息的人，會有各種病痛。

（一）三種病因

整體而言，有三種病因：1.是四大失調及五臟的病，2.是鬼神作祟所生的病，3.是累世業報所得的病。

所謂四大失調有四個病相：（1）地大失調，會有腫大沈重或身體瘦弱等病，計有一百零一種病，（2）水大失調，會有腸胃脹滿、消化不良、腹痛下痢等病，計有一百零一種病。（3）火大失

調，會有忽冷忽熱，手腳疼痛、呼吸不順、大小便不通等病，計有一百零一種病。（4）風大失調，會有身體虛脫、抽筋疼痛、肺悶脹滿、嘔吐氣急等病，計有一百零一種病。

所謂五臟生病有五個病因：一由心所生的病症，會有身體不定、頭痛、口燥等病，因為心通於口，病相從口反應出來。二、由肺所生的病，會有身體脹滿、四肢疼痛、胸悶、鼻塞等病，因為肺通於鼻，病相從鼻子反應出來。三、由肝所生的病，會有憂愁不樂，悲哀憤怒，頭痛眼昏等症狀，因為肝通於眼，病相由眼睛反應出來。四、由脾所生的病症，會有全身長風疹，乾癬疼痛，飲食無味等症狀，因為脾通於舌，病相由舌頭反應出來。五、由腎所生的病症，會有咽喉不適，腹脹耳聾等症狀，因為腎通於耳，病相由耳朵反應出來[25]。

（二）善修止觀，能治眾病

治病的方法很多，不出止、觀兩種方法的便利。曾有法師說：只要安住心念，止於病痛部位，即能治病。因為心是果報的主宰，譬如國王所到之處，群賊四處逃散。又有法師說：只要安住心念，止於丹田（臍下三寸），經過一段時間，多數的病能夠醫治。還有法師說：只要安住心念，止於足下，即能治病[26]。

其次，要知道觀想治病的方法。另有法師說：只要用心觀想，以六種氣治病，就是以觀治病。六氣是：吹、呼、嘻、呵、噓、

---

25 《黃帝內經・素問・陰陽應象大論》認為心主舌、脾主口、肺主鼻、肝主目、腎主耳。《修習止觀坐禪法要・治病》認為心主口、肺主鼻、肝主目、脾主舌、腎主耳。兩者有所異同。

26 所謂安住心念，止於病痛部位、丹田或足下，全賴內丹之氣的療效，如無修練功或丹田無氣者，切勿冒然為之。有病儘早就醫，由合格醫師診斷治療較為安全。

咽。這六種氣，都在唇口出氣發音，以心念觀想，轉動身體，綿長細微吐氣。有詩頌云：心的疾病以呵氣，腎的疾病以吹氣，脾病以呼氣，肺病以呬氣，肝病以噓氣，三焦氣滯以嘻氣[27]。

又有法師說：善用觀想，以十二種呼吸法，能治眾病：一、向上呼吸法：觀想氣由下往上升，對治下半身氣滯沈重之病。二、向下呼吸法：觀想氣由上往下降，對治下半身氣虛之病。三、氣滿呼吸法：觀想全身之氣充足，對治氣血虛乏之病。四、焦息呼吸法：觀想全身氣消，對治氣脹腹滿之病。五、增長呼吸法：觀想全身之氣增長通順，對治身體虛弱之病。六、滅壞呼吸法：觀想全身之氣滅壞，對治陽氣過盛，常有肝火、胃火、心火等病。七、煖熱呼吸法：觀想全身之氣溫熱，對治身體發寒之病。八、寒冷呼吸法：觀想全身之氣寒冷，對治熱火現象之病[28]。九、衝息呼吸法：觀想全身之氣迅速通暢，對治氣滯不通之病。十、持息呼吸法：觀想全身之氣平和通順，對治氣亂之病。十一、調和呼吸法：觀想全身之氣調和柔順，對治四大失調之病。十二、資補呼吸法：觀想全身之氣滋養氣血，對治身體衰弱之病。

（三）兼修十法有益健康

除了善用止觀治病，兼修十法，對身心健康更有利益。這十種方法是：

1.信：深信止觀必能治病。

2.用：生活之間，隨時常用。

---

27 以六氣治病，最早見於陶弘景《養性延命錄・服氣療疾》，請參閱本書第三章第二節。

28 中醫理論以「熱者寒之」、「寒者熱之」、「虛者補之」、「實者洩之」為養生之道。

3.勤：勤奮不懈，專心用功。

4.常住緣中：細心止觀，不離正法。

5.別病因法：就是如上所說各種治病的情形。

6.方便：呼吸吐納，配合觀想，善巧對治各種疾病。

7.久行：長久實踐，直到有效為止。

8.知取捨：凡是有損健康，即刻捨之，有益健康則行。

9.持護：善於辨識不同病因的傷害，保護身體。

10.遮障：善用止觀有益對治疾病，不輕易對別人說，如果無益健康，也不生懷疑而毀謗。

修習止觀的人，如果依此十法對治疾病，會有不錯的效果。因為靜坐禪定，止觀雙修，必定有益身心健康。

三、證　果

（一）空　觀

如果修行的人，按照次第修習止觀，能夠明白萬法（萬事萬物）皆由心生，證悟萬法唯心、緣起性空，而不執著人間的假有，這樣就是「體真止」。

此時，上不見有佛的果位可求，下不見有眾生可以救度。這種境界，稱為「從假入空觀」，又名二諦觀[29]，亦名「一切智」[30]。

---

29 二諦是俗諦和真諦，又名世俗諦和第一義諦。俗諦是眾生所見之事相，凡俗共知；真諦是佛聖所見之真實，離於虛妄。

30 據傳天台宗慧文禪師閱讀《大般若經》後，主張「三智」可由「一心」中證悟，由此提出「三智一心」的思想。三智是一切智（把握萬法相同本質的智慧）、道種智（把握萬法各種差別的智慧）、一切種智（既能洞悉萬法的相同本質，又能明白萬法差別的智慧）。

這是阿羅漢和僻支佛的果位，都是「悟空」的修行者，也是執空的小乘，尚不能悟見中道佛性。

（二）假　觀

悟空的人，為了普度眾生，應修「從空入假觀」，應知心性雖空，面對外境時，能生一切萬法，而有見、聞、覺、知的認識。修行者雖知萬法緣起性空，但能學習各種才能，就能利益眾生，解脫各種困難。這種境界，稱為「從空入假觀」，又名「平等觀」，或稱「法眼」[31]，亦名「道種智」。

（三）中道正觀

須知，上述兩種境界（空觀和假觀）都只是方便的法門。修行者想要具足一切佛法，應修不執空、假邊見的止觀，就是修習中道正觀。

如何修習中道正觀？修行者如果能夠證知心性不是真空也不是假有，因此，捨棄空與假的邊見，稱為正觀。正觀就是證悟萬法非真空、非假有，又能不壞真空和假有，使心性通達中道，圓滿諦觀空、假、中。

修行者如果能夠在心性上證悟空、假、中的圓融，就能見到一切現象的中道。誠如《中觀論》說：因緣所生的萬法，本來就是性空，又名為假有，又稱為中道。

修行者當知中道正觀，就是佛眼[32]，無所不見。如能安住於

---

31 佛家五眼（肉眼、天眼、慧眼、法眼、佛眼）之一。《無量壽經》：「法眼觀察究竟諸道。」慧遠疏：「智能照法，故名法眼」。

32 《毘尼止持音義》說：佛眼，具肉、天、慧、法四眼之用，無事不見，無事不知，無事不聞，聞見互用，無所思惟，一切皆見也。

中道正觀，即有禪定與智慧，即可證悟佛性，從此安住於大乘法門。這樣的修行，就是如來佛的修行，坐在如來佛的寶座上，即可獲得六根清淨[33]，證入如來佛的境界，對一切法無所執著，成就一切佛法，成就念佛三昧。

修行者如能安於首楞嚴禪定之中[34]，即能出入十方佛土中，教化眾生，供養十方諸佛，具足一切成就波羅密[35]，證悟大菩薩的果位，與普賢、文殊菩薩為伴侶。

證悟的菩薩，如能安於法性身[36]，就能讓諸佛稱讚與授記，降伏魔怨，成就正覺，轉法輪[37]，證入涅槃[38]。

《華嚴經》說：初發心的菩薩即是佛。

最後，智者大師囑咐：凡是發願修習止觀的人，必須消除三種障礙和五個根本煩惱，如不除盡，雖勤於修行，還是不能證入涅槃境界。

所謂三障，出於《涅槃經》：一、煩惱障，就是貪、瞋、癡等之惑。二、業障，就是五逆[39]、十惡之業。三、報障，就是地獄、

---

33 斷惑證真，眼耳鼻舌身意等六根無始以來之罪垢，悉皆消除，稱為六根清淨。
34 又名根本大定，一切禪定，由此而生。又名堅固不壞，有此禪定，一切邪魔惱亂，不能破壞。
35 菩薩以廣大之功德，能出生死輪迴之此岸，而到菩提、涅槃之彼岸。有六波羅密：布施、持戒、忍辱、精進、禪定、智慧。
36 廬山慧遠認為法性身是真法身。法身無來無去，沒有起滅，如同涅槃一般。天台宗提出佛有三身：法身、報身、應身。昭明太子蕭統認為如果以本體來說法身，其性質近似無生無滅的涅槃境界，非有非無，離有離無。故《涅槃經》說：如來之身，非身是身，無量無邊……畢竟清淨。
37 佛之說法，能破眾生之惡，故譬為法輪。《維摩經·佛國品》說：「三轉法輪於大千，其輪本來常清淨。」
38 涅槃是常、樂、我、淨的境界。斷除煩惱，解脫痛苦，滅除妄心，了脫生死，清淨無染，就是涅槃。換言之，貪欲的心，瞋恨的心，無明愚痴的心、煩惱痛苦的心，都消除乾淨，乃成涅槃。
39 《華嚴經·孔目章》云：五逆，謂害父、害母、害阿羅漢、破僧、出佛身血。

餓鬼、畜生等之惡報。

　　所謂五個根本煩惱，就是本章第一節的五蓋。

四、結　語

　　以上簡述智者大師（智顗）《修習止觀坐禪法要》的大義，其思想特徵有四點：

（一）止觀雙修，定慧雙開

　　智顗繼承其師慧思「定慧雙開」的思想，提倡止觀是達到涅槃最重要的兩個方法。止是消除煩惱的方法，觀是斷除迷妄的途徑。修止名為定，修觀名為慧，所以，止觀又稱為定慧。

　　智顗強調止觀並重，定慧雙修，相輔相成，不可偏廢。

（二）止觀三境界

　　智顗認為修習止觀要經歷三個不同的境界，這三個境界與空，假、中三諦相應。

　　第一個境界是「體真止」，證悟萬法緣起性空，這個境界的智慧，稱為「慧眼」，又稱「一切智」，與空諦相應。可惜，不見佛性，只是「從假入空觀」。

　　第二個境界是「方便隨緣止」，證悟因緣具足而生萬法，正視萬法的差異，弘揚佛法，普度眾生。這個境界的智慧，稱為「法眼」，又稱「道種智」，只是「從空入假觀」，偏於俗諦，與假諦相應。

　　第三個境界是「息二邊分別止」，證悟心性非空非假、亦空亦假，既不偏於空諦，又不偏於假諦，臻於「中道正觀」，這個境界的智慧，稱為「佛眼」，又稱「一切種智」，此時，定慧均等，徹

見佛性。

（三）三諦圓融

智顗繼承慧文、慧思法師的「一心三觀」[40]主張「三諦圓融」，空、假、中三諦，雖三而一，雖一而三，不相妨礙。《摩訶止觀》卷六下智顗說：「三諦具足，祇在一心……即空、即假、即中……三諦不同，而只一念。」換言之，三諦在一心中同時具存，圓融無礙。

（四）靜坐禪定有益身心健康

禪定是有益健康的情志養生，尤其是靜坐禪定，因為靜坐使紛亂的精神安定，使心志的力量集中，激發人的生命潛能，可以調節人的生理和心理的機能，增進人的健康。對於慢性病有療效，如腸胃、肝病等，當然，靜坐比較不能對治急症。尤其是容易緊張的人，或個性急躁的人，應當勤於靜坐禪定，靜坐禪定可以降低心臟病發、心臟病死亡與中風機率。不過，有病先看醫生，及早醫治，方為上策。靜坐禪定僅做為慢性病的輔助療法。

---

40 以止觀工夫同時觀照空、假、中，也就是把萬法（萬事萬物）納入「一心」之中，或稱為「三諦一心」。

第六章 結論：儒、釋、道、醫論養生的現代意義

以上簡述儒、釋、道、醫的養生思想，四家的養生都具有現代意義，在現實生活中具體可行，且行之有效的養生方法，以下簡要說明四點。

一、孔子的養生之學

孔子的養生之學，並非蹈空抽象的理論，而是在現實生活中確實可行，且行之有效的哲學，足以代表儒家的養生觀。對我們有兩點重大的啟示：

（一）快樂學習

學習新知有無窮的快樂，尤其對中老年人特別重要，依現代醫學的看法，大腦的開發，有無窮的潛力，醫家說：「用進廢退」，我們愈使用大腦，大腦愈靈活，如果不求新知，不用大腦，加速大腦的老化，快速老化的大腦，嚴重影響身心的健康。因此，從小要培養讀書的樂趣，不斷學習會有意外的收獲，更有快樂的人生，所以，中老年人可以學書法、學畫畫，參加藝文活動，聽音樂、看戲劇、打太極拳、多看書，相信開卷有益。英國哲學家羅

素享壽98歲，他認為多讀書可以抗衰老，延年益壽。換言之，快樂可以從經驗中學習，也可以從學習中得到快樂。

至於如何快樂學習？簡單而言，就是先學習自己喜歡、有興趣、急需知道的事物知識，因為人對有興趣的知識，學習又快又好；對沒興趣的事物知識，很容易就遺忘，學習效果不佳。喜歡學習之後，再逐漸廣泛閱讀與深入研究。

值得一提的是，宋儒程伊川先生讀書養氣，學養深厚，使他愈老愈健康。據《近思錄卷四・存養》：伊川先生對張繹說：「我稟受的先天之氣（天生的體質）很薄弱，到三十歲時纔逐漸健康，四十歲五十歲以後稟氣充實，現年七十二歲，依然健康如昔。」張繹說：「先生是否因為稟氣薄弱，特別注重養生？」先生沉默一下，然後說：「我以循私養生為恥。」可知，伊川不為私欲、私利而養生，他因持志養氣、讀聖賢書而健康。因此，明末黃淳耀《吾師錄・養生》說：「觀先生語，則知學道養生本是一串事，但學道者，雖養生亦為學道⋯⋯於喜怒哀樂上理會，即病即藥，不須外求。」晚明大儒劉宗周說：「善讀書者，於讀書得養生之術。」（《劉宗周全集第二冊，會錄》）宗周認為讀書便是養氣，不疾不徐，不斷涵養，即是養生。

（二）仁者壽

孔子最特別的養生思想，是強調「仁者壽」。仁是愛，仁者愛人，愛人者人恆愛之。孟子也認為仁者無不愛，以其所愛，及其所不愛，所以說仁者無敵，愛人的人沒有仇敵，沒有仇敵可以避免災禍，平安而壽長，誠如顏之推《顏氏家訓・養生》說：「養生的前提是避免災禍，保全性命。保存生命，談養生才有意義，沒有生命如何養生？」。荀子也說：「不由禮，則觸陷生疾。」

可知，養生與修養道德密不可分，養生的前提是修身，修養德性，《孫真人衛生歌》說：「心誠意正思慮除，順理修身去煩惱」，陸賈《新語‧道基》說：「調氣養性，仁者壽長。」孔子五十知天命，六十耳順，七十從心所欲不逾矩，正是「仁者壽」的真實寫照。

當今，我們要發揚「仁者壽」的精神，發揮愛心，時常懷著仁愛感恩的心，感謝所有為我們服務、幫助我們的人，更主動關心別人，服務別人、幫助別人。當我們對一米一飯、一食一飲、一絲一縷，都懷著仁愛、感恩、惜福之心時，我們自己會活得很愉快，減少寂寞、煩惱、痛苦，增進身心靈的健康。如果我們能夠樂於助人，給人以愛，多行善，無私奉獻，有助於抗病保健。換言之，無私的愛心，真誠助人，絕對有益於個人的身心健康，這也是「仁者壽」的精神表現。

二、老子的攝生之道

老子的攝生之道，其無為、知足、少私寡欲的養生思想對後世有深遠的影響。簡要說明如下：

1.無為

《說苑‧談叢》說：內心不正，對外物的嗜欲就會產生，嗜欲多的人常有憤怒怨恨的不滿情緒，累積憤恨怨怒就會產生各種疾病。因此要做到清淨「無為」，才能使血氣平和，健康長壽。

2.少私寡欲

老子的少私寡欲，成為後世養生思想的共同主張，《呂氏春秋‧論人》說：「適耳目，節嗜欲。」，孫思邈《備急千金要方‧養胎》說：「和情性，節嗜欲……生子皆良」，《淮南子‧精神訓》說：「氣志虛靜恬愉而省嗜欲」，龔延賢《壽世保元‧老人》說：「戒

之在得……清心寡欲。」,《禮記‧曲禮上》說:「欲不可從;樂不可極。」,尤乘《壽世青編‧養心》說:「常能遣其欲而心自靜,澄其心而神自清。」

3.恬淡為上

老子強調養生以恬淡為上,清心寡欲,生活簡樸,《淮南子‧要略》說:「以清靜為常,恬淡為本」,《淮南子‧精神訓》說:「恬愉虛靜,以終其命。」,《莊子,刻意》說:「平易恬淡,則憂患不能入,邪氣不能襲,故其德全而神不朽。」

4.五色令人目盲,五音令人耳聾,五味令人口爽

老子強調不可縱情於聲色的感官刺激。《淮南子‧精神訓》說:「耳目淫於聲色之樂,則五臟搖動而不定矣」,葛洪《抱朴子‧酒誡》說:「目之所好,不可從也;耳之所樂,不可順也;鼻之所喜,不可任也」,《抱朴子‧極言》說:「養生之方……耳不極聽。」,孫思邈《千金翼方》說:「養老之要,耳無妄聽」,張杲《醫說‧心腎肝膽》說:「心之神發乎目則謂之視……妄視則傷心。腎之神發乎耳則謂之聽……妄聽則傷腎。肝之精發乎鼻則謂之嗅……妄嗅則傷肝。」《抱朴子‧酒誡》又說:「惑目者必逸容鮮藻也,惑耳者必妍音淫聲也,惑鼻者必苾蕙芬馥也,惑口者必珍羞嘉旨也,惑心者必勢利功名也。」

三、《呂氏春秋》的貴生之術

《呂氏春秋》的貴生之術,有兩點現代意義:(一)尊生、貴生、重生、全生,(二)卜筮禱祀,疾病愈多,養生之末。

（一）尊生、貴生、重生、全生

以個人的生命為無上的價值與尊貴，能夠尊生的人，珍貴生命，無可取代，即使富貴，也不會過度享樂而損傷生命；縱然貧賤，也不會過度求利而傷害身心。因此，所有人應以養生為第一要務，養生的首要工夫是去除對生命有害的因素，包括：大甘、大酸、大苦、大辛、大鹹；大喜、大怒、大憂、大恐、大哀；大寒、大熱、大燥、大濕、大風、大雨、大霧。反之，對生命有益的是「適中」，譬如太寒冷、太悶熱、太疲勞、太安逸、太飢餓、太飽脹、太高興、太憤怒、太憂愁、太恐慌、太悲哀、太鹹、太辣、太甜等，都不適於身心的保養。養生的要領，就是不斷省察適中或不適中，無過與不及，能夠長久使自己處於「適中」的中道，便能享盡天年，稱為「盡數」。

（二）卜筮禱祀，疾病愈多，養生之末

〈盡數〉認為社會上許多人崇尚占卜祈禱，向鬼神祈求平安、健康、幸福，疾病反而愈求愈多，譬如用煮開的沸水讓鍋內的水不要沸騰，這麼做只會使水更快煮沸，這是錯誤的方法。同理，養生不能迷信巫術或巫醫，養生的根本方法是養體、養目、養耳、養口、養志等五種養生之道。整修房舍、規律生活、節制飲食，這是保養身體；五色柔和，色彩不能眩目，這是保養眼睛；五聲和諧，不聽淫靡之音，這是保養耳朵；五穀煮熟，調和五味，這是保養腸胃；和顏悅色，談吐高雅，言行恭敬，這是保養心志，實踐這五種養生的根本方法，稱為「知本」。

四、《黃帝內經》養生之方

（一）以人為本

《內經》強調「道無鬼神」，排除鬼神巫術的迷思，並以人的身心為主體，以人為本，以陰陽、五行、辨證論治的思維，針對個人差異的體質、年齡與環境，而有不同的具體作為，養生必須考慮個人的體質、個性、生活作息、飲食習慣、性別、年齡、情志、環境、職業、疾病等因素，不應隨意進補，任意服用藥物，或模仿他人的養生秘方等。

（二）天年壽命，沒有不死之藥

當秦始皇、漢武帝追求不死之藥的迷思之際，《黃帝內經》強調天年與自然衰老。雖然天年僅有百歲，但是，天年的思想表示人應有一定的壽命，自然老死，然而，大部分的人仍然無法享有天年。當然，重視健康的養生家，應該比不注重養生的人，享有健康的天年，孫思邈就是一個好的例子，孫思邈（西元五八一～六八二年）是唐代著名醫學家和養生家，深研養生之道，享年一百零二歲。據時下中醫師表示，台灣中醫師的平均壽命，比衛生署公佈的國民平均壽命多十歲，這是中醫師平時重視養生治未病的結果。

此外，《黃帝內經》基於「道無鬼神」的思想，排除祭祀鬼神，祈求延年益壽或治病的迷思，沒有鬼神的賜福，沒有神仙，沒有不死仙丹，惟有平時注重養生，自求身心健康，享有天年而壽終。誠如《素問・五臟別論》說：「拘於鬼神者，不可與言至德。」

（三）傳統與現代並重，主觀與客觀並行

　　《黃帝內經》的養生之道，歷經二千年的時空變遷，畢竟當下的時空不同於過去，現代人的生活習性有異於古代，工作環境的差異、飲食的不同、體質的變化、生活作息的改變，尤其傳統醫學與現代醫學的差別，西醫重視客觀檢驗，中醫偏重主觀的辨證，必須主觀與客觀兼顧，傳統與現代融合。

　　現代醫學注重客觀標準，例如：血壓、血糖、膽固醇、肝功能、腎功能、肥胖等，都有一定的標準，並以科學儀器精密檢查，值得我們重視，更應該定期健康檢查，甚至各種癌症指數，都有一定的醫學價值，值得參考，不容忽視。

　　至於《黃帝內經》的四時養生，順應自然，協調陰陽，培固元氣，謹和五味，飲食有節，五穀為食，五菜為充，五果為助，五畜為益，起居有常，安臥有方，不妄作勞，情志調攝，清靜養神，心平氣和，少私寡欲等方法，迄今具體可行，值得我們精思力踐，追求身心健康的天年。

（四）均衡飲食與均衡營養

　　「謹和五味」近似營養學的六大基本食物，六大基本食物包括：全穀根莖類、低脂乳品類、豆魚蛋肉類、蔬菜類、水果類、油脂與堅果種子類，根據行政院衛生署國民健康局公布「每日飲食指南」（如圖4-2），說明其內涵：

圖 4-2　每日飲食指南說明

食物類別	份量	份量單位說明
全穀根莖類	1.5~4 碗	每碗：飯一碗（200 公克）；雜糧穀粉 80 公克；中型饅頭一個；或薄土司 2 片（100 公克）
低脂乳品類	1.5~2 杯	每杯：低脂牛奶一杯（240c.c）、低脂奶粉 3 湯匙（25 公克）
豆魚肉蛋類	3~8 份	每份：肉或家禽或魚類一兩或成人半個手掌大小（約 35 公克） 或豆腐一塊（100 公克）；黃豆 20 公克 或豆漿一杯（260c.c） 或蛋一個
蔬菜類	3~5 碟	每碟生重 100 公克，煮熟約為半碗。
水果類	2~4 份	每個：中型橘子一個、小型蘋果一個、小型香蕉一根、切塊水果一碗。
油脂與堅果種子類	油脂 3~7 茶匙及堅果種子 1 份	每茶匙油：5 公克，每份堅果 7~8 公克

　　1.「每日飲食指南」適用於一般健康的成年人，但因個人體型、工作量、活動量不同，應依個人需求適當增減全穀根莖類的攝取量。此外，不應每餐吃同一食物。針對不同的生理狀況，應予調整如下：一、非勞動的上班族及老年人，適量減少全穀根莖類和油脂類。二、青少年適量增加奶類及豆魚肉蛋類的攝取量。三、孕婦應適量增加六大類食物，必要時增加攝取低脂牛奶。四、生病的人，依疾病性質增減六大類食物，例如糖尿病患者應重視食療養生保健。

　　2.均衡攝取六大類食物：不可偏食，注重衛生，儘量選用新鮮食物，減少食用加工食品。

　　3.三餐以全穀根莖類為主食：《內經》所謂「五穀為食」，就是以全穀根莖類為主食，儘量選用全穀類。

4.儘量選用高纖維的食物：膳食纖維可以降低罹患大腸癌的機率，植物性食物是最佳的膳食纖維。

5.遵守少油、少糖、少鹽的原則：（1）少油：少吃肥肉（五花肉）、香腸、油酥類糕餅（含反式脂肪酸）及油炸食物，烹調食物多採用清蒸、水煮。（2）少糖：減少食用含糖飲料，少吃中西式糕餅。（3）少鹽：減少食用含鈉調味品，如：鹽、醬油、味素及各種調味料，少吃醃漬食物及重口味的零食。

6.多攝取含鈣質豐富的食物：低脂鮮乳及乳製品、小魚干、黃豆製品及深綠色蔬菜，都含有豐富的鈣質。

7.多喝白開水：白開水經濟又健康，對人體沒有負擔，少喝市售含糖飲料。

8.少喝酒：喝酒過量容易造成意外事故，影響營養素的吸收利用。張杲《醫說・醉飲過度》說：若醉飲過度……毒氣攻心，穿腸腐脅，此喪生之源也。

9. 每天吃六十公克的堅果，可以降低血脂肪，增進血管內皮功能。堅果含有豐富單元不飽和脂肪酸，膳食纖維，植物固醇，礦物質，葉酸，及 B 群，是天然的抗氧化物，可以抵抗自由基對人體的傷害，減緩老化。

10.每人每日攝取蔬菜量 3～5 份、每份約為蔬菜 100 公克，當 100 公克蔬菜裝於小型菜碟時大約為一淺碟、裝在飯碗內約為半碗量，因此 3～5 份的蔬菜，就是 3～5 碟或者 1.5～2.5 碗的份量。如果希望達到更好的防癌功效，應追求「蔬果彩虹 579」，彩虹意指多樣化、多元化的蔬果種類；579 意指小朋友、成人女性、成人男性分別達到每天 5、7、9 份的蔬果。

11.時下流行減重，減重不易，因為人類經過長久的演化，一般人喜好三種食物：澱粉類、紅肉類、甜食類。當一個人突然拒

絕食用這三種食物時，人體細胞馬上反映給大腦，產生「心理匱乏」，使人無法拒絕食物的誘惑，尤其是短時間強迫自己減重的人，會有溜溜球效應，就是體內失去多少熱量，大腦會啟動食慾，把等量的熱量補回來。因此，減重要一點一滴減少熱量，喜歡吃的食物逐漸少吃，尤其是澱粉類和甜食類。再加上每周三次以上，每次 30 分鐘的運動，終會成功。

12.維持理想體重：維持理想體重應從孩童開始，養成健康的飲食習慣及有恆的適當運動。理想體重的計算方法由身體質量指數（body mass index；BMI，BMI 低於 24，高於 18.5）計算：

$$BMI = \frac{體重（公斤）}{身高^2（公尺^2）} = 22$$

註：依亞洲人的體型計算，BMI=22 時，疾病及死亡率最低

如果我們飲食能夠遵行「每日飲食指南」與「謹和五味」，應該可以得到均衡的營養。反之，食物的飲用不均衡時，會出現營養失調（malnutrition）的症狀，包括營養不良（undernutrition）和營養過剩（overnutrition），往往疾病纏身，喪失健康而早夭。

養生是時髦的話題，也是老化社會流行的主題，其實，養生更是古老的文化。傳統文化儒、釋、道、醫等各家學說，都有豐富的養生思想。儒家的養生，以涵養仁心、仁德為主，成就「仁者壽」的理想境界；老莊道家以安時處順、自然無為、少私寡欲、恬淡清靜為養生的內涵，達到精神逍遙的悅樂；神仙道教以得道長生為核心，最終目標是成為神仙；《黃帝內經》的中醫養生，以陰陽、五行、精氣神為範疇，追求健康長壽，盡終天年；佛家以靜坐禪定、素食、戒律、勞動、功法等修行，保持身心的健康，智顗止觀雙修，定慧一體，最後臻於涅槃的最高境界。

儒、釋、道、醫論養生，就是養心、養神、養德、養性和養

形、養命的融會貫通，所謂形神共養、形神相親、形神一體，正是時下所說的身心靈養生，也是筆者撰述本書的目標。依筆者之見，養生有五層意義：第一層：維持生命的基本需求；第二層：避免身心靈受到損傷；第三層：定期健康檢查，提早知道疾病，有效採取防治措施；第四層：有病及早就醫，找專業醫師診治；第五層：調整飲食、生活作息、運動、養心修德，積極增進身心健康。養生的終極意義是：身心健康的生命價值高於一切。

換言之，養生的目的在追求健康與長壽，這是人類共同的理想願望，檢視歷代養生家的文獻記載，相信只要勤於養生，重視身心靈的調攝，健康長壽，指日可待。養生不尚空談，必須精思力踐，落實在日用之間，生活起居以不傷不損、有益身心為原則，日積月累、必有所得。謹就多年研究與實踐的心得，將本書內容化為六項，並與大家共勉：

一、精氣神養生：精宜常存、元氣宜守、氣宜常運、神宜常安、血宜暢旺、色欲宜戒、言語宜寡、體質宜調、形神宜養、息宜長深。

二、飲食養生：五味宜謹、口味宜淡、滋味宜薄、飲食宜節、肉類宜少、紅肉宜減、營養宜均、甜食宜少、油鹽宜省、蔬果宜多、酒宜淺酌、食物宜鮮、食宜不飽、水宜喝足、腹宜不飢、食療宜重。

三、生活起居養生：生活宜樸、起居宜常、晚睡宜無、風寒宜躲、暑熱宜避、體宜小勞、勞逸宜節、動靜宜定、睡眠宜足、陰陽宜和、四時宜從、熬夜宜免、房室宜謹、事宜簡約。

四、情志養生：七情宜平、煩惱宜休、悲愁宜少、心宜常靜、貪念宜損、仇恨宜亡、得失宜淡、名利宜捨、愛憎宜輕、妄想宜除、怒氣宜消、嗜欲宜省、寵辱宜去、思想宜習、憂慮宜無、慈

悲宜發、善德宜存、仁愛宜行、過錯宜改、止觀宜修、樂觀宜持、內省宜勤、為人宜誠、待人宜寬、處世宜真、言行宜慎、人倫宜禮、書宜多看、音樂宜聽、陰德宜積、好惡宜少、家宜和樂、助人宜多、藝術宜賞、財物宜輕、生死宜忘、禪定宜修。

　　五、運動按摩養生：身宜常動、按摩宜多、面宜多擦、飯後宜走、足心宜按、髮宜多梳、呼吸宜深、走路宜多、運動宜常。

　　六、防治保健養生：病宜常防、未病宜治、小病宜醫、肥胖宜減、菸毒宜戒、臟腑宜保、病宜細查。

參考文獻

王冰編注：《黃帝內經》，台南市，大孚書局，民國 83 年。

王肅注：《孔子家語》，台北市，世界書局，民國 73 年 4 版。

尤乘輯：《壽世青編》，上海，上海古籍出版社，1990 年。

司馬承禎著：《坐忘論》，板橋，藝文，民國 51 年。

朱熹注：《四書集注》，台北市，中華書局，民國 78 年台 8 版。

吉藏撰：《中觀論疏》，台北市，新文豐，大正藏卷 42。

安澄撰：《中論疏記》，台北市，新文豐，大正藏卷 65。

呂坤著：《呻吟語》，台北市，正文書局，民國 63 年。

李滌生著：《荀子集解》，台北市，學生書局，民國 83 年 10 月。

房玄齡注：《管子二十四卷》，上海市，中華書局，民國 19 年。

荀悅著：《申鑒》，板橋，藝文，民國 66 年。

徐幹著：《中論》，板橋，藝文，民國 56 年。

孫馮翼輯注：《桓子新論》，台北市，中華書局，民國 54 年。

孫思邈著：《備急千金要方》，新店，自由出版，民國 92 年 8 月。

陳奇猷著《呂氏春秋校釋》，上海市，學林出版社，民國 73 年。

陳鼓應註譯：《老子今註今譯》，台北市，台灣商務，民國 76 年。

陳鼓應註譯：《莊子今註今譯》，台北市，台灣商務，民國 67 年。

陳九如編著：《黃帝內經今義》，台北市，正中書局，民國 87 年。

崔富章注譯：《嵇中散集》，台北市，三民書局，民國 87 年 5 月。

勞思光著：《中國哲學史》，台北市，三民書局，民國 70 年。

張杲著：《醫說》，台北市，台灣商務，民國 72 年。

黃淳耀著：《吾師錄》，板橋，藝文，民國 57 年。

陶弘景著：《養性延命錄》，板橋，藝文，民國 51 年。

智顗撰：《修習止觀坐禪法要》，台北市，佛陀教育基金會，民國 85 年。

程鍾齡著：《新版醫學心悟》，台北市，文光圖書有限公司出版，民國 80 年月再版。

董俊彥著《桓子新論研究》，台北市，文津出版社，民國 78 年。

董仲舒著：《春秋繁露》，台北市，世界書局，民國 76 年。

楊維傑編譯：《黃帝內經素問譯解》，台北市，志遠書局，民國 88 年。

楊維傑編譯：《黃帝內經靈樞譯解》，台北市，志遠書局，民國 88 年。

蔡宗陽校注《新編顏氏家訓》，台北市，國立編譯館，民國 91 年。

劉義慶著：《世說新語》，台北市，台灣古籍出版社，民國 86 年。

葛洪著：《抱朴子》，台北市，台灣古籍出版社，民國 94 年，2 版。

魯迅輯校：《嵇康集》，上海，上海古籍出版社，1986 年。

劉貴傑編著：《佛學概論》，新北市，國立空中大學，民國 90 年。

龔廷賢著：《壽世保元》，永和，旋風，民國 63 年。